1781

Christian Wulff

»Besser die Wahrheit«

Ein Gespräch
mit Hugo Müller-Vogg

Mit einem einleitenden Essay
von Manfred Bissinger

| Hoffmann und Campe |

1. Auflage 2007

www.hoca.de
Layout: Ralf Schneider
Fotos Schutzumschlag: Gabo (Titel),
Laurence Chaperon (Rücktitel)
Druck und Bindung: GGP Media GmbH, Pößneck
Printed in Germany

ISBN 978-3-455-50046-2

HOFFMANN
UND CAMPE

Ein Unternehmen der
GANSKE VERLAGSGRUPPE

Inhalt

Gespräche mit einem Nachdenklichen

Ein Journalist, der eine Gesprächs-Biographie herausgibt, sieht sich schnell mit dem Vorwurf konfrontiert, lediglich ein Stichwortgeber zu sein. Damit lässt sich gut leben. Denn natürlich kommt es auf die richtigen Stichworte an; nicht alle sind den Befragten gleichermaßen angenehm.

Was aber viel wichtiger ist: Eine Gesprächs-Biographie ist mehr als eine Abfolge von Frage und Antwort. Richtig informativ ist sie dann, wenn sich ein durchaus kritischer Dialog entwickelt, weil der Fragesteller nicht immer mit den Antworten einverstanden ist – und umgekehrt. Das bleibt dem Leser nicht verborgen – aufgrund der Antworten und der Nachfragen, aber auch dann, wenn der Befragte, wie in diesem Buch an einigen Stellen geschehen, einfach die Antwort verweigert.

Mit dem niedersächsischen Ministerpräsidenten und stellvertretenden CDU-Bundesvorsitzenden Christian Wulff habe ich für dieses Buch mehrere lange Gespräche geführt, zusammen gut zwanzig Stunden. Wir waren an mehr als einem Punkt nicht einer Meinung. Manche Frage und mancher Einwand haben ihm zweifellos nicht gefallen; manche Antwort hat mich nicht befriedigt. Der Gesprächsatmosphäre hat dies jedoch nicht geschadet. Und ich gebe gerne zu: Ich habe dabei gelernt, manches mit anderen Augen zu sehen.

Für Gesprächs-Biographien habe ich bisher Ministerpräsident Roland Koch, Bundeskanzlerin Angela Merkel und Bundespräsident Horst Köhler gewonnen, außerdem die Unternehmer und Manager Reinfried Pohl (Deutsche Vermögensberatung AG) und Hartmut Mehdorn (Deutsche Bahn AG).

Jedes Mal macht man wieder neue Erfahrungen. Bei Christian Wulff unter anderen die: Er ließ sich manchmal auffallend viel Zeit mit der Antwort, dachte lange nach, wie er die Fragen beantworten sollte. Ein ungewöhnlicher Zug, aber kein unsympathischer, weil der nieder-

sächsische Ministerpräsident anders als viele Politiker nicht wie ein Antwort-Automat agiert.
Ob man für ein Interview nur sechzig Minuten Zeit hat oder volle zwanzig Stunden: Vieles, was noch interessant gewesen wäre, muss ungefragt und unbeantwortet bleiben. Das kann nicht anders sein. Gleichwohl bin ich überzeugt, dass diese Gesprächs-Biographie ihren Zweck erfüllt: nämlich Aufschluss zu geben über den Menschen und Politiker Christian Wulff – und zwar authentisch.
Denn hier gibt nicht der Autor zum Besten, wie er Christian Wulff als Person wie als Politiker einschätzt, was er von seinen Grundwerten hält und wie er seine Ziele beurteilt. Hier präsentiert sich der niedersächsische Ministerpräsident selbst. Es gilt das gedruckte Wort – sein Wort.

Berlin, im August 2007

Dr. Hugo Müller-Vogg

Bis die Stunde schlägt

Warum die Karriere des Christian Wulff noch lange nicht ihren Höhepunkt erreicht hat

Von Manfred Bissinger

Am Anfang steht ein Déjà-vu. Wer Christian Wulff in der niedersächsischen Staatskanzlei besucht, fühlt sich unmittelbar in die Zeit seines Vor-Vor-Vorgängers, Gerhard Schröder, versetzt. Der behäbige Charme des langgestreckten Baus, die sirrende Stille des Treppenhauses, das gedämpfte Licht – genau so fühlte es sich schon in den neunziger Jahren an, als der heutige Hausherr noch die Oppositionsbank drückte.

Sicher, das geräumige, gutgeschnittene Zimmer des Ministerpräsidenten war zuletzt vom Schröder-Nach-Nachfolger Sigmar Gabriel neu möbliert worden. Beim schwarzen Leder aber blieb es, das wirkt so wunderbar seriös und offiziell. Heimische Künstler schmücken die Wände. Schröders seinerzeitiger Favorit, Lienhard von Monkiewitsch, kam aus Braunschweig, Wulffs heutiges Pendant, Wolfgang Tiemann, aus Seelze. Und was dem späteren Kanzler sein frühes Signal Richtung Berlin war, ein sattes Ölgemälde des Informell-Künstlers H. P. Zimmer mit dem beziehungsreichen Titel »9. November«, das sind dem neuen Chef drei Fahnen. Je eine für Niedersachsen, Deutschland und Europa – liebevoll drapiert zum Hausaltar und bestens geeignet als Hintergrund für Erinnerungsfotos mit Gästen. Signalisieren will das eine wie das andere Internationalität. Hannover und Niedersachsen sind wichtig, aber längst nicht der Nabel der Welt.

Je länger der Besucher über Alt und Neu in der Planckstraße 2, dem Sitz des niedersächsischen Regierungschefs, nachdenkt, desto überraschendere Parallelen in den Lebensläufen von Christian Wulff und Gerhard Schröder kommen ihm in den Sinn. Gut, zwischen beiden liegt eine ganze Politikergeneration, Schröder rückte im Alter von 15 gerade zum Mittelstürmer des TuS Talle auf, als Wulff in Osnabrück geboren wurde. Für beide aber gilt, sie mussten sich aus eher kleinen Verhältnissen ins Leben kämpfen. Da überrascht es wenig, wenn sie sich die Verantwortung für sozial Schwächere ganz oben auf ihre Agenda geschrieben haben. Beide reüssierten in den Jugendorganisationen ihrer Parteien, beide starteten die berufliche Karriere als Rechtsanwalt. Und beide profilierten sich über Auseinandersetzungen mit der eigenen Partei und deren Führungspersonal. Was ihnen wiederum erste Aufmerksamkeit über Niedersachsen hinaus bescherte und die Medien nachhaltig auf ihre Fährte setzte.

Des Ex-Kanzlers Kapriolen mit den eigenen Genossen sind oft beschrieben. Wulff lenkte die Scheinwerfer auf sich, indem er als so genannter Junger Wilder sein Vorbild Helmut Kohl ins Wanken zu bringen suchte und von der CDU verlangte, diesen Kanzler nur ja nicht noch einmal als Kandidaten für die Wahl 1998 zu nominieren. Wie recht er doch behalten sollte.

Aktionen dieser Schärfe waren mutig, denn Parteien lieben aufmüpfigen Nachwuchs nicht sonderlich, und sei er noch so talentiert. Christian Wulff allerdings hatte – wie so manches in seiner politischen Laufbahn – die Attacke gegen Kohls »Stillstandspolitik« wohl vorbereitet. Ihm standen Mitstreiter zur Seite, deren Ansehen und Anzahl allein schon Strafaktionen gegen ihn schwierig gemacht hätten.

Der harte Kern dieser »Jungen Wilden«, wie sie sich gern medienwirksam rufen ließen, regiert inzwischen das halbe Deutschland: Roland Koch Hessen, Ole von Beust Hamburg, Peter Müller das Saarland und Günther Oettinger Baden-Württemberg. Und immer noch sind sie einander in Respekt und freundschaftlicher Konkurrenz verbunden.

Drei dieser Ministerpräsidenten, die über den Bundesrat die Berliner Politik wirksam mitzubestimmen haben, müssen sich im Laufe des Jahres 2008 den Wählern stellen. Die Urnengänge sind ein erstes öffentliches Indiz dafür, wer eines Tages der heute noch übermächtigen und unumstrittenen Angela Merkel nachfolgen kann. Jung genug dafür sind alle; sie können sich mindestens eine weitere Legislaturperiode Zeit lassen.

Ole von Beust und Peter Müller scheiden allerdings – mangels eigener Ambitionen – freiwillig aus dem Rennen. Günther Oettinger hat sich bis auf Weiteres mit selbstverschuldeten, schwerwiegenden Missgriffen ins Abseits manövriert. Roland Koch allerdings belauert Christian Wulff durchaus argwöhnisch. Und umgekehrt. Koch ist in der ansonsten dünn besetzten jüngeren Führungsschicht der Christdemokraten Wulffs einziger ernstzunehmender Gegner, wenn eines fernen Tages die Nachfolge von Angela Merkel in Regierung und Partei zur Disposition stehen sollte.

Spätestens hier muss eingefügt werden: Natürlich wird sich keiner der beiden so bald aus der Deckung wagen. Zu frühe Bekenntnisse können schnell aus der Kurve tragen. Bis zur Stunde Null werden sie ehrlich und glaubhaft beteuern, an einen Wechsel nach Berlin weder zu denken noch wirklich Interesse daran zu haben. Es gehört zu den notwendigen Charaktereigenschaften moderner Politikerkarrieren, die Fähigkeit zu besitzen, über die eigenen Pläne schweigen zu können. Mindestens darin unterscheidet sich Wulff diametral von seinem früheren Amtsbruder Schröder, der seine Kanzlerambitionen schon als junger Abgeordneter alle Welt wissen ließ.

Wulffs Instinkt aber sagt ihm auch, Voraussetzung für das höchste Regierungsamt, das Deutschland zu vergeben hat, sind gute bis sehr gute Wahlergebnisse. Angela Merkel war in der CDU die erste und vermutlich letzte Ausnahme von dieser Regel. Oder anders gesagt: Wer von Wulff oder Koch 2008 das bessere Wählervotum einzufahren weiß, hat in der Union die Nase vorn.

Im Sommer 2007 spricht vieles für den niedersächsischen Ministerpräsidenten. Er ist stetiger und sanfter, einfach cooler als Roland Koch. Als selbsterklärter »Mann der Mitte« polarisiert er nicht – von dem Hessen ist öfter das Gegenteil zu lesen.

Was nun Wulffs politische Philosophie betrifft, so hat er sich zuallererst die Regel zu eigen gemacht, nur nicht den Menschen, die einen wählen sollen, zu weit vorauszulaufen. Sie könnten einen sonst aus dem Blick verlieren. Daneben hütet er sich auch vor eindeutigen Freund-Feind-Schemata. Sowieso zieht er lieber das Florett als den Säbel. Seine wählerwirksamste Waffe aber ist, dass er wie nur wenige über die heilende Kraft des Ungefähren gebietet.

Das Land Niedersachsen führt Christian Wulff eher nach Art einer Allparteienregierung denn als polemisierender schwarz-gelber Tribun. Er hört gerne zu, bevor er Antworten gibt – selbst seinen politischen Kontrahenten. Eine Eigenschaft, die die Bürger zu schätzen wissen, die aber dem Konkurrenten Koch nicht in ähnlich reichem Maße zur Verfügung steht. Angelegt ist dieser Wulff'sche Charakterzug in früher Jugend, als die Mutter auf CDU-Positionen setzte und der Vater für sozialdemokratische Ideale stand.

Die Jahre seiner ersten Legislaturperiode verstand Christian Wulff gut zu nutzen, auch wenn manches schiefging und seine Spar-Orgien (er kürzte selbst das Blindengeld) ihm viel Protest eintrugen. Nach zwei Niederlagen gegen Schröder hatte er sich in harten Oppositionsjahren umfassend vorbereiten können.

Nach anfänglichem Zögern spielt Wulff inzwischen auch die Klaviatur der Öffentlichkeit virtuos. Längst schafft er es binnen Wochenfrist, bei Jörg Pilawa erfolgreich ein Quiz zu überstehen, im Serengeti-Park in Hodenhagen mit der Sängerin Sarah Connor ein Känguru auf den Namen Konrad zu taufen, danach bei einer Konferenz kritischer Journalisten bessere Recherchen einzufordern, um einen Tag später den Liedermacher Herbert Grönemeyer aufzufordern, statt die Politik madig zu machen doch lieber selbst die Mühen der Ebene auf sich zu nehmen und für den Bundestag zu kandidieren. Es ist kein Einzelfall mehr, wenn der Niedersachse es gleichzeitig auf die Seite 1 von »Bild« und »FAZ« schafft. Auch im Beliebtheits-Ranking der Demoskopen besetzt Christian Wulff einen Dauerplatz in den ersten Reihen. Erneutes Déjà-vu.

Inzwischen gelingt es Wulff, selbst mit sperrigen Themen wie der Auseinandersetzung um längere Laufzeiten für Atomkraftwerke, Aufmerksamkeit zu finden. Mit einem eigenen Vorschlag sucht er die verhärteten Fronten aufzuweichen. Ginge es nach ihm, müsste jedes Kernkraftwerk individuell überprüft werden: »Da kann es zu früheren Abschaltungen kommen, aber auch zu späteren.« Vielleicht bald das Gebot der Vernunft?

Es wird nur wenige überraschen, wenn es Wulff gelingen sollte, mit solidem Stimmenvorsprung in seine zweite Amtszeit zu starten. Das ist dann weniger der Unfähigkeit seiner Herausforderer geschuldet als vielmehr der Art seiner Amtsführung. Wulff gilt bei den Niedersachsen längst nicht mehr nur als Konservativer im üblichen CDU-Sinn, er wird geschätzt, weil er bewahren will und bereit ist, Werte zu verteidigen. Er gibt gerne und voll Überzeugung den Landesvater, und er pflegt nicht nur die großen Konzerne wie VW und Continental, er kümmert sich ebenso um den beschäftigungsintensiven Mittelstand, der das Herz der niedersächsischen Wirtschaft ist. Dafür stehen die Namen Bahlsen aus Hannover, Otto Bock aus Duderstadt und CeWeColor aus Oldenburg.

Vor allem aber verletzt Wulff niemanden. Härte zeigt er erst, wenn er den Kompromiss schon im Auge hat. Prinzipien wirft er nicht leichtfertig über Bord, er dehnt sie lieber so lange, bis sie passen.

Dem Regierungschef kommt zugute, dass er einer Politikergeneration angehört, die ihre Arbeit distanzierter, sprich: nüchterner angeht. Diese neue Generation von politisch Verantwortlichen kann sich im Zweifel selbst korrigieren. Sie gesteht Fehler ein, ohne daran zu verzweifeln. Die Vätergeneration, Helmut Kohl, Helmut Schmidt, Edmund Stoiber, Johannes Rau, schaffte das selten; manche von ihnen nie. Zu sehr hatten sie sich in ihrer eigenen Bedeutung verfangen.

Christian Wulff startete seine Karriere ohne Protektion. Nicht mal Seilschaften zogen ihn nach oben. Das garantiert ihm heute Unabhängigkeit. Er muss wenig Rücksichten nehmen; er darf authentisch sein. Dieses Buch legt Zeugnis davon ab. Selbst, wenn ihm nach Angriff dürstet, agiert er gelassener, als es in der Generation vor ihm je möglich schien.

Unvergessen ein Auftritt bei Sabine Christiansen. Mit wenigen Sätzen trieb er den Doyen der deutschen Unternehmensberater, Roland Berger, in den öffentlichen Offenbarungseid. Er hatte nur deutlich ausgesprochen, wovon hinter vorgehaltener Hand über Jahre gewispert worden war. Seine Stichworte waren: »Kartelle«, »Seilschaften«, »Beziehungsgeflechte«; ohne erkennbare Erregung sprach er von den »Freundschaften, die sich gegenseitig einen Dienst erweisen«. Berger fand auf die klaren Vorwürfe keine klaren Antworten; sein Nimbus war nach zehnminütigem Dialog zerstoben.

Inwieweit diese Kontroverse Wulffs Popularität befeuerte, musste der Berater wenig später bei einem Gespräch in der Staatskanzlei erfahren, um das er persönlich nachgesucht hatte. Kaum im schwarzen Lederfauteuil versunken, nestelte er aus einer Klarsichthülle einige wenige Briefe solcher, die ihm nach der Sendung beizuspringen suchten. Triumphierend zückte er auch ein Schreiben eines Wulff-Kollegen. Er wollte deutlich machen, wie sehr ihm Unrecht geschehen war.

Okay, dachte Wulff, rief eine Mitarbeiterin und bat um Reaktionen, die ihn nach der Talkshow erreicht hatten. Diese legte nach wenigen Minuten zwei prall gefüllte Aktenordner vor. Wulff schob sie über den Tisch zu Berger, nicht ohne den deutlichen Hinweis, wie er sehen könne, seien dies nur die Briefe unter den Buchstaben A und B. Ob Berger vielleicht den Rest des Alphabets auch noch zu sehen wünsche? Der kapitulierte.

Der Manager hatte eine Lebensmaxime des Ministerpräsidenten nicht beherzigt, die dieser als Grundlage seiner Karriere gerne und oft zitiert: »Steig ab, bevor das Pferd tot ist.«

Es gehört zu den Verdiensten der neuen Generation von Politikern, dass sie sich ohne Verrenkung von Positionen trennen können, die sie nicht durchzusetzen vermögen. Das praktiziert Angela Merkel so, und dafür finden sich bei Christian Wulff wichtige Beispiele. So musste der Regierungschef in jüngster Zeit mindestens zweimal kräftig zurückrudern. Spektakulär misslang ihm die angestrebte Ablösung des VW-Aufsichtsratsvorsitzenden Ferdinand Piëch. Als der nämlich von Wulffs Plan, ihn von den Hebeln der Macht zu trennen, Wind bekam, mobilisierte er seinen Milliarden-Clan und begann, über die Porsche AG VW-Aktien zu kaufen. Am Ende fehlte Wulff die erforderliche Mehrheit für Piëchs Abwahl, und der Patriarch wurde im Amt bestätigt. Wulff musste lernen, Wirtschaftsführer sind von anderem Kaliber als politische Konkurrenten.

Gescheitert ist Christian Wulff auch mit seinem Plan, Frieden zwischen Rauchern und Nichtrauchern zu stiften. Er hatte die Idee entwickelt, in das anstehende Gesetz zum Rauchverbot einen Passus aufzunehmen, der deutlich ausgewiesene Raucherlokale möglich gemacht hätte. Rauchen wäre demnach grundsätzlich in öffentlichen Räumen verboten worden, in Gaststätten allerdings, die sich an ihrem Eingang offen als Raucherlokal ausgewiesen hätten, erlaubt geblieben. Ein wahrhaft salomonischer Vorschlag des erklärten Nichtrauchers Wulff. Nach dem Entrüstungssturm der Verbotslobby aber knickte der Ministerpräsident einn und es kam auch in Niedersachsen zu scharfen Verboten. Wulff hatte erkennen müssen, dass ihm nicht mal die eigene Fraktion zu folgen bereit war. Öffentliche Häme zum Rückzug blieb nicht aus.

Wahre Meisterschaft im Umgang mit Öffentlichkeit dagegen bewies der Ministerpräsident, als die für christdemokratische Politiker immer noch überaus schwierige Trennung von seiner Frau anstand. Wulffs Ehe war nach bald zwanzig Jahren gescheitert. In dieser Stunde höchstpersönlicher Not erwies er sich als kühler Stratege. Anders als manchem seiner Kollegen gelang es ihm, über Nacht die schlechte Nachricht ins Gute zu wenden. Normalerweise suchen ja Politiker negative Ereignisse aus ihrem Privatleben so lange als irgend denkbar vor der Öffentlichkeit zu verschleiern, um sich am Ende doch – Gerücht um Gerücht, Indiz um Indiz – stellen zu lassen.

Christian Wulff managte das professioneller. Gemeinsam mit seiner Frau platzierte er die Nachricht ausgerechnet auf dem Boulevard der privaten und öffentlichen Empörung, der »Bild«-Zeitung. Exklusiv gestanden sie die Trennung, statt sich vorführen zu lassen. Das ersparte ihm wochenlanges Spießrutenlaufen. »Bild« bedankte sich denn auch artig für das exklusive Geständnis: »Der bisher tadellose Wulff wird durch diese Trennung sogar ein wenig menschlicher. Jeder Mensch hat eine zweite Chance verdient.« Der Rest der Presse beschränkte sich nach dieser Inszenierung auf eine Personalie. Glück im Unglück.

Politiker, Manager und Showstars könnten sich von so viel Chuzpe gleich mehrere Scheiben abschneiden, denn dem exklusiven Bericht war auch noch ein überaus sympathisches Foto der neuen Frau an seiner Seite hinzugefügt worden. So ersparte Wulff sich und seiner Partnerin die Paparazzi und behielt auch die optische Deutungshoheit.

Den niedersächsischen Regierungschef – so viel ist sicher – wird die neue Frau an seiner Seite weder Wählerinnen noch Wähler kosten. Die Gesellschaft hat sich gewandelt und die CDU ihr entsprechendes Familienbild schon vor Jahren grundlegend renoviert. Kommt hinzu, dass sich inzwischen in Deutschland Jahr für Jahr 200 000 Paare scheiden lassen, und die Zahl steigt weiter.

Organisiert hat die »Aktion Partnerwechsel« Wulffs Pressesprecher und Vertrauter Olaf Glaeseker, der in seiner Öffentlichkeitsarbeit nahtlos an die frühen Erfolge des Schröder-Intimus Uwe-Karsten Heye anzuknüpfen weiß. So achtet er wie Heye darauf, dass aus Hannover regelmäßig auch die Bundespolitik im Visier bleibt. Wer im Archiv nachliest, wie oft und wie engagiert – manches Mal sogar lustvoll – Wulff sich in die Berliner Politik einmischt, dem muss sich geradezu der Schluss aufdrängen, der Niedersachse habe auch hier die Reaktionsmuster des früheren Amtsinhabers genau studiert.

Bleibt die große Frage: Sieht der kühle Analytiker aus Hannover seine Zeit in Berlin womöglich noch nicht gekommen? Oder wartet er vielleicht darauf, gerufen zu werden, wie es für jeden Politiker angenehm ist, dessen Naturell nicht unbedingt das Verdrängen anderer ist? Dafür spricht manches. Längst ist Wulff Merkels Stellvertreter in der CDU, eine wichtige Position, um sich in Themen jeder Art einmischen zu dürfen.

Eines allerdings scheint für kundige Beobachter schon heute sicher: Sollte die Kanzlerin im Parteivorsitz wackeln, dann würde Wulff seinen Hut in den Ring werfen. Man mag an eine solche Situation heute nicht glauben, so zuverlässig und anerkannt versieht Angela Merkel ihre Arbeit im Konrad-Adenauer-Haus. Doch die Politik kennt keine Garantien. Und schon gar keine endgültigen Worte. In keiner Partei, auf keiner Seite.

Christian Wulff wird, bis die Stunde schlägt, weiter jeglichen bundespolitischen Ehrgeiz von sich weisen und Angela Merkel immer wieder überzeugend als die »Chefin im Ring« feiern. Unübersehbar ist allerdings auch, dass seine Einlassungen zur Politik in Berlin mit immer größerer Zielgenauigkeit erfolgen. Ein strahlender Wahlsieg 2008 würde das noch fördern.

Einstweilen übt sich der niedersächsische Regierungschef auf dem internationalen Parkett. Kürzlich reiste er hintereinander nach Shanghai und New York. In den Zeiten der Globalisierung ist eine gewisse Weltläufigkeit auch im Publikum gefragt und beliebt, wie Angela Merkel der Republik auf eindrückliche Weise vorführt. In Shanghai nahm Wulff Ehrendoktorwürden entgegen, in New York hielt er im Metropolitan Club eine Laudatio auf den in Hamburg beheimateten und auch in Niedersachsen überaus erfolgreichen Stahl-Industriellen Jürgen Grossmann. Der Selfmade-Tycoon wurde von der Atlantik-Brücke mit dem Vernon A. Walters Award geehrt.

Wulff und Grossmann sind befreundet, der eine delegierte den anderen in den Aufsichtsrat von VW. Der Unternehmer, der inzwischen in den Vorstandsvorsitz der RWE berufen wurde, gehört zu denen, die der Ministerpräsident in Wirtschaftsfragen gerne und oft konsultiert, ebenso wie Carsten Maschmeyer, den Chef des Finanzdienstleisters AWD von nebenan.

Ironie der Geschichte und letztes Déjà-vu: Grossmann und Maschmeyer sind auch Freunde von Gerhard Schröder.

1

Werte und Motive

»Für Prinzipien muss man notfalls sein Amt aufgeben«

Unterstellen wir einmal, Sie werden im Januar 2008 als Ministerpräsident durch den Wähler bestätigt, dann sind Sie 48 Jahre alt. Dann könnten Sie – theoretisch – noch weitere 20 Jahre lang das Land regieren. Ist das eine Perspektive?

Ich bin bereit, bis 68 zu arbeiten. Aber es liegt ja nicht allein bei mir, sondern weiterhin bei den Wählern. Mir macht es viel Freude, ein Land wie Niedersachsen mit seinen acht Millionen Einwohnern zu regieren. Ich habe neun Jahre als Oppositionsführer dafür gekämpft, Ministerpräsident zu werden. Jetzt kann ich mir sehr wohl vorstellen, eine doppelt so lange Zeit als Regierungschef zu agieren.

Das wäre dann bis 2021. Dann wären Sie erst 62.

Wir sollten unsere Phantasie nicht überstrapazieren. Ich denke jetzt an die nächsten fünf Jahre und wie wir Niedersachsen weiter voranbringen können.

Wollen Sie nicht den Rekord von Johannes Rau einstellen, der Nordrhein-Westfalen 20 Jahre lang regiert hat?

Jedenfalls habe ich bereits die Amtszeiten von drei niedersächsischen Ministerpräsidenten, nämlich Gabriel, Glogowski und Hellwege, übertroffen und bin immer noch der jüngste Ministerpräsident in Deutschland. Von daher spricht prinzipiell nichts gegen eine lange Amtszeit. Mich treibt nichts weg aus Niedersachsen. Und mich treibt auch nichts zu vermeintlich Höherem.

Nachdem Sie das vermeintlich Höhere schon selbst ansprechen. Sie würden es sich doch zweifellos zutrauen, ein noch höheres Amt zu übernehmen, oder?

Für das Amt des Ministerpräsidenten bringe ich alle Voraussetzungen mit, das ist mir quasi auf den Leib geschneidert, nämlich zu agieren, zu vermitteln, unterschiedliche Positionen zusammenzubringen, zu repräsentieren, Bürgerinnen und Bürger zu motivieren. Im Grunde habe ich schon als junger Mann bei meiner Entscheidung, aus dem Bundesvorstand der Jungen Union Deutschlands auszuscheiden und Landesvorsitzender der Jungen Union in Niedersachsen zu werden, meine Präferenz für Niedersachsen deutlich gemacht.

Das schließt ja neue Präferenzen nicht für alle Zeiten aus.

Die Diskussion um meine mögliche Rolle auf der Bundesebene ist mehr als erkaltet, seit Angela Merkel sich als Bundeskanzlerin der Bundesrepublik Deutschland im Amt voll etabliert hat. Sie hat die gleiche Erfahrung gemacht wie ich, dass man als Oppositionspolitiker häufig kritisiert und in Frage gestellt wird und dass man sich erst im Amt bewähren kann. Wer regiert, der kann handeln, kann entscheiden und muss nicht ewig sagen, was man tun würde, wenn man denn dürfte.

Hatten Sie das bei Angela Merkel so erwartet?

Ja. Diesen Wandel habe ich ihr schon frühzeitig unterstellt. Ich erinnere mich an eine Talkshow im Jahr 2000, in der ich mit durchaus bürgerlichen Politikerinnen und Politikern beziehungsweise Journalisten darüber diskutiert habe, ob Angela Merkel das Zeug zur CDU-Bundesvorsitzenden habe. In der Runde war ich der Einzige, der gesagt hat, sie wird sich vor allem im internationalen, auch außenpolitischen Feld mit ihren Fremdsprachenkenntnissen und ihrem Interesse an internationaler Politik etablieren und profilieren, und sie wird das glänzend machen, sie wird alle überraschen. Ich denke, diese Talkshow von vor fast acht Jahren könnte ich mir heute noch gut anschauen, da ist vieles doch prophetisch gewesen. Im Übrigen braucht ein internationales oder bundespolitisches Amt auch erhebliche diplomatische Fähigkeiten, um zum Beispiel zwischen den verschiedenen Landsmannschaften, etwa den Bayern und den Rheinländern, auszugleichen …

Heißt das, Sie würden sich die Kanzlerschaft gar nicht zutrauen?

Die Bürgerinnen und Bürger haben mir viele Formulierungen nicht abnehmen wollen, zum Beispiel die, dass es kein schöneres Amt als das des Ministerpräsidenten in Niedersachsen gibt, weil solche Formulierungen durch Kollegen in der Vergangenheit verbraucht worden sind …

… zum Beispiel von Gerhard Schröder …

… aber der Hinweis, dass man sich umfassend ausgelastet fühlt und die zusätzliche Dimension der internationalen Politik in besseren Händen bei Angela Merkel und anderen auf Bundesebene sieht, die wird für am plausibelsten gehalten.

Das klingt nach einer gewissen Scheu vor dem Berliner Parkett.

Ich habe hohen Respekt gegenüber der Berliner Bühne. Die tiefere Ursache dafür könnte ein Gespräch sein, das ich Anfang der neunziger Jahre mit Helmut Kohl hatte. Er erzählte mir, dass er als rheinland-pfälzischer Ministerpräsident und später als Bundesvorsitzender der CDU sehr häufig von Mainz aus in das nahe Bonn gekommen sei und gewusst habe, dass er sich auch in den Details der Bundesrepublik bestens auskannte. Aber 1976 habe er als Oppositionsführer im Bonner Bundestag feststellen müssen, dass eben die Bundespolitik doch eine ganz andere Herausforderung sei und die Luft dort sehr viel dünner ist. Auch Rudolf Scharping hat als Kanzlerkandidat bei seinem Wechsel von der Landes- in die Bundespolitik viel Lehrgeld zahlen müssen. Deswegen habe ich immer einen großen inneren Respekt vor Bonn gehabt und habe ihn heute vor Berlin. Auf die Idee, was ich in Hannover kann, das könnte ich auch als Regierungschef in Berlin, bin ich nie gekommen. Das geht sicher auch auf das Gespräch mit Helmut Kohl zurück.

Heißt das, Sie würden sich das Amt des Bundeskanzlers gar nicht zutrauen?

Ich möcht's nicht machen.

Man kann die Zukunft schwer vorhersagen, dennoch die Frage: Werden Sie eines Tages als Politiker in den Ruhestand gehen oder in einer anderen Funktion?

Da ich immer noch der jüngste Ministerpräsident bin, werde ich wohl dem Reiz erliegen, nochmal etwas anderes zu machen. Nach einer langen Phase als Ministerpräsident dann noch einmal einige Jahre als Jurist in der Wirtschaft tätig zu sein, das kann ich mir gut vorstellen. Insofern glaube ich nicht, dass ich als Politiker in den Ruhestand treten werde.

Dann wären Sie einer der ganz wenigen Politiker, die nicht vom Macht-Bazillus so infiziert sind, dass sie nicht aufhören können. Es gibt ja kaum Beispiele, dass ein Spitzenpolitiker aus freien Stücken, also nicht aufgrund einer Wahlniederlage, mit der Politik plötzlich aufgehört hat. Da fällt mir eigentlich nur Hans-Dietrich Genscher ein.

Nehmen Sie Friedrich Merz, Matthias Wissmann …

Wenn Wissmann Minister geworden wäre, wäre er nicht zum Automobilverband gegangen. Wenn Merz nicht gegen Merkel verloren hätte, dann würde er nicht seinen Ausstieg aus der Politik vorbereiten.

Es ist sicher vielen schwergefallen, das Ende selbst zu bestimmen. Aber ich kann beispielsweise, wenn ich Urlaub mache, auch wochenlang ohne Politik sein.

Sie schaffen es wirklich, 14 Tage Urlaub zu machen, ohne dass Sie jeden zweiten Tag ein Interview geben oder zumindest eine Presseerklärung herausgeben?

Bei einem meiner Vorgänger musste man immer Sorge haben, der kommt mit einem weißen Ohr aus dem Urlaub zurück, weil der den ganzen Tag am Handy hängt. Das ist bei mir nicht der Fall. Ich kann auch ohne Politik sein. Ich mache Sommerurlaub und lese die Zeitung nur, wenn mir danach ist. Und Erklärungen gebe ich im Urlaub schon gar keine ab. 2000 war ich fünf Wochen in den USA und hab da völlig abschalten können. Also, ich kann mir ein Leben ohne Politik sehr gut vorstellen und fühle mich nicht alternativlos von dem Macht-Bazillus infiziert.

Im Urlaub von der Politik abschalten, das kann ein Oppositionsführer sicher leichter als ein Regierender.

Es setzt ein großes Vertrauen in seine Umgebung, seine Mitstreiter voraus. Ich kann mich als Ministerpräsident im Urlaub oder auf Dienstreisen immer auf meinen Chef der Staatskanzlei, meinen stellvertretenden Ministerpräsidenten, meinen Fraktionsvorsitzenden so gut verlassen, dass ich mich völlig beruhigt anderen Dingen zuwenden kann. Mir hilft, dass ich mich nicht für unersetzlich halte. Ich kann auch mal vollständig von der Politik abschalten. Das gibt mir die Gewissheit, ohne Politik leben zu können.

Aber Sie sind im Notfall erreichbar?

Tag und Nacht. Als Oppositionsführer, weil man es will. Als Regierungschef, weil doch immer ein Beamter in der Nähe ist, der Kontakt hält und einen gegebenenfalls zurückholt.

Wie gesagt, da sind Sie offenbar eine Ausnahme.

Zur Macht hatte ich immer ein sehr distanziertes Verhältnis. Gestaltung war mir immer wichtig, etwas zu verändern, zu bewegen, andere zu überzeugen, zu gewinnen. Aber Macht im Sinne von Herrschaftsausübung war mir nie besonders wichtig. Ich fühlte mich darin bestätigt, als die Fotografin Herlinde Koelbl vor der Landtagswahl 2003 bei mir war und meinte, sie würde mir den Wahlsieg so gönnen, aber ich würde es wohl wieder nicht schaffen.

Wie kam die Dame da drauf?

Das habe ich sie auch gefragt. Sie erklärte mir das so: Sie habe Joschka Fischer, sie habe Angela Merkel, Gerhard Schröder und andere über viele Jahre filmisch und fotografisch beobachtet. Und die hätten alle ein spezifisches Verhältnis zur Macht, ein besonderes, ausgeprägtes Machtverhältnis. Das fehle bei mir, und deswegen fürchte sie, dass es wieder schiefgehen werde.

Und Ihre Antwort?

Ich habe ihr dann gesagt, ich fände es reizvoll, den Nachweis zu führen, dass man auch ohne dieses spezifische Verhältnis zur Macht an die Macht kommen könnte, auf Zeit jedenfalls. Und ich wollte diesen Beweis antreten. Inzwischen hat mir Herlinde Koelbl gesagt, sie freue sich, dass es auch Ausnahmen von der Regel gebe.

Was ersetzt denn bei Ihnen den Machtwillen?

Mir fehlt der spezifische Machtinstinkt, aber nicht der Gestaltungswille. Ich freue mich zum Beispiel, wenn ich Menschen motiviere, mobilisiere, Dinge in eine Richtung lenke und andere dem folgen. Geprägt hat mich mein Vorbild Nelson Mandela, der von seinem Vormund gelernt hat: »Der gute Hirte führt von hinten, er sorgt dafür, dass die Herde in eine bestimmte Richtung geht, aber hinten keine Schafe verlorengehen.« Das ist ein wunderbares Prinzip der Führung.

Also Eitelkeit räumen Sie ein?

Alfred Biolek hat einmal auf die Frage, ob denn Journalisten eitel seien, geantwortet: Ich verstehe die Frage gar nicht. Man fragt doch die Teilnehmer an Olympischen Spielen auch nicht, ob sie sportlich sind. Also eine gewisse Eitelkeit, sich daran zu erfreuen, Wirkung zu erzielen, Menschen zu bewegen, Zielen näher zu kommen, die habe ich. Diese Form der Eitelkeit ist sogar eine Kraftquelle, ohne die der Stress gar nicht zu ertragen ist. Wenn Sie 14 Termine am Tag machen, vor immer anderem Publikum zu immer anderen Themen sprechen, wenn Sie dann nicht das Gefühl haben, Sie erzielen Wirkung, und Sie erfreuen sich an dieser erzielten Wirkung, dann fehlt Ihnen das Quäntchen Motivation, um solche 14 Termine am Tag durchstehen zu können.

Ist diese Wirkung ein Ausgleich dafür, dass die Bezahlung eines Ministerpräsidenten auf dem Niveau eines Sparkassendirektors zu ungleich ungünstigeren Arbeitsbedingungen liegt?

Die Gestaltungsmöglichkeiten, die Vielfalt der Handlungsfelder sind aber der klare Ausgleich dafür, dass Ministerpräsidenten oder andere Spitzenpolitiker in Deutschland objektiv zu schlecht bezahlt werden. Sie bekommen ja nicht einmal annähernd das, was ein Sparkassendirektor bekommt. Jeder Direktor der Sparkasse, jeder Volksbankdirektor bekommt mehr als ein Ministerpräsident. Die verdienen zusätzlich an ihren Aufsichtsratsmandaten und Ähnlichem. Denn was die Wenigsten wissen: In Niedersachsen führen Politiker ihre Aufsichtsratstantiemen nahezu vollständig ans Land ab. So dass ich mein Ministerpräsidenten-Gehalt fast selbst finanziere.

Sie haben doch ein Gehalt als Ministerpräsident, bekommen zusätzlich Diäten als Abgeordneter und …

Großes Missverständnis. In Niedersachsen müssen der Ministerpräsident und die Minister ihre Landtagsdiäten zu 100 Prozent ans Land abführen.

Zu 100 Prozent?

Zu 100 Prozent. Und von der Aufwandspauschale eines Abgeordneten darf ich 263 Euro behalten. Aber mein Wahlkreisbüro kostet mich schon mehr. Ein Kabinettsmitglied, das zugleich Abgeordneter ist, zahlt also für sein freies Abgeordnetenmandat drauf. Und von den 125 000 Euro Aufwandspauschale bei VW, als Ausgleich für den ganzen Ärger und das Haftungsrisiko bei diesem Weltkonzern darf ich 5500 Euro behalten, und die muss ich natürlich noch versteuern. Der Rest wird ans Land abgeführt. Das heißt, das, was ich ans Land abführe, entspricht in etwa meinem Gehalt als Ministerpräsident. Eigentlich koste ich gar nichts und erspare zusätzlich den Aufwand für einen Abgeordneten.

Als Ministerpräsident verdienen Sie also rund 120 000 Euro netto im Jahr.

Netto etwas weniger. Das Groteske an der Situation ist: Wenn ich kein Abgeordneter wäre, dann müsste das Land Diäten an einen anderen Abgeordneten zahlen. Und wenn ich nicht im VW-Aufsichtsrat säße, könnte ich keine Tantiemen abführen, mich also nicht selbst refinanzieren.

Aber Sie beklagen sich nicht etwa darüber?

Keineswegs. Ich bin da konsequent. Ich habe mich immer gefragt: Was erwarten die Bürger von glaubwürdiger Politik? Und mein Empfinden war immer: Die erwarten vor allem, dass die da oben bei sich anfangen. Deswegen habe ich zu Beginn meiner Amtszeit dafür gesorgt, dass die Regierung kleiner wurde, indem wir die Zahl der Minister reduziert haben. Den Europaminister, der ein ähnliches Gehalt bekam wie der Ministerpräsident, habe ich eingespart. Dessen Arbeit mache ich gern mit. Außerdem haben wir das Kabinett von Gehaltserhöhungen ausgenommen und das Weihnachts- und Urlaubsgeld gestrichen, wir haben das Pensionseintrittsalter für Minister und Ministerpräsident erhöht …

… auf welches Alter?

Von 55 auf 60. Übergangsgelder wurden gekürzt und werden erst nach längeren Amtszeiten fällig. Wir haben die Pensionen der Politiker reduziert, haben ihr Einkommen reduziert, haben den Landtag verkleinert. Wir haben heute in der Staatskanzlei weniger Abteilungen, weniger Referate als zu Beginn meiner Amtszeit. Der Etat meiner Staatskanzlei ist von den 43 Millionen Euro meines Amtsvorgängers Gabriel auf 31 Millionen reduziert worden. Das ist gigantisch, niemand hat mehr gespart als ich in der Staatskanzlei. Nur so erreichen Sie Glaubwürdigkeit, dass man zum Beispiel Sparmaßnahmen nicht auf dem Rücken anderer austrägt, sondern bei sich selbst beginnt.

Aus der Sicht vieler Bürger verdienen Sie aber immer noch sehr viel.

Keine Frage. Ein Nettogehalt von rund 100 000 Euro im Jahr ist das höchste aller öffentlichen Bediensteten in Niedersachsen. Aber im Verhältnis zu den Summen, die in der Wirtschaft gezahlt werden, relativiert sich das. Sehen Sie, das Land Niedersachsen kann man mit einem Konzern mit circa 190 000 Mitarbeitern und 23 Milliarden Euro Umsatz vergleichen. Wenn Sie dann noch berücksichtigen, dass Politiker wie ich ihr Amt nur auf Zeit und im Grunde eine 90-Stunden-Woche haben, dann kann man unschwer erkennen, dass die meisten Politiker nicht am Amt verdienen, sondern in erster Linie dem Land dienen.

Das Finanzielle kann es also nicht sein, was Menschen reizt, sich um politische Spitzenämter zu bewerben.

Das Finanzielle ist es wirklich nicht, was mich reizt. Wenn Sie als Landrat abgewählt werden, kriegen Sie sofort Altersruhegeldbezüge. Wenn Sie als Ministerpräsident abgewählt werden, bekommen Sie für eine kurze Zeit Übergangsgeld, und dann hängen Sie in der Luft. Also der Lohn der Mühen besteht in anderen Dingen.

Den Reiz des Gestaltens haben Sie schon erwähnt.

Dazu kommt die unglaubliche Vielfalt an Themen. Sie erleben eine

Bandbreite, die man wohl in keinem anderen Beruf erlebt. Man lernt die gesamte Breite des Lebens kennen: von Behinderteneinrichtungen über den Strafvollzug bis zu den verschiedenen Wirtschaftsbranchen; von Familien- und Senioreneinrichtungen bis zu High-Tech-Forschungslabors. Als Politiker sind Sie einfach mitten drin im Leben. Und wahrscheinlich kann man Politik auch nur machen, wenn man eine spezifische Liebe zu Menschen hat. Wenn man den Kontakt zu Menschen sucht und daraus Gewinn zieht. Das ist für mich die Motivation, dass ich auf so viele verschiedene Menschen in so unterschiedlichen Problem- und Lebenslagen treffe. Das ist einfach eine Bereicherung. Deswegen mache ich es einfach gerne und genieße viele Begegnungen mit Menschen jeden Tag neu.

Gibt es Ihnen eigentlich einen »Kick«, wenn im Wahlkampf Tausende Ihnen zujubeln oder Ihren Namen skandieren?

Mit großen Menschenmengen habe ich meine Probleme. Ich bin eher jemand, der nicht in der Mitte des Saales einläuft und Lust daran empfindet, bejubelt zu werden. Lieber gehe ich außen rum und vorne in den Saal, setze mich und erarbeite mir den Saal anders, sozusagen aus der Tiefe des Raumes. Da gibt es sicherlich unterschiedliche Typen. Ich habe den »Kick« in kleinen Runden, wenn ich auf politische Gegner treffe, wenn ich auf Kritiker, auf Skeptiker treffe, auf Menschen, die den Politkern, die denen da oben vermeintlich feindlich gegenüberstehen. Wenn ich dann im Rahmen eines solchen Gespräches deutlich machen kann, dass ich vom Thema etwas verstehe und ernsthaft an einer Lösung interessiert bin. Ich empfinde es als ausgesprochen beglückend, dass ich aus konfrontativen Situationen innerhalb kürzester Zeit eine sachbezogene, konsensuale Diskussion herbeiführen und Menschen sachbezogen für mich einnehmen kann. Sagen zu können, es gibt doch eine Sachlichkeit, es gibt doch eine Vernunftebene jenseits von Hysterie, das gibt mir den »Kick«, von dem Sie sprechen.

Zwischen Hysterie und Begeisterung besteht aber ein erheblicher Unterschied.

Ja, aber auch bei vielen begeisterten Menschen tue ich mich eher schwer. Da spielt eine Rolle, dass ich mir eine Schüchternheit erhalten habe. Ich habe mir in meiner Jugend angeeignet, Gefühle nicht so deutlich zu zeigen wie andere. Ich war damals oft in schwierigen Situationen mit meiner an multipler Sklerose erkrankten Mutter. Da wollte ich meine Gemütsverfassung nicht jedermann offenbaren. Das merkt man mir heute noch an.

Kann das in der Politik nicht ein Nachteil sein?

Nicht unbedingt. Max Weber sah eine gewisse Distanz zu Menschen und Dingen als notwendige Voraussetzung für den Politiker an, damit er objektiv und abgewogen urteilen kann. Ich schätze die sachliche Auseinandersetzung. Die Hysterie und die kompromisslose Ablehnung einer anderen Position, die machen mir dagegen Angst.

Wo haben Sie zuletzt politische Hysterie erlebt?

Nehmen Sie das Thema Rauchen in Gaststätten. Da habe ich mich völlig verschätzt. Ich hatte gedacht, wir könnten eine sachliche Debatte führen, dass grundsätzlich ein Rauchverbot gilt, dass es aber hier und da auch Nischen geben soll. Dass also Wirte sich entscheiden, ihr Lokal ganz gezielt zum Raucherlokal zu erklären und auf Nichtraucher als Gäste zu verzichten. Da hätten wir am Anfang vielleicht 70 bis 80 Prozent Nichtraucherlokale gehabt und nach ein paar Jahren etwa 90 Prozent.

Das hätte der Markt schon geregelt.

Hatte ich auch gedacht. Aber das war eine völlige Fehleinschätzung. Engagierte Nichtraucher haben mir unglaublich böse Briefe geschrieben, dass ich sie verletzen und ihre Gesundheit schädigen wolle, dass ich die Zeichen der Zeit nicht erkannt hätte und wohl abhängig sei von der Zigarettenindustrie oder dem Deutschen Hotel- und Gaststättenverband. Das hat mich echt geschockt, dass hier eine sachliche Debatte, eine argumentative Auseinandersetzung offenkundig kaum möglich war. Mit solchen Erfahrungen kann ich nur schwer umgehen.

Aber Sie machen sicherlich nicht nur negative Erfahrungen.

Nein, es gibt immer wieder Erfolgserlebnisse, die mir Freude machen. Als wir zum Beispiel massiv im öffentlichen Dienst gespart haben, um langfristig die Pensionen sichern und das Land sanieren zu können, habe ich viele Briefe bekommen von Beamten und Beamtinnen. Die haben sehr scharf gegen die Kürzung beim Weihnachtsgeld protestiert. Da habe ich viele Briefschreiber angerufen. Einen Finanzbeamten zum Beispiel hatte ich am Apparat. Und am Ende des langen Telefonats sagte er mir: »Nicht, dass Sie meinen, ich sei jetzt Ihrer Meinung und hielte die Kürzung für richtig. Aber dass Sie mich überhaupt angerufen haben, das hat mich schon beeindruckt und manches Ihrer Argumente auch.« Also diese unmittelbare Auseinandersetzung, die liebe ich geradezu.

Aber Sie können ja nicht jeden Briefschreiber anrufen.

Nein, aber ich beantworte jeden Brief eines Bürgers, der an mich persönlich gerichtet ist. Dieser unmittelbare Kontakt ist mir wichtig.

Da kommt also nicht die Standardantwort, der Herr Ministerpräsident habe sich über Ihren Brief sehr gefreut ...

Natürlich helfen mir meine Mitarbeiterinnen und Mitarbeiter bei der Beantwortung. Aber ich unterschreibe meist persönlich. Das macht bei zirka 20 Briefen pro Tag viel Arbeit. Aber diese unmittelbaren Kontakte geben mir viel Motivation.

Bleiben wir bei dem, was Sie motiviert. Wenn wir uns jetzt vorstellen, wir gingen in Bayern irgendwo spazieren, und keiner würde Sie erkennen – wären Sie dann enttäuscht?

Ich habe ja lange Jahre dafür kämpfen müssen, überhaupt erkannt und dann bekannt zu werden. Weil Sie politischen Erfolg nur haben können, wenn Sie bekannt sind. Solange Sie nicht bekannt sind, müssen Sie manche Verrenkung machen, um wahrgenommen zu werden. Es ist schon schöner, dass man sich nicht mehr überlegen muss, stelle ich mich nackt auf den Marktplatz oder wie komme ich in eine Talkshow?

Also ist es Ihnen nicht unangenehm, wenn man Sie erkennt?

Überhaupt nicht. Ich habe auch nichts dagegen, wenn Menschen mich ansprechen. Deswegen fahre ich viel mit dem Zug, manchmal auch in der zweiten Klasse, weil man da Schulklassen auf Klassenfahrt trifft und ganz unterschiedliche Menschen. Da kommt es oft zu interessanten Dialogen. Zum Glück ist die Distanz zwischen Politikern und Bürgern bei uns nicht so groß wie etwa in Frankreich.

Sie sprachen vom Reiz des politischen Gestaltens. Nun geht es in der Politik nicht ohne Kompromisse. Und die große Mehrheit der Bürger ist wohl überzeugt, dass Politiker nahezu jeden Kompromiss eingehen, um an der Macht zu bleiben oder um an die Macht zu kommen. Ist diese Einschätzung völlig falsch?

Es fehlen immer öfter Beispiele klaren prinzipienfesten Verhaltens. Ich würde zum Beispiel aus der Politik ausscheiden, wenn mir bei meinen grundsätzlichen Anliegen wie der Haushaltskonsolidierung nicht mehr gefolgt würde. Jeder in den Regierungsfraktionen von CDU und FDP weiß, wenn die klar vereinbarte Senkung der Neuverschuldung torpediert würde, dann würde ich nicht im Amt verbleiben. Weil das jeder weiß, waren diese gigantischen Konsolidierungserfolge in Niedersachsen möglich, dass wir heute bei der Pro-Kopf-Verschuldung hinter Baden-Württemberg, Bayern, Sachsen und Hessen auf Platz fünf liegen, dass die Neuverschuldung von mehr als drei Milliarden zu Beginn meiner Amtszeit auf eine halbe Milliarde sinkt und wir demnächst gar keine Schulden mehr machen werden. Das hat etwas mit Prinzipienfestigkeit zu tun, für die ich auch mein Amt aufgeben würde. Es gibt zu wenige Beispiele dafür.

Mir fällt Paul Lücke ein, der Innenminister der ersten Großen Koalition. Der trat zurück, als die SPD die Koalitionsvereinbarung brach, das Mehrheitswahlrecht einzuführen.

Mir fällt Rudolf Seiters ein, der die politische Verantwortung für Bad Kleinen übernahm.

Aber auch Christian Schwarz-Schilling und Oskar Lafontaine muss man dazu rechnen.

Ja, ja. Die ihre Politik nicht mehr umsetzen konnten und dann gesagt haben, bevor ich eine andere Politik vertrete, gehe ich lieber. Ich hab's im Übrigen in meinen Wahlkämpfen so gemacht. Ich habe gesagt, ich trete mit diesem Programm an, und wenn ich dafür nicht gewählt werde, ist es auch okay. Aber ich ändere nicht mein Programm, um gewählt zu werden. Mit anderen Worten: Ich passe mich nicht so weit an, bis ich eine Mehrheit habe, sondern ich stehe zu meiner Meinung. Also lieber mit seiner Überzeugung untergehen und sie behalten, als sich zu verbiegen und zu siegen.

Das klingt sehr nach der Ingolstädter Ratshausinschrift, die ich auf Ihrer Homepage gefunden habe: »Was andere meinen auch zu meinen, ist nicht schwer. / Nur immer anders als die anderen meinen, auch nicht sehr. / Weißt Du aus eigener Kraft, mit mutig stillem Wagen / dort ehrlich ja, hier ehrlich nein zu sagen, / gleich ob Dich alle loben oder keiner, / dann bist Du einer.«

Die steht nicht ohne Grund dort. Sie ist mir Richtschnur.

Aber ganz ohne Kompromisse geht's wohl auch nicht.

Natürlich nicht. Ich bin immer scharfkantig und hart in der Sache aufgetreten, ich habe zum Beispiel den Vertrag für die Kultusministerkonferenz gekündigt, um damit Druck zu schaffen, um zu einem besseren neuen Vertrag zu gelangen, um die KMK zu verschlanken, zu entbürokratisieren, um die Gremien zu verringern, die Mitarbeiterzahl zu verkleinern und um arbeitsfähige Strukturen zu schaffen. Das ist dann am Ende gelungen, und dann ist die Kultusministerkonferenz verändert fortgeführt worden. Ich war hier konziliant im Stil.

Aber das wurde Ihnen als Umfallen angekreidet.

Was natürlich Unsinn ist, weil wir eine Koordinierung der Länder brauchen. Ich wollte eine sehr viel schlankere und leistungsfähigere Kultusministerkonferenz. Und die haben wir jetzt.

Sie sind auch beim NDR auf Konfrontationskurs gegangen, aber den NDR gibt es immer noch.

Klar. Ich habe den NDR-Staatsvertrag kündigen wollen, weil nur so erreichbar war, dass Niedersachsen mehr Sendekapazitäten bekommt. So habe ich eine Stärkung unserer Funkhäuser in Niedersachsen erreicht, heute sendet das Funkhaus Hannover sehr viel mehr als vorher in der N3-Schiene. Das ging nur mit Druck, ohne den wäre gar nichts passiert. Am Ende, wenn der Staatsvertrag nicht gekündigt wird, behauptet dann der politische Gegner, ich wäre umgefallen. Aber Fakt ist, dass ich durch meinen harten Kurs erhebliche Erfolge erzielt habe. Heute hat Hannover zum Beispiel die Talkshow »Herman und Tietjen«, die aus Hannover gesendet wird. Denn dass ein großes Land wie Niedersachsen keine Talkshow aus der Landeshauptstadt hat, das war für mich nicht hinnehmbar. Und so gibt es viele Beispiele dafür, dass man erst mal scharfkantig auftreten muss, um überhaupt etwas zu erreichen, am Ende aber den Kompromiss vertreten muss, wenn man etwas erreicht hat. Und der Kompromiss wird manchmal eher grau in grau mit farblichen Zwischentönen ausfallen als nur weiß oder schwarz.

Was aber schwierig zu vermitteln ist.

Ja. Wir haben bei uns ein gestörtes Verhältnis zum politischen Meinungsstreit.

Hierzulande herrscht geradezu Konsens-Sucht.

Tatsächlich. Die Leute sitzen nicht morgens am Radio und wollen hören, wer wieder eine neue Idee hat. Sie wollen in Ruhe gelassen und vernünftig regiert werden. Eigentlich hätten die Menschen gerne Politik nach dem Prinzip der Papst-Wahl. Dort tagen alle Kardinäle in einem Raum, bis sie ein Ergebnis haben und weißer Rauch aufsteigt. Das Ergebnis soll möglichst auch noch was bringen und nichts kosten. Diese Einstellung ist sicher sehr verbreitet.

Und welche Konsequenzen ziehen Sie daraus?

Ich habe meiner Regierung von Anfang an gesagt, wir wollen nicht ständig in der Zeitung stehen mit irgendwas und uns daran laben, dass über uns gesprochen wird. Wenn wir in der Zeitung stehen, dann muss es etwas von Tragweite und Substanz sein, Hand und Fuß haben.

Politiker müssen ja damit leben, dass ihnen Etiketten angeklebt werden: links, rechts, konservativ, fortschrittlich. Definieren Sie sich doch mal selbst.

Am besten gefällt mir das Etikett »zurückhaltend und entschlossen«.

Ist das etwa politisch gemeint?

Das ist jedenfalls ein wichtiger Wesenszug. Erst die Dinge bewerten, ehe man sich äußert. Dabei wird man leicht unterschätzt. Umso öfter sind Menschen verblüfft, wenn man zusätzlich entschlossen auftritt.

Mir geht es eher um eine inhaltliche Charakterisierung.

Politisch betrachte ich mich als christlich-sozial, wenn es um Solidarität und Barmherzigkeit geht, als liberal, wenn es um Eigenverantwortung und Wettbewerb, um Vielfalt und Toleranz geht. Und ich betrachte mich als konservativ, wenn es um den Staat, um Rechtsstaatlichkeit, um Recht und Gesetz, also Law and Order, geht, um Werte, um tradiertes Wissen und Erfahrung. Ich halte mich für einen Mann der Mitte und des Ausgleichs. Deshalb habe ich in der Union den richtigen Platz, denn die Union hat diese konservativen, christlich-sozialen und liberalen Wurzeln.

So steht es in allen CDU-Programmen.

Mich hat das fasziniert, als ich als Schüler eine Schülerzeitung mit einer Anzeige der Schüler-Union in die Hand bekam. Dort hieß es: »Wir stehen zur freiheitlich-demokratischen Grundordnung. Wir stehen zur sozialen Marktwirtschaft. Wir finden, dass das Land, in dem wir leben, ein schönes Land ist, ein erfolgreiches Land, aber in dem einiges noch verbessert werden muss.« Denn ich hatte immer eine Abneigung gegen die Weltverbesserer und Revolutionäre, die alles umkrempeln wollten. Veränderungen müssen in Deutschland innerhalb der Ordnung erfolgen, nicht durch Abschaffung des Systems.

Bei dem Stichwort konservativ haben Sie das Patriotische gar nicht erwähnt. Können Sie mit dem Satz »Ich bin stolz auf Deutschland« etwas anfangen?

Mit dem Satz »Ich bin stolz, Deutscher zu sein« kann ich eher wenig anfangen, weil es eine Zufälligkeit ist. Ich bin stolz auf das, was ich selber bewirkt habe. Stolz auf Deutschland empfinde ich, weil Deutschland unglaublich viele Kulturschaffende, Literaten, Forscher, Entwickler, Erfinder hervorgebracht hat. Weil Deutschland extrem viel Positives bewirkt und gestaltet hat und auch heute eine wichtige Funktion in Europa, in der Welt wahrnimmt. Das Positive übersteigt die dunklen Phasen der Geschichte bei weitem. Auch die Aufarbeitung dieser dunklen Phasen halte ich für beachtlich. Wenn ich von meinem Büro in Berlin herunterschaue auf das Holocaust-Mahnmal, dann denke ich oft, es gibt nur wenige Völker, die das Erinnern an ihre eigenen Verbrechen so unmittelbar in ihrer Hauptstadt dokumentieren und damit auch die Schuld und die Verantwortung dafür annehmen.

In der amerikanischen Hauptstadt Washington sucht man vergeblich nach einer würdigen Gedenkstätte für die ermordeten Indianer.

Und nach einer Gedenkstätte für die vielen Leiden der Sklaven und Afrikaner. Wir können wirklich stolz auf unser Land sein und auf viele Teile der deutschen Geschichte. Deswegen habe ich mich gefreut bei der Weltmeisterschaft, dass viele Menschen Deutschlandflaggen ans Auto geheftet, die deutschen Farben getragen und das Deutschlandlied mitgesungen haben. Patriotismus kann zusätzlich Motivation schaffen, sich für seine Stadt einzusetzen, sich für sein Bundesland einzusetzen, gerne Niedersachse zu sein und etwas für das Land zu tun.

Sie haben sich als zurückhaltend und entschlossen charakterisiert.

Als Kombination von Stil, Einstellung und Charakter.

Um beim Persönlichen zu bleiben. Sie haben sicherlich auch Schwächen. Die Eitelkeit haben Sie vorhin schon zugegeben.

Das betrachte ich nicht als Schwäche. Eine Schwäche wäre für mich, es nicht zuzugeben. Dass man sich zuweilen auch an seiner eigenen Wirkung erfreuen kann, das finde ich in Ordnung.

Sind Sie rechthaberisch?

Nein, ich habe immer einen letzten Rest an Zweifel, bin auch bereit, meine eigene Meinung in Frage zu stellen. Ich bin eher perfektionistisch.

Das sollte mein nächstes Stichwort sein.

Ich bin ein »Workaholic«, will zu viel selber machen, delegiere zu wenig. Allerdings habe ich zwischenzeitlich gelernt, mich auf Mitarbeiter zu verlassen und ihnen zu vertrauen.

Nachtragend sind Sie. Das weiß ich aus eigenem Erleben.

Das wird verschiedentlich behauptet, sodass man sich schwertut, es gänzlich zu bestreiten. Aber man darf Dinge doch im Gedächtnis behalten und muss sich nicht dümmer stellen, als man ist.

Was nervt Sie denn am meisten?

Dreistigkeit, Dumpfheit, lautes Auftreten ohne Substanz. Mich nerven auch manchmal Egoismus, Geiz, Missgunst, Neid. Es gab eine schöne Radiosendung hier in Niedersachsen, die lässt die Hörer einen Satz vollenden. Da habe ich den Satz vorgegeben »Was mich auf die Palme bringt, sind …«. Und das letzte Wort dieses Satzes musste dann erraten werden. Und da haben dann die Niedersachsen angerufen und etwa 50 Begriffe genannt, die mich auf die Palme bringen könnten. Die waren fast alle durchaus treffend. Am Ende ist dann der Begriff »Zeitdiebe« erraten worden. Also Menschen, die Versammlungen dadurch aufhalten, dass sie das wiederholen, was andere vorher schon gesagt haben, um sich selbst zu profilieren. Oder die nur reden, um sich zu Wort gemeldet zu haben, ohne was zu sagen zu haben. Oder Menschen, die sich einfach zu wichtig nehmen und sich nicht in die Lage des anderen hineinversetzen, dass man auf den Punkt kommen muss. Zeit ist für mich eines der kostbarsten Güter, weil ich die halt am wenigsten habe.

Wie wichtig ist für Sie das Äußere, das Erscheinungsbild?

Es ist schon wichtig. Was mich betrifft: Ich trage gerne und eigentlich immer Krawatte im Dienst, weil ich finde, dass man damit auch eine Ernsthaftigkeit zum Amt und im Amt deutlich macht. Privat gehe ich natürlich lieber in Jeans und Pullover durch die Welt.

Sie haben die Frisur mal zwischendurch verändert. Hat da Ihr Pres-

sesprecher und Freund Olaf Glaeseker geraten, Sie müssten da mal was ändern?

Im Gegenteil. Der war sauer, dass ich ihn vorher nicht gefragt habe. Der hätte mir abgeraten. Ich lasse mich bei diesen Dingen aber nicht beeinflussen, sondern entscheide bei Farben, bei Einkäufen, bei Textilien selbst. Und bei der Frisur wollte meine Friseurmeisterin in Osnabrück immer mal was Neues ausprobieren. Und dann hat sie mal was ausprobiert. Aber ich gebe zu: Mir gefiel meine alte Frisur besser. Die habe ich jetzt auch wieder.

Ich erinnere mich an den Bundestagswahlkampf 1976, als Helmut Kohl plötzlich mit neuer Frisur und neuer Brille daherkam. Oder denken Sie an Schröders angeblich gefärbte Haare. Da gibt es immer Debatten, ob solche optische Korrekturen nicht unseriös seien. Wo ist für Sie die Grenze?

Im Prinzip gilt: Man muss sich selber wohl fühlen. Und man muss so sein, wie man ist. Dass man sich beraten lässt, welches Brillengestell sich im Fernsehen oder auf Fotos besser macht, das halte ich für normal. Ich weiß, welche Farben mir stehen. Für mich ist es das Wichtigste, authentisch zu sein, so wahrgenommen zu werden, wie ich bin. Ich habe nie ein Rhetorik-Training gemacht, weil mir immer wichtig war, dass die Menschen mich nicht für perfekt halten, sondern spüren, der meint, was er sagt. Eine glaubwürdige Rede hat eine größere Wirkung als eine rhetorisch perfekt aufgebaute Rede.

Aber es geht ja wohl auch darum, die Botschaft überhaupt an den Mann zu bringen. Der ehemalige ZDF-Moderator Alexander Niemetz rät Politikern, ihre Botschaft jeweils in den ersten 30 Sekunden einer Antwort unterzubringen, weil niemand länger zuhöre.

Ja, da habe ich von dem amerikanischen Vizepräsidenten Al Gore gelernt. Der hat in seinem Buch »Wege zum Gleichgewicht« sehr deutlich die Anforderungen der modernen Mediendemokratie beschrieben und auf die Notwendigkeit von zitierfähigen Sätzen hingewiesen. Das habe ich lange nicht akzeptieren wollen, habe sehr verschachtelt gesprochen und sehr umständlich argumentiert. Da habe ich inzwischen dazugelernt. Man muss sich schon Gedanken machen über Begriffe, über Zuspitzungen, über Vereinfachungen.

Sie kommen in Umfragen immer sehr gut weg, als sympathisch, fast perfekt. Jetzt sage ich mal, Christian Wulff sieht besser aus als Günther Beckstein oder Kurt Beck, ist verbindlicher als Roland Koch oder Sigmar Gabriel. Ist konservativ, aber nicht stockkonservativ, ist fortschrittlich, aber kein Bilderstürmer, ist konfliktfähig, aber kein Raufbold, bezieht Position, aber polarisiert nicht. Habe ich Sie da einigermaßen richtig getroffen?

Kann ich mit leben, gäbe es aber auch viel dazu zu sagen – auch im Interesse der Genannten.

Prima.

Wobei man sich bei seiner eigenen Bewertung immer schwertut. Das Aussehen kommentiere ich gar nicht, weder eigenes noch das anderer, spielt für mich auch nicht die Rolle. Aber ich glaube, dass meine konsequente sachliche Arbeit anerkannt wird, gerade auch im Land Niedersachsen. Und es wird wahrgenommen, dass es mir um die Sache geht, dass ich zuhören kann, dass ich andere Argumente aufnehmen will, zusammenführen möchte, objektiv sein möchte und nicht polarisiere, nicht verletze, nicht vereinfache. Das wird, glaube ich, von vielen Bürgerinnen und Bürgern anerkannt.

Demnach sind Sie der perfekte Politiker. Oder fehlt doch noch etwas?

(schweigt)

Eine unfaire Frage, ich weiß.

Ja.

Dann frage ich jetzt mal anders: Wenn man sich den perfekten CDU-Kandidaten backen könnte, sähe der viel anders aus?

Das ist noch unfairer.

Noch unfairer?

Jeder muss seinen Weg finden. Aber für das Amt eines Ministerpräsidenten bringe ich die Voraussetzungen mit. Ich hatte eine lange Vorbereitungszeit und vor allem auch eine starke Prägung durch Vater und Mutter, durch die Diskussionen zu Hause. Es war für mich ein Gewinn, dass ich mit einer CDU-orientierten Mutter und einem sozialdemokratischen Vater Erfahrungen sammeln konnte, wenn auch nicht im Gespräch zu dritt, weil sie ja geschieden waren. Dabei habe ich vermittelt bekommen, dass nicht eine Position immer richtig und eine immer falsch ist, dass man unbefangen an die Dinge herangehen und sich selbst ein Urteil bilden sollte. Und dass man eine Positionierung auch nicht einfach aufgeben sollte, sondern auch durchziehen, durchsetzen sollte. Das war meine politische Sozialisation.

Sie haben Ihre Gefühle im Griff. Sie haben ja gesagt, Sie hätten das in Ihrer Jugend gelernt. Trotzdem: Haben Sie schon mal im weitesten Sinn aus politischen Gründen geweint?

In einer nächtlichen Sitzung des CDU-Präsidiums Anfang 2000, als Wolfgang Schäuble vortrug, dass er das Amt des Parteivorsitzenden aufgeben muss, da hatte ich Tränen in den Augen, weil es mir unendlich naheging, weil ich Wolfgang Schäuble als einen Parteivorsitzenden besonderer Qualität und Güte erlebt habe. Ich habe von vielen viel gelernt, aber von niemandem mehr als von Wolfgang Schäuble. Wie er die Partei geführt hat, wie er analysiert hat, wie er Lösungen präsentiert hat, wie er auf Argumente einging und dann seine Meinung auch korrigierte, das hat mir einfach imponiert. Der Mann dachte die Dinge ganz strategisch, immer vom Ende her, und führte die Partei verantwortlich. Und er ist ja auch ganz, ganz wesentlich verantwortlich dafür, dass er mit seiner Generalsekretärin Angela Merkel 1998/99 die Union aus diesem Loch, in das wir gefallen waren, wieder herausbrachte. Deswegen ging's mir unheimlich nahe, dass er dann aufgrund der Entwicklungen mit dem Waffenhändler Schreiber und seinen Spenden aufgeben musste. Das ging mir sehr nah.

Haben Sie mal Gefühle gezeigt, wo es Ihnen dann hinterher peinlich war? Entweder zu tief getroffen oder zu überschwenglich? Oder würden Sie sagen, ich habe mich eigentlich immer im Griff?

Manchmal bedaure ich, dass mein Hang zur Ironie als Zynismus wahrgenommen wird. Manchmal gehen Leute mit Formulierungen von mir nach Hause, bei denen sie nicht aufgeklärt worden sind, dass es sich um ironische handelt. Sie nehmen das eins zu eins, und insofern tut mir immer weh, wenn ich jemanden verletzt haben könnte. Sehr weh, wenn man das nicht mehr aufklären kann.

Wie haben Sie denn Ihre Wahlniederlagen verarbeitet?

Das Wichtigste war für mich die Resonanz im eigenen Umfeld. Ich habe 1994, als wir in Niedersachsen schrecklich viele Wahlkreise an die SPD abgeben mussten, meinen Wahlkreis Osnabrück von der SPD zurückerobert. Das war der einzige Wahlkreis, der von der SPD an die CDU ging. 1998 habe ich dann meinen Vorsprung im Wahlkreis enorm ausgebaut. Diese Erfahrung, da, wo man mich kennt, da werde ich auch gewählt, die war in dieser Lage hilfreich.

Es gibt ja Politiker, die bei Niederlagen so getroffen sind, dass sie irgendwie auch für die Umgebung unerträglich werden.

Ich hab nie andere verantwortlich gemacht für Wahlniederlagen. Ach, ich bin von den Medien unter dem Strich eigentlich fair behandelt worden. Bei mir war nie Groll, ich habe nie gesagt, hätten doch die Wähler, oder hätte der oder die … Ich habe deswegen auch für Edmund Stoiber kein Verständnis gehabt, der mir das Gefühl zu haben schien, 2002 bin ich im Westen zum Kanzler gewählt worden und bin es nur wegen der Wählerinnen und Wähler im Osten nicht geworden.

Nach hinten zu schauen, das habe ich nie übertrieben, sondern immer das nächste Ziel angepeilt.

Wir müssen an dieser Stelle aber nach hinten schauen. Sie waren in den Augen der Öffentlichkeit immer der ideale Schwiegersohn, der treusorgende Vater und Gatte. Im Frühjahr 2006 kamen zwei Bücher über Sie heraus, wo dieses Bild auch transportiert wurde. Doch plötzlich gab es da eine andere Frau. Wie passt das zusammen?

Erst mal überhaupt nicht, auch wenn man sich Etiketten nicht selbst gibt. Und für meine Frau und meine Tochter sorge ich weiterhin. Da nehme ich meine Verantwortung wahr. Das ist doch selbstverständlich, darüber muss nicht geredet werden. Ich halte auch das Leitbild der Familie mit der Herausforderung, ein Leben lang füreinander Verantwortung zu übernehmen und beieinander zu bleiben, für richtig. Aber es gibt auch Brüche in der Biographie, dass man sich auseinanderlebt, dass man eigene Wege geht. Und da haben meine Frau und ich uns entschieden, dieses offen einzuräumen und zu erklären. Das zu erfahren, darauf hat auch der Bürger einen Anspruch, auch dass jemand Neues in mein Leben eingetreten ist. Alles darüber Hinausgehende ist privat. Meine Frau, meine Tochter, meine neue Lebensgefährtin und selbst ich haben einen Anspruch auf Privatsphäre.

Trotzdem hat dieser Bruch viele überrascht.

Ich habe sehr viele, sehr glückliche und wichtige Jahre mit meiner Frau verlebt; da möchte ich keinen Tag missen. Vor allem habe ich ein unverändert inniges Verhältnis zu meiner Tochter und werde meine Rolle als Vater wahrnehmen. Das betrifft leider immer mehr Menschen, dass man gemeinsame Probleme nicht gemeinsam zu lösen versteht und dann letztlich das Ende der Liebe konstatieren muss, trotz besten Willens und Wollens. Das ist sehr traurig und sehr, sehr schwierig, aber manchmal leider unvermeidlich.

Dass sich zwei auseinanderleben, ist ja das eine. Die Frage ist, ob dabei einer zwei Leben führt.

Das Auseinanderleben und das Beginnen einer neuen Beziehung waren bei mir nicht parallel gewesen.

Auf Deutsch: Sie haben Ihre neue Beziehung erst begonnen, als Ihre Ehe bereits gescheitert war?

So ist es. Die neue Beziehung ging von mir aus.

Das Schwerste, könnte ich mir vorstellen, war, das Ihrer Tochter beizubringen.

Da hat meine Frau Großartiges geleistet. Dabei ist wichtig, dass die Eltern fair miteinander umgehen und sich zwangsläufig ergebende Konflikte nicht vor dem Kind oder zu Lasten des Kindes austragen.

Werden Sie in die Wahl 2008 gehen als getrennt lebender Ministerpräsident mit neuer Partnerin, oder erleben wir einen Wahlkampf mit Hochzeitsglocken?

Meine Frau und ich haben gemeinsam entschieden, uns zu trennen. Wir behandeln unsere Trennung als Privatsache.

Haben Sie etwa die Absicht, auf Dauer formal verheiratet zu bleiben und gleichzeitig mit Ihrer neuen Partnerin zusammenzuleben?

So wie wir uns gemeinsam getrennt haben, werden wir auch gemeinsam unsere Scheidung einvernehmlich und privat regeln. Mehr sagen wir zu dem Thema nicht. Nicht, weil es uns nicht wichtig ist, sondern weil es uns zu wichtig ist.

Na gut. Aber auch in Ihrer neuen Beziehung bleibt ja dasselbe Problem. Politiker haben im Grunde kaum Zeit für ein Privatleben, für einen Partner. Kann man das eigentlich jemandem zumuten?

(Schweigt.)

Angela Merkel antwortete mir auf dieselbe Frage: Ich tu's ja.

Es ist schwer zumutbar. Man verlangt nicht nur seinem Partner, seiner Familie, seinen Kindern, sondern auch allen seinen Freunden enorm viel ab. Ich war vor Ostern drei Tage mit meiner Tochter auf Norderney, das muss man dann lange planen. Wenn Freunde zu einem Politiker auf Dauer Kontakt behalten wollen, dann müssen sie sich mit der Situation anfreunden, dass sie ihn mehrfach einladen, er nach mehreren Absagen dann doch einmal zusagt und dann vielleicht kurzfristig doch wieder absagen muss. Das halten nur wenige durch.

Sie können ja wirklich nie ausschließen, dass nichts dazwischenkommt.

Es darf nichts dazwischenkommen. Aber es kommt sehr häufig irgendwas dazwischen. Dann ist man als Politiker gefordert, immer gefordert. Und das geht natürlich nicht ohne Rückwirkung auf die Familie.

Die Scheidungsrate ist bei Politikern nicht von ungefähr sehr hoch.

Auch bei Diplomaten, selbst bei Sicherheitsbeamten. Man ist halt immer auf Achse, immer extrem gefordert, und damit gehen die Familien unterschiedlich um. Bei uns haben sich auch die Lebenswelten sehr verändert: ich sehr engagiert im politischen Geschäft, meine Frau sehr stark in ihrem Bereich. Manchmal habe ich gedacht, der eine navigiert im Indischen Ozean, der andere im Atlantischen Ozean. Das ist tragisch.

Sie haben ja schon erwähnt, für Freunde bleibe auch kaum Zeit. Haben Sie eigentlich Zeit für ein Hobby?

Meine Hauptfreizeitbeschäftigung war immer meine Familie, meine Tochter. Auch jetzt nutze ich meine freie Zeit für meine Tochter und für private Unternehmungen mit meiner Lebensgefährtin. Und für alles, was man sonst noch gerne macht: Musik hören, lesen, Sport treiben, spazieren gehen, ausspannen und gar nichts machen.

Sind Sie sportlich aktiv?

Ich spiele ein bisschen Tennis und Squash, laufe, bin auch gerne in Fitness-Centern, an den verschiedenen Geräten. Allerdings viel zu selten. Seit meiner Schulzeit spiele ich gerne ein bisschen Basketball. Das tue ich auch jetzt ab und zu mit ein paar Freunden montags um 22 Uhr in einer Sporthalle in Hannover.

Jetzt unterstellen wir mal, Sie hätten plötzlich drei Tage frei, was würden Sie da machen?

Wenn ich drei Tage frei habe, fahre ich meistens in den Harz oder auf eine Insel, gehe ausgiebig spazieren, gehe gut essen, treffe mich mit Freunden, genieße Natur und Landschaft, nehme ein gutes Buch mit.

Nicht die Tochter?

Zu meinen, wenn ich spontan drei Tage frei nehme, hätte auch meine Tochter Zeit, das ist eine Illusion. Die muss dann eine Arbeit schreiben oder hat Verpflichtungen beim Reiten. Die sagte sowieso schon sehr früh: »Wenn du plötzlich Zeit hast, dann habe ich noch lange keine Zeit.« Gemeinsame Freizeit mit meiner Tochter Annalena, auch das muss geplant werden.

Ich kann mir bei Ihnen schwer vorstellen, dass Sie nachts um die Häuser ziehen. Ich habe dagegen schon Ministerpräsidenten erlebt, die bis vier, fünf Uhr an der Bar sitzen und um sieben schon wieder Interviews geben.

Günther Oettinger zum Beispiel spielt durchaus noch um fünf Klavier und ist um sieben wieder fit.

Kann ich mir bei Ihnen nicht vorstellen.

Also, da beneide ich Günther Oettinger. Wenn ich einen Wunsch frei hätte oder zwei Wünsche, würde ich sagen: Englisch und Französisch fließend oder Englisch und Chinesisch fließend, und dazu Klavier und Saxophon. All das kann ich nicht. Aber Günther Oettinger kann eben morgens um fünf Klavier spielen, eine wundervolle Stimmung verbreiten, und ist morgens um sieben wieder voll fit. Ich kann schon mal tagelang von morgens um sieben an Interviews geben und abends um elf noch eine Rede halten. Aber nachts durch die Gemeinde ziehen, Geselligkeit pflegen im Sinne von Alkohol und verrauchter Luft, das ist nicht mein Ding. Wenn ich mein Pensum erfüllt habe, dann bin ich gerne zu Hause, sitze ich noch am Schreibtisch, gucke ich ein bisschen fern oder trinke noch ein Glas Saft.

Saft?

Ich habe kein Verhältnis zum Alkohol, das habe ich irgendwie versäumt in der Jugendzeit.

Das heißt aber nicht, dass Sie gar nichts trinken, oder?

Ich trinke hin und wieder ein Gläschen Wein. Aber ich bin nicht der klassische Kneipengänger. Ich rauche auch nicht.

Sie haben vorhin schon erwähnt, dass Sie von Ihren Eltern viel Politisches mitbekommen haben. Was haben Ihnen Ihre Eltern sonst noch an Werten mitgegeben?

Meine Mutter hat mich entscheidend geprägt, weil ich mit ihr und meiner etwas älteren Schwester Elisabeth die ersten Jahre allein gelebt habe. Von ihr habe ich gelernt, dass man ehrlich sein muss, dass man verlässlich sein muss, dass man rücksichtsvoll sein muss. Rücksichtnahme auf andere, das war ihr sehr wichtig: wenn man bei anderen zu Besuch war, gegenüber Besuchern, die bei uns waren, gegenüber Nachbarn im Mietshaus, was Lärm und was Ordnung anbetraf. Sie wollte auch, dass wir Kinder fair zu unseren Mitschülerinnen und Mitschülern sind, die Schule ernst nehmen, dass wir lernen und uns viel Wissen aneignen.

War Ihre Mutter streng?

Sie war streng, kontrollierte meine Hausaufgaben und Schularbeiten. Ihr war sehr wichtig, dass ich in der Schule vorankam. Dass Bildung und Wissen einem von niemandem genommen werden können, das hat meine Mutter mir vermittelt.

Und was hat Ihr Vater Ihnen mitgegeben? Er hatte ja die Familie verlassen, als sie zwei Jahre alt waren.

Zu meinem Vater hatte ich nur sporadisch Kontakt, weil meine Mutter diesen Kontakt anfangs gar nicht wollte. Dennoch hat mein Vater mich politisch geprägt. Ich erinnere mich an den Tag der Bundestagswahl 1969. Da war ich zehn Jahre alt, und er fragte mich: Welche Partei, welchen Politiker würdest du denn wählen, wenn du jetzt wählen könntest? Und da habe ich wahrheitsgemäß geantwortet, dass ich mir darüber noch keine Sekunde Gedanken gemacht hätte.

Und seine Antwort?

Er sagte, mach dir in den nächsten Jahren Gedanken, schau dir die Parteien an. Er hätte ja eine bevorzugte Partei, die SPD. Aber es sei ihm letztlich nicht so wichtig, für welche Partei ich mich einmal entscheiden würde, sondern dass ich später politisch interessiert wäre, auf alle Fälle wählen würde – und zwar eine demokratische Partei. Und er sagte auch, es wäre für ihn eine Katastrophe, ja eine persönliche Tragödie, wenn ich später einmal zu einer radikalen Partei neigen sollte.

Wie würden Sie den politischen Standort Ihres Vaters bezeichnen?

Er bezeichnete sich als Pazifist, er hatte Angst vor Kriegen, vor Auseinandersetzungen, vor Hysterie und vor Konflikten. Und er hatte vor manchen Unionspolitikern auch Angst und hielt die für Kriegstreiber, für Scharfmacher, für Kalte Krieger. Es regte ihn fürchterlich auf, dass die NPD damals kurz vor dem Einzug in den Bundestag stand. Dieses Gespräch, am Wahlabend 1969 im Auto meines Vaters, das hat mich geprägt, das hat mich sicher auch beeinflusst, den Bundestagswahlkampf 1972 genau zu beobachten.

Da waren Sie 13.

13, ja. Ich ging an die Stände der Parteien, hab mir angeschaut, was die da verteilen, habe mir angehört, was sie zu sagen hatten.

Der Vater hat Sie also an die Politik herangeführt. Die Mutter hat Ihnen ein Gefühl für Ehrlichkeit, Verlässlichkeit und Verantwortung mitgegeben. Wer hat Ihnen die christlichen Werte vermittelt? Sie sind ja praktizierender Katholik.

Ja, ich hatte das Glück, in einem katholischen Kindergarten und einer katholischen Grundschule gewesen zu sein.

Sie wurden nicht zu Hause religiös erzogen?

Doch, auch zu Hause. Es wurde in meiner Kindheit zu Hause gebetet.

Bei Tisch?

Wir haben zumindest abends gebetet, vor dem Einschlafen. Das finde ich auch wichtig, die Weitergabe des Glaubens durch die Mutter, den Kirchgang, den Kindergarten, den Kommunionsunterricht, die Heilige Kommunion, das Leben in der katholischen Gemeinde Sankt Elisabeth in Osnabrück – das alles waren frühe kirchliche, kindliche Prägungen, die das ganze Leben tragen. Beim Gottesdienst am Sonntag kommt dann noch eine andere, eine transzendente Dimension hinzu: dass Anderes wichtiger ist als das menschliche irdische Leben, und dass es ein Leben nach dem Tod gibt.

Was bedeuten Glaube und Religion heute für Sie persönlich?

Der Glaube an Gott und die sich daraus ergebende biblische Verantwortung für sein eigenes Leben und für die Bewahrung der Schöpfung ist für mich elementar. Der Glaube vermittelt auch eine besondere Gelassenheit, weil man weiß, da gibt es etwas Höheres, das einen schützt. Ich nehme mich auch nicht so wichtig, fühle mich einfach in gewisser Weise eingebunden, geborgen als Mitglied einer Gemeinde. Ich halte das Christentum für einen ganz großen Stabilisator demokratischer Gesellschaften. Wir wissen, dass Christen sich stärker ehrenamtlich engagieren, eher darauf achten, dass starke Schultern mehr tragen müssen als schwache Schultern, dass Barmherzigkeit geübt wird, dass Werte vermittelt werden. Sie können mit vielen Christen einen Staat besser bauen als ohne.

Es gibt ja zweifellos Nichtchristen, die sich trotzdem für die Gemeinschaft engagieren, die durchaus solidarisch sind.

Es gibt ja auch in anderen Religionen ähnliche Zielsetzungen, ähnliche Lebensweisen und Verhaltensweisen. Das spezifisch Religiöse ist die Transzendenz-Beziehung, dass man sich in Beziehung setzt zu einem Höheren, dass man betet, dass man den Menschen nicht zum Maß der Dinge macht.

Macht religiöse Bindung Politik leichter, weil sie Halt gibt? Oder schwerer, weil sie auch Schranken setzt?

Für mich macht die Religion Politik leichter, weil sie eine ethische Fundierung gibt, weil sie zum Beispiel Maßstäbe liefert für den Schutz des Lebens am Anfang und für den Schutz des Lebens am Ende. Weil Religion auch eine Grundlage liefert, dass jeder Mensch seine eigene, von Gott gegebene Würde hat, die ihm niemand nehmen kann, und das unabhängig von seiner Religion, seiner Hautfarbe, seiner Einstellung, seiner Bildung, seines Grades der Behinderung. Das ist eine besondere Begründung der im Grundgesetz verankerten Menschenwürde.

Beten Sie regelmäßig?

Für mich ist das Gebet vornehmlich in Kirchen wichtig. Ich selber suche gerne Kirchen auf, halte sie für wichtige Orte geistlichen Lebens. Ich engagiere mich auch für das Diözesanmuseum in meiner Heimatstadt Osnabrück, für den Katholikentag 2008 in Osnabrück, für die Neugestaltung des Hildesheimer Doms zum Bistumsjubiläum 2015. Weil ich glaube, dass die Kirchen wieder eine wachsende Bedeutung haben werden, dass wieder mehr nach dem tieferen Sinn des Lebens gefragt werden wird. Und ich erlebe jetzt in Hannover eine Kirchengemeinde, in der es dem katholischen Pfarrer gelingt, dass die Kirche jeden Sonntag und auch in der Woche häufig überfüllt ist.

Versuchen Sie, der Pflicht zum sonntäglichen Kirchgang nachzukommen?

Ich versuche, möglichst häufig zur Kirche zu gehen.

Die CDU hat ja das C im Namen. Ist das nicht eigentlich schwierig als C-Partei in einer Gesellschaft mit immer weniger Christen?

Es ist meine Überzeugung, das zu vertreten, was ich für richtig halte, und nicht das, was ankommt, weil das Orientierungslosigkeit zur Folge hätte. Das C im Parteinamen ist deshalb so kompliziert, weil es nicht nur Ansprüche an uns stellt, sondern weil die christlichen Kirchen die Definitionsmacht haben, was christliche Politik ist. Das muss uns bewusst sein. Wir sind nicht die Partei der Kirchen, aber wir sind als christliche Demokraten mit dem Anspruch angetreten, uns an christlichen Werten, am christlichen Menschenbild zu orientieren. Wenn wir das nicht mehr durchhalten, dann müssten wir unseren Parteinamen ändern.

Sie sprechen von der Definitionsmacht der Kirchen. Nach deren Auffassung hätte die CDU nie einer Änderung des Paragraphen 218 zustimmen dürfen, die die Abtreibung straffrei stellt.

Die Kirchen sind nicht glücklich mit dem Kompromiss zum Paragraphen 218. Aber sie führen auch keine Diskussion über eine Korrektur des Paragraphen 218, sondern konzentrieren sich wie wir darauf, dass es möglichst nicht zu Indikationen kommt, sondern dass in diesem Land jeder Frau aktiv Hilfe geleistet wird, um ihr Kind zur Welt zu bringen. Deswegen bin ich zum Beispiel eines der Gründungsmitglieder von katholischer Schwangeren-Konfliktberatung …

… »Donum Vitae« …

… um mitzuhelfen, dass einzelne Frauen ihr Kind zur Welt bringen, was sie ohne Hilfe sonst nicht zur Welt bringen würden.

Die katholische Kirche darf »Donum Vitae« auf Weisung Roms aber nicht mehr unterstützen.

Ich habe als Katholik hier einen Konflikt mit dieser päpstlichen Entscheidung, übrigens auch mit der Haltung meiner Kirche gegenüber getrennt Lebenden und Geschiedenen. Nach evangelischem Verständnis ist eine zweite kirchliche Hochzeit möglich, nach katholischem nicht. Als Geschiedener kann man zwar weiter Mitglied der katholischen Kirche sein, darf aber nicht mehr in jedes Zimmer eintreten, um es mal bildlich auszudrücken. Das ist etwas, was mich beschäftigt. Darüber stehe ich im Dialog mit verschiedenen Vertretern der katholischen Kirche.

Auch in der CDU werden die praktizierenden Christen immer weniger. Können Sie sich eigentlich vorstellen, dass eines Tages Nichtchristen in der Partei führende Positionen übernehmen?

Das ist möglich und damit auch denkbar. Wir sind ja zum Beispiel offen für Muslime, sofern sie sich mit unserem Verständnis vom christlichen Menschenbild identifizieren können.

Die CDU hatte ja auch einmal ein jüdisches Bundesvorstandsmitglied.

Wobei Juden nicht vergleichbar sind mit Muslimen, weil das Alte Testament etwas enger hinführt zum christlichen Menschenbild als der Koran. Letztlich kann man zu den Werten und Zielen der Union auch über Aufklärung und Humanismus gelangen. Wir sind offen für alle, die sich mit dem Programm der Union identifizieren können.

In zwanzig Jahren könnte die CDU mit einem ungetauften Kanzlerkandidaten antreten?

Das ist nur theoretisch möglich, aber nicht zu erwarten.

Sie haben in Ihrer politischen Laufbahn einige Niederlagen einstecken müssen. Welche war denn politisch die schwerste?

Die schwerste war die Landtagswahl 1998. Da hatte ich nicht nur zum zweiten Mal verloren, sondern die SPD hat sogar die absolute Mehrheit der Mandate ausgebaut. Und da trat der neue SPD-Fraktionsvorsitzende Sigmar Gabriel bei der Debatte über Schröders Regierungserklärung ziemlich brutal auf und sagte an die Adresse der CDU-Fraktion: Ihr habt zwei Wahlen verloren – und zwar wegen eures Spitzenkandidaten. Je länger ihr an dem festhaltet, umso größer wird der Vorsprung der SPD. Das verfing natürlich nicht bei allen CDU-Abgeordneten, aber ich konnte schon spüren, wie der eine oder andere da ins Grübeln kam. Das war auch deshalb bitter, weil ich bis dahin mit den SPD-Fraktionsvorsitzenden immer Schlitten gefahren war. Aber jetzt kam Gabriel und zerstörte meinen Nimbus als gegenüber dem SPD-Fraktionsvorsitzenden stets siegreicher Debattenredner. Das war nach der Wahlniederlage dann noch mal eine Niederlage und sicher die bitterste Stunde meiner politischen Arbeit.

Und privat? Was war da Ihre größte Niederlage?

Ich denke, das Scheitern meiner Ehe.

Kommen wir zu den Erfolgen. Ihr größter Erfolg war Ihr Wahlsieg 2003, vermute ich mal.

Der größte private Erfolg ist sicher die Geburt unserer Tochter, und politisch die Wahl zum Ministerpräsidenten Niedersachsens. Aber als eigentlichen Erfolg sehe ich, dass dem Land das Gefühl zurückvermittelt werden konnte, dass Politik etwas bewegen kann. Dass man etwas verändern kann, dass man mutig etwas gestalten kann.

Mit wem haben Sie eigentlich noch eine Rechnung offen?

Mit niemandem.

Gibt es wirklich niemanden, dem Sie es irgendwann noch mal richtig zeigen wollen?

Nein, nein.

So, dann die letzte Frage zu dem, was Sie bewegt und antreibt. Welche Frage hätte ich eigentlich unbedingt stellen müssen, um den Menschen und Politiker Wulff so richtig zu erfassen?

Haben Sie alle gestellt.

Eigentlich schade, ich dachte, Sie nutzen diese Gelegenheit und lüften jetzt ein großes Geheimnis.

(Lacht.)

2
Kindheit und Jugend

»Für meine kranke Mutter zu sorgen, das war für mich selbstverständlich«

Sie sind aufgewachsen mit zwei Schwestern, einer älteren und einer jüngeren, sind also ein typisches Mittelkind. Nun gibt es in der Kinderpsychologie die These, diese Mittelkinder würden später Kämpfer, weil sie mit den älteren Geschwistern physisch konkurrieren müssten und mit den jüngeren um die emotionale Zuneigung der Eltern. Sind Sie so zu einem Kämpfer geworden, aber zu einem sanften Kämpfer, weil ein Mittelkind, das mit Schwestern konkurriert, anders kämpft als gegen Brüder?

Mich hat Kinder- und Jugendpsychologie immer fasziniert. Und ich kann diesen Feststellungen, so zusammengefasst, viel abgewinnen. Dass man von seinem älteren Geschwisterteil profitiert und dass man unter seinem jüngeren Geschwisterteil manchmal leidet, weil man für Konflikte immer verantwortlich gemacht wird, weil das andere ja jünger sei. Auf der anderen Seite wird man aber auch gefordert, die Tradierung von Wissen und Werten durch die ältere Schwester auch selber wieder an die jüngere Schwester weiterzugeben. Man ist da in unterschiedlichen Rollen unterwegs, und macht damit ganz unterschiedliche Erfahrungen als Lernender und Lehrender. Ich fühlte mich immer unter dem Strich als Profiteur: von meiner großen Schwester, was lernen zu können, und an meine kleine Schwester, was weitergeben zu können.

Wenn Sie zwei Brüder gehabt hätten, wären Sie dann vielleicht aggressiver geworden?

Vielleicht wäre ich ein bisschen kämpferischer geworden im Sinne von Raufen. Jungs messen ihre Kräfte mehr körperlich, die sind mehr draußen in der freien Natur. Das war immer ein Thema bei uns, dass ich gerne zu Hause gespielt habe, und meine Mutter wollte, dass ich mehr draußen spiele. Möglicherweise hätten Brüder es provoziert, dass ich mehr rausgegangen wäre. Am Anfang zum Spielen im Wald, später auch zum Trinken in Kneipen.

Haben Sie mit Ihren Schwestern auch mit Puppen gespielt?

Nein, wir hatten unsere getrennten Spielfelder. Meine Schwestern die Puppen und ich die Autos und die Eisenbahn.

Wenn Sie an Ihre Kindheit zurückdenken, welche positiven Erinnerungen werden da wach?

Meine Mutter war immer für mich da. Man merkte, dass sie ihren Kindern viel an Liebe, an Hingabe, an Zuwendung gab. Später wurde mir klar, dass das auch damit zu tun hatte, dass sie keinen Mann hatte, als ich klein war. Meine Schwestern und ich waren ihr ungemein wichtig. Das hat man gespürt und einen auch irgendwie zufrieden gemacht. Sie hat dann ihren zweiten Mann kennengelernt und geheiratet. Mit dem habe ich mich gut verstanden, und ich habe gute Erinnerungen an unser damaliges Familienleben, die gemeinsamen Urlaube und so weiter.

Das hielt aber leider nicht an.

Das endete, als die zweite Ehe ebenfalls scheiterte und meine Mutter an Multipler Sklerose erkrankte. Das hat das Familienleben grundlegend verändert, weil die Lähmungen sehr schnell fortschritten. Ich habe dann auch aus der von meiner Mutter erfahrenen Zuneigung und Zuwendung die Kraft geschöpft, mich für die Mutter verantwortlich zu fühlen. Das war für mich selbstverständlich.

Sie sagen, die Mutter war immer da. Sie war also nicht berufstätig?

Sie war eine nichtberufstätige Mutter. Ich selbst erlebte damals, welche Vorzüge das hat. Und dann sah ich, wie meine Frau immer für unsere Tochter da war, dass unsere Tochter dadurch eine wunderbare Kindheit hat, groß und selbständig wird, abgewogen handeln lernt und eine helle Freude darstellt. Zugleich erlebe ich bei meiner Lebensgefährtin, die einen vierjährigen Sohn hat und berufstätig ist, welche Erfahrungen sie macht. Der Junge war zuerst bei einer Tagesmutter mit anderen Kindern, ist jetzt im Ganztagskindergarten. Und ich sehe beim Sohn meiner Lebensgefährtin, dass er mobil ist, flexibel ist, mal bei seinem Vater ist, mal bei seiner Mutter ist, bei den anderen Kindern den Tag über ist, extrem gefordert, aber auch sehr gefördert wird.

Und das Fazit? Ist es für das Kind im Zweifel nicht besser, wenn die Mutter nicht arbeiten muss?

Ich würde das heute nicht in jedem Fall mehr so sagen. Für mich kommt es zuerst darauf an, dass das Kind weiß, die Mutter ist da, wenn sie gebraucht wird, der Vater ist da, wenn er gebraucht wird. Darüber hinaus sollten Kinder mit vielen anderen Kindern zusammenkommen. Wichtig ist, dass sie erzogen werden, dass Werte vermittelt werden, dass sie an die Dinge herangeführt werden. Alle Länder mit guten Tagesbetreuungsangeboten haben mit ihren vorschulischen Einrichtungen durchaus Erfolge. Die Hirnforschung sagt, dass die größte Synapsenbildung bei Vier- und Fünfjährigen stattfindet. Und dass ein Fünfjähriger anschließend 30 Prozent seiner Gehirnzellen verliert, wenn sie nicht gefordert werden. In einer Gruppe mit vielen Kindern und vielen Angeboten werden Kinder gefördert und gefordert, allerdings manchmal auch gestresst. Das kann zu Hause, weil wir die Mehrgenerationenfamilie nicht mehr haben, so nicht immer stattfinden.

Der Staat müsste demnach dafür werben, dass Kinder eine Ganztagesbetreuung in der Gruppe haben.

Vom dritten bis fünften Lebensjahr zumindest halbtags Kindergarten, das halte ich für ganz wichtig.

Sie sagen, Vater und Mutter sind beide wichtig. Da sprechen Sie sicherlich auch aus persönlicher Erfahrung.

Ich habe das extrem gespürt. Nach der Trennung meiner Eltern hatte ich besonderes Interesse an meinem Vater, wollte ihn kennenlernen, mich an ihm reiben.

Das war schwierig, da Ihre Mutter den Kontakt mit dem leiblichen Vater unterbinden wollte.

Wegen all der Konflikte und Streitigkeiten sah die Mutter den Kontakt gar nicht gern. Sie im Stress der Erziehung zweier Kinder, und der Vater lädt alle zwei Wochen die Kinder zum Eisessen ein! Das hat mich auch sehr geprägt, weshalb ich beispielsweise die Erziehung meiner Tochter durch meine Frau immer unterstützt und nie in Frage gestellt habe. Wenn meine Frau etwas so oder so entschieden hatte, habe ich das immer unterstützt, um nicht derjenige zu sein, der immer fürs Eisessen, Kinogehen und die schönen Dinge des Lebens zuständig ist, wenn er mal zu Hause ist. Auch heute unterstütze ich die Erziehungsregeln meiner Frau.

Ist das nicht zwangsläufig so, wenn der Vater selten da ist ...

Man ist immer in der Gefahr, die Erziehung dem Partner zu überlassen. Deshalb ist es wichtig, auch strenge Entscheidungen des Partners zu unterstützen.

Sie haben den Kontakt zu Ihrem Vater selber gesucht, gegen den Willen der Mutter. Wie ging das vonstatten?

Ich habe gegenüber meiner Mutter den Anschein erweckt, ich hätte meinen Vater eher zufällig getroffen. Tatsächlich bin ich mit dem Fahrrad zu ihm hingefahren, um mir ein eigenes Bild von ihm zu machen. Ich hatte einfach das Bedürfnis, ihn zu kennen. Ich habe aber erfahren müssen, dass ungelöste Konflikte zwischen Vater und Mutter auf meinem Rücken, unter meiner Beteiligung, ausgetragen wurden. Das hat mich geprägt und mich in der Überzeugung bestärkt, Kinder nicht in solche Auseinandersetzungen hineinzuziehen.

Wie kam Ihre Mutter dahinter?

Ich habe es ihr dann natürlich erzählt, dass ich dort war. Was sie dann auch verstehen konnte, wenn es ihr auch nicht gefallen hat.

War sie Ihnen böse?

Sie hat es akzeptiert; auch, dass ich den Kontakt gehalten habe.

Ihr Vater hat die Familie verlassen, als Sie zwei Jahre alt waren. Sie haben später also den Kontakt zu ihm selber gesucht?

Gegen den Willen meiner Mutter.

War Ihr Vater auch an diesem Kontakt interessiert?

Der hat sich darüber riesig gefreut und intensiv Kontakt gehalten. Das habe ich dann auch meiner Mutter offenbart.

Als Sie sieben, acht Jahre alt waren, trat ein neuer Mann in Ihr Leben, der Stiefvater. Das stelle ich mir besonders schwierig vor.

Der Kontakt zum leiblichen Vater war ja sporadisch, der Kontakt zum Stiefvater regelmäßig und alltäglich.

Wie haben Sie ihn angesprochen?

Onkel Wolfgang. Mit ihm bin ich in den ersten Jahren zurechtgekommen. Das hat sich dann geändert, als die Ehe scheiterte und es zu Konflikten zwischen Mutter und Stiefvater kam über Scheidung und Unterhaltsfragen. Da verdüsterte sich das Verhältnis, wie man sich denken kann.

Standen Sie da immer auf Seiten Ihrer Mutter? Oder haben Sie manchmal gedacht, wenn meine Mutter sich anders verhalten hätte, dann hätte ich noch einen Vater?

Über meine Eltern habe ich mir kein Urteil angemaßt; sie haben sich getrennt, als ich zwei war. Es war ein großer Altersunterschied zwischen Vater und Mutter. Meine Mutter war zu ihm gezogen in ein Dorf bei Osnabrück. Dort war noch seine Mutter mit im Haus. Meine Mutter hat sich da nicht wohl gefühlt. Auch über die zweite Beziehung wollte ich kein Urteil abgeben. Ich habe natürlich die Position meiner Mutter vertreten, weil sie diejenige war, die schutzbedürftiger war.

Das klingt für mich sehr akademisch. Ich kann mir nicht vorstellen, dass Sie damals im Alter von dreizehn, vierzehn Jahren ganz rational gedacht haben wollen, ich maße mir kein Urteil an, wer an dieser zweiten Scheidung schuld ist, Mutter oder Stiefvater.

Ich habe mich damals gehütet, zu verurteilen. Ich habe es nur für zwingend gehalten, dass der zweite Mann seiner Verantwortung nachkommt. Ich hatte die Sorge, dass er davon ausgeht, meine Mutter müsse als pflegebedürftig in ein Heim, während ich es für möglich hielt, sie zu Hause zu pflegen. Wie wir sie dann ja auch jahrelang mit Hilfe der Nachbarn gepflegt haben. Aber mit dem zweiten Mann meiner Mutter gab es viel Streit.

Sie haben durchaus den Vater vermisst. Wie kompensiert man das? Gab es vielleicht den Vater eines Freundes, an den Sie sich ein bisschen angelehnt haben, oder gab es Freunde, bei denen Sie sich familiäre Nähe borgten?

Man ist, glaube ich, für andere Menschen zugänglicher. Wenn man alles in der Familie hat, ist einem das genug. Man tritt eher selbstbewusst abgrenzend auf. Wenn man in der Familie Dinge vermisst, sucht man sie woanders. Im Freundeskreis, bei Eltern, bei Nachbarn, bei Lehrern. Ich habe viele Ältere in allen Zeiten immer sehr beobachtet und versucht, Dinge, die ich gut fand, zu übernehmen, und Dinge, die ich nicht so gut fand, wegzulassen.

Ältere Freunde?

Auch Erwachsene in der Nachbarschaft, Lehrer. Für mich waren manche Lehrer sehr, sehr wichtig, schon in der Grundschule. Im Gymnasium gab es ganz viele Lehrerinnen und Lehrer, die für mich viel bedeuteten.

Aber es gab niemanden, wo Sie sagen würden, das war der Ersatzvater?

Den gab es nicht. Aber es gab Erwachsene, auf deren Urteil ich sehr viel Wert gelegt habe.

Sie haben hautnah miterlebt, wie über den Unterhalt gestritten wurde und wie ihre Mutter nicht wollte, dass Sie den Vater sehen. Wie hat diese Erfahrung Ihre Einstellung beeinflusst bei Themen wie Scheidung und Unterhalt?

Dass man versucht, die Dinge einvernehmlich zu regeln und nicht im Streit, weil davon immer andere profitieren, aber nie die Betroffenen. Leider kommt es eben nicht immer zu friedlichen Einigungen. In diesen Fällen muss das Gericht eine der Situation möglichst angepasste, gerechte Regelung folgen lassen. Wie lang bestand die Ehe, wer hat auf was verzichtet, wer hat wem den Rücken frei gehalten? Ich glaube, dass Gesetze da immer nur einen Rahmen schaffen können.

Nach all den Erfahrungen haben Sie sich vielleicht als Jugendlicher geschworen, eine Scheidung oder Scheidungskinder wird es bei mir nie geben?

Klar. Wenn man solche Situationen miterlebt hat, möchte man, dass die eigene Ehe bis ans Lebensende hält.

Ihre Mutter ist 1975 an multipler Sklerose erkrankt, da waren Sie 16. Haben Sie damals nicht manchmal Freunde beneidet, wo beide Eltern da und gesund waren?

Man fragt sich immer wieder, warum trifft es meine Mutter, trifft es uns, trifft es mich. Irgendwann habe ich mir die Frage gestellt: Soll ich weglaufen? Soll ich akzeptieren, dass meine Mutter ins Pflegeheim muss? Oder soll ich mich der Situation stellen, mit ihr fertig werden? Ich habe viel gegrübelt damals und mich bewusst entschieden, die Bewährungsprobe bestehen zu wollen. Dann haben wir meine Mutter zu Hause gepflegt, mit viel Unterstützung aus der Nachbarschaft und der städtischen Sozialstation.

Wie muss man sich Ihren damaligen Tagesablauf vorstellen?

Man hat sich morgens gekümmert. Während der Schulzeit kam jemand von einem Pflegedienst. Ich habe mich mittags um die Dinge, die meine Schwester und meine Mutter betrafen, gekümmert. Ich bin vor allem nachmittags eingesprungen und habe häufig abends die Mutter ins Bett gebracht, wenn das mit dem Pflegedienst nicht zu organisieren oder mit der Nachbarschaft nicht zu regeln war. Ich bin gelegentlich vom Schulsekretariat im Unterricht informiert worden, dass ich mich sofort kümmern müsse. Es war eine große Gemeinschaftsleistung vieler.

Das war zweifellos eine unglaublich belastende Situation. Sie mussten in gewisser Weise den Ehemann ersetzen und eine Art Ersatzvater für die jüngere Schwester aus der zweiten Ehe ihrer Mutter sein. Für jemanden im Alter von 16, 17 Jahren eine enorme Belastung.

Ich habe mich sehr bemüht, Sohn und älterer Bruder zu bleiben. Ich bin mal zum Elternsprechtag der Schwester gegangen, habe Gespräche mit Behörden geführt. Das war schon ungewöhnlich damals.

Wieso blieb das eigentlich an Ihnen hängen?

Die ältere Schwester lebte bei unserem Vater.

Nach landläufiger Vorstellung sorgt die Tochter für die kranke Mutter.

Das Verhältnis zur Mutter war angespannt. Die ältere Schwester hat dann für die kleine gesorgt, als die Mutter nicht mehr zu Hause gepflegt werden konnte, von 1983 an. Da ist meine kleinere Schwester von ihrer älteren Schwester betreut worden.

Haben Sie heute zur kleineren Schwester ein besonders inniges Verhältnis?

Ich habe zu beiden ein gutes Verhältnis. Die Kleine hat natürlich am meisten Stress gehabt, weil die Mutter so krank war. Dass sie sich so erfolgreich durchgesetzt hat, Mann und zwei Kinder hat, sich habilitiert an einer Hochschule, das ist unter solchen Umständen eine beglückende Sensation.

Sie selber hat die Betreuung der kranken Mutter und der kleinen Schwester zweifellos einen Teil Ihrer Jugend gekostet.

Große Party-Erfahrungen habe ich nicht gesammelt, dafür aber andere. Letztere kann man wahrscheinlich fürs Leben auch besser gebrauchen.

Das klingt jetzt im Rückblick sehr abgeklärt. Haben Sie damals nicht auch mal gedacht, ich packe meine Sachen, studiere woanders und komme nur an Weihnachten nach Hause?

Ich wusste, ich konnte nur in Osnabrück studieren. Woanders zu studieren, das hätte die Situation zerbrechen lassen. Es hätte bedeutet, dass meine Mutter in ein Pflegeheim gekommen und die Zukunft meiner kleinen Schwester ungewiss gewesen wäre.

Hat Ihre Mutter das eigentlich zu schätzen gewusst, was Sie an Opfern brachten?

Ja. Gewiss. Es war eine Selbstverständlichkeit, weil sie mich großgezogen hatte, es war zwangsläufig, sie hatte es einfach verdient.

Sie haben diese Probleme auch mit Hilfe des Sozialstaats gelöst. Hat das Ihre Einstellung zur Rolle des Staates beeinflusst?

Ich bin fest überzeugt, dass der Sozialstaat eine der großen Errungenschaften ist, damit denen geholfen wird, die der Hilfe bedürfen. Nicht im Sinne von Hängematte, sondern von Sprungbrett, um letztlich auf eigene Füße zu kommen. Das ist in unserem Fall sehr gut gelungen. Meine Schwester und ich konnten das Abitur machen und ein Studium anfangen.

Wenn heute jemand dasselbe Schicksal hätte wie Sie, hätte er es leichter oder schwerer als Sie?

Heute gibt es ein noch austarierteres Netz von ambulanten Pflegestationen, von Diensten, auch viel mehr unterschiedliche Berufsbilder auf dem Gebiet der Pflege. Es gibt auch stärkere Bemühungen, dafür zu sorgen, dass Kranke möglichst lange in den eigenen vier Wänden bleiben können. Auch die Möglichkeiten der Hilfe für Jugendliche sind heute stärker verfeinert als damals bei mir und meiner Schwester.

Ihre Kindheit fiel in die sechziger Jahre, die Zeit, in der in Deutschland noch alles aufwärtsging, der Wohlstand Jahr für Jahr größer wurde. Bei Ihnen zu Hause ging es ja wohl eher etwas knapp zu?

Wir mussten sehr scharf rechnen.

Nicht das neueste Fahrrad, kein Geld für die Klassenfahrt?

Es gab keine Urlaube, keine größeren Anschaffungen. Man lebte aus der Substanz und drehte die Mark zweimal um. Ich war in der Oberstufe auf Schüler-Bafög angewiesen. Als Student war ich Stipendiat der Adenauer-Stiftung; das hat mir sehr geholfen.

Haben Sie nebenher gearbeitet?

Ich habe als Schüler und Student ein bisschen gejobbt, zum Beispiel in einer Kneipe in Osnabrück an der Theke.

Gingen Sie eigentlich gern zur Schule?

Immer. Weil mich Fächer wie Religion oder Gemeinschaftskunde, bei denen man in einen Disput treten konnte, interessiert haben. Vor Englisch und Französisch habe ich mich gefürchtet, weil die Aussprache ständig korrigiert wurde, Vokabeln abgefragt wurden. Erdkunde aber war ebenso beliebt wie das Fach Deutsch, das mich besonders interessierte.

Sie haben die zehnte Klasse zweimal absolviert.

Ich bin an Französisch und Englisch gescheitert. Dennoch war ich nicht so traurig wie andere, wenn sie ein Schuljahr wiederholen mussten. Ich empfand Schule – ich war von der achten bis dreizehnten Klasse Schülersprecher – immer als etwas Bereicherndes.

Dank dieser Ehrenrunde konnten Sie sogar ein Jahr länger Schülersprecher sein.

(Lacht.) Ich hätte das Abitur wiederholen sollen, um einen besseren Durchschnitt zu haben!

Sie waren also kein überragender Schüler?

Ich hatte gute und schlechte Fächer. Am Ende gab das den Abiturdurchschnitt 2,1.

Waren Sie das, was man einen braven Schüler nennt? Oder der Schrecken aller Lehrer?

Weder noch. Ich war ein Schüler, der seine Positionen konsequent vertreten hat, aber immer fundiert, wie es auch in der Begutachtung im Abiturzeugnis stand. Nicht immer für alle bequem, aber keiner, der ständig Schulstreiche ausheckte, um auf sich aufmerksam zu machen.

Sie waren Schülersprecher, Sie waren schon aktiv in der Schüler-Union, Sie kümmerten sich um Ihre Mutter und Ihre Schwester – blieb da noch Zeit für anderes?

Mein Hobby, neben den Verpflichtungen, das war die Politik. Für das Familiäre habe ich immer die Unterstützung der Nachbarschaft gehabt.

Wie sah das beim Sport aus?

Mit zwölf, dreizehn habe ich im Osnabrücker Sportclub durchaus erfolgreich Basketball gespielt. Das wurde abgelöst durch die Schülersprechertätigkeit.

Hatten Sie Idole in dieser Zeit: Sportler, Popstars?

Ich habe mich vor allem für Sport interessiert: Fußball, Leichtathletik, Mannschaftssportarten. Der VfL Osnabrück war natürlich großes Thema. Die spielten damals in der 2. Bundesliga und Regionalliga Nord. Ich bin heute noch Mitglied des VfL Osnabrück, von Hannover 96 und beim SV Meppen, der mal in großen Schwierigkeiten war und in den ich damals aus Sympathie eingetreten bin. Aber die Liebe zum Heimatverein bleibt ein Leben lang.

Und Sie verfolgen, wo immer Sie sind, die Ergebnisse dieser Vereine?

Die Zwischenstände des VfL Osnabrück habe ich auf meinem Handy, selbst bei Reisen in den USA oder Australien.

Gab es Sportler, die Sie besonders beeindruckten?

Viele Sportler bei den Olympischen Spielen 1972 haben mich fasziniert. Das Pokalendspiel 1973 Borussia Mönchengladbach gegen den 1. FC Köln war das beeindruckendste Fußballspiel, das ich je gesehen habe – eine Sternstunde.

Gladbach siegte 2:1.

Es war ein extrem torraumreiches Spiel, enorm offensiv. Und Günter Netzer schoss dieses spektakuläre Tor.

Es passt eigentlich gar nicht zu Ihnen, dass Sie es toll finden, wenn einer wie Netzer sich nicht um die Anweisungen des Trainers schert, sich einfach selbst einwechselt und somit macht, was er will.

Ich würde nicht gern so ins Spiel kommen wie Günter Netzer, aber im Spiel so sein wie er schon öfter – dass man selber den Ball nimmt, wo andere Angst haben, dass man mehrere Leute umspielt und ins Tor trifft. Ich war immer bemüht, möglichst viele Punkte beim Basketball zu machen und viele Tore zu erzielen. Ich habe früh begriffen, dass man Tore in der Demokratie nur auf dem Spielfeld erzielen kann, nicht durch Kommentare auf der Tribüne. Die traurige Rolle des Zuschauers ist in der Demokratie eigentlich von Übel, man muss aktiv sein. Deshalb hat es mir so gut gefallen, wie Netzer sich damals nach dem Einwechseln den Ball nahm, andere umspielte, wie er traf und wie er sich unbändig freute. Das nehme ich für mich zum Vorbild.

Und dann hat er gejubelt wie ein Weltmeister, ist mehrfach in die Luft gesprungen, hat sich um die eigene Achse gedreht.

(Lacht.) Ich gebe zu, diese Art zu jubeln ist nicht mein Ding.

Wenn Politik Ihr Hobby war, dann bestand Ihr Freundeskreis …

… aus Mitschülern und Mitschülerinnen, mit denen ich nach der Schulstunde Eis essen ging und abends zusammensaß. Gerade in diesen Monaten jetzt habe ich Kontakte aufgefrischt. Mitschüler aus dem Freundeskreis schreiben, was sie gerade erlebt haben: getrennt sind, neue Beziehungen eingegangen sind. Ich hatte außerdem immer meinen universitären Freundeskreis, ich war Sprecher der Fachschaft Jura.

Haben Sie da ein Netzwerk aufgebaut, das heute noch trägt?

Nein, aber es gibt viele aus der damaligen Zeit, denen man heute etwa bei einem Unternehmertreffen wieder begegnet. In verschiedenen Ministerien und in der Staatskanzlei arbeiten frühere Freunde von mir. Als ich 1993 Spitzenkandidat wurde, meldete sich ein Mitschüler und sagte, ich bin Referent beim Oberkreisdirektor und würde gern in einem anderen Umfeld arbeiten. Er ist heute noch einer meiner wichtigsten Mitstreiter.

Haben Sie damals die Tanzstunde besucht?

Ja, habe aber häufig gefehlt wegen politischer und familiärer Verpflichtungen und dadurch den Anschluss verloren. Im Übrigen bin ich nicht musikalisch.

Sie gehören also zu den Politikern, bei denen es eher hilfreich ist, wenn bei einer Balleröffnung die Kameraleute und Fotografen dem Publikum den Blick versperren.

(Lacht.) Ja, ich gehöre zu dieser nicht seltenen Spezies.

Es gibt kaum einen Politiker, der beim Walzer eine ordentliche Drehung hinbekommt.

Es mangelt an Zeit, das regelmäßig einzuüben und dann zu wiederholen.

Zurück zur Tanzstunden-Zeit. Wann waren Sie das erste Mal verliebt?

Mit 14.

Hat das die Angebetete auch mitgekriegt?

Ja, die merkte es schon. Leider ließ sich das nicht dauerhaft fortsetzen. Als ich mich mit 16 wieder verliebte, war meine Freundin geschockt, dass ich mir ein ganzes Leben mit ihr vorstellen konnte. Das fand sie ein bisschen früh.

Manchmal sind Männer doch romantischer als Frauen ...

Es gibt da nichts Spektakuläres zu berichten.

Gekifft haben Sie vermutlich nicht, es auch nicht probiert?

Nie das Bedürfnis gehabt. Ich habe mit 17 mal vierzehn Tage lang Pfeife geraucht, war grässlich, musste mich immer übergeben.

Die Bundeswehr war für Sie ...

Ich bin zurückgestellt worden wegen meiner kranken Mutter und meiner Schwester.

Sie hätten sicher nicht verweigert.

Nein.

Dann haben Sie sich entschlossen, nach dem Abitur Jura zu studieren. Wie kam es dazu?

Als ganz kleiner Junge wollte ich Busfahrer werden, wegen der großen Lenkräder. Dann wollte ich Lehrer werden, und in der elften Klasse fand ich Rechtskunde faszinierend, die Streitschlichtung, das Beziehen von Positionen. Ich wusste nicht, willst du lieber Staatsanwalt werden, also Ankläger, oder Verteidiger oder Richter oder Rechtsanwalt. Ich wollte dann auf jeden Fall als Jurist tätig sein, eines dieser Berufsbilder wählen.

Sie waren ja schon als Gymnasiast in der Schüler-Union aktiv. Haben Sie nicht auch daran gedacht, Politik zu studieren?

Ich wollte zu dem Zeitpunkt nicht Politiker werden, auch nach dem Abitur nicht. Aber am Anfang des Studiums habe ich gesehen, Politik ist eine spannende Materie, und dass man leicht in der Politik landen kann. Aber es war klar, du musst unabhängig sein, musst ein gutes Examen haben, musst beruflich Substanz haben. Deswegen habe ich vor dem ersten Staatsexamen alle Ämter niedergelegt, ich war gewählt als Landesvorsitzender der JU Niedersachsen. Der langjährige Bezirksvorsitzende der CDU Osnabrück, Werner Remmers, hatte mir gesagt, ich könne sein Nachfolger werden. Ich habe ihm geantwortet, das kann ich nur machen, wenn ich beruflich unabhängig bin. Als ich dann zugelassener Anwalt war, kam er und sagte, jetzt bist du unabhängig, jetzt musst du das machen. Das habe ich mir dann nicht zweimal sagen lassen.

Sie waren gerade mal zwei Jahre in der Anwaltskanzlei und schon auf dem Sprung zur Spitzenkandidatur. Da trifft doch das Etikett Berufspolitiker zu, oder nicht?

Ich habe die Jahre als Referendar am Oberlandesgericht Oldenburg bereits gearbeitet, habe dann von der Anwaltstätigkeit gelebt und Erfahrung gesammelt und bin heute noch Mitglied dieser Kanzlei. Als Ministerpräsident darf man aber nicht anwaltlich tätig sein.

Sie machen also schon einen Unterschied zwischen sich und denen, die direkt aus dem Hörsaal in die Politik gehen?

Eindeutig. Darauf habe ich immer abgezielt.

Aber die Zahl derer, die aus dem Hörsaal in die Parlamente wechseln oder gar von der Schulbank aus, wächst.

Bin ich mir gar nicht sicher.

Im Bundestag nimmt die Zahl derer, die als Beruf Student angeben, von einer Legislaturperiode zur anderen zu.

Bei der Union habe ich nicht so den Eindruck. Mag sein, bei Linkspartei, Grünen, FDP. Ich halte es für entscheidend, dass man nie auf das Mandat angewiesen ist und jederzeit in einer anderen Stelle mindestens so gut zurechtkäme wie in dem politischen Amt.

Wenn jemand von der Uni in den Bundestag wechselt, also vom Bafög zu 7000 Euro Diäten im Monat, wird er von der Politik schnell abhängig.

Man muss dafür sorgen, dass man in anderen Berufen ebenso viel verdienen kann, um nicht aus pekuniärem Interesse in der Politik Kompromisse schließen zu müssen.

Was schätzen Sie, wie viele der 614 Bundestagsabgeordneten würden es schaffen, in der freien Wirtschaft so viel zu verdienen wie im Parlament?

Ich kann das besser für den niedersächsischen Landtag beurteilen. Dort gibt es immer mehr, die auf berufliche Perspektiven und höheres Einkommen verzichten. Die Diäten betragen etwa 5000 Euro. Die Hälfte der Abgeordneten verdient mehr als in der Wirtschaft, ist aber auch mehr beansprucht. Die 70-Stunden-Woche ist die Regel.

Selbst in sitzungsfreien Wochen?

Ja, weil die Abgeordneten durch die Ortsvereine der Partei tingeln, in Schützenvereinen, in Bürgersprechstunden präsent sind. Abgeordnete werden mit ihrer Familie rund um die Uhr in Anspruch genommen. Wer sein Amt ernst nimmt, und das ist die große Mehrzahl, hat auch am Wochenende viele Termine.

Mir schwebt eigentlich vor, dass ein Abgeordneter das bekommt, was er im Durchschnitt der letzten fünf Jahre verdient hat.

Das habe ich früher auch immer vertreten, plus 20 Prozent Aufschlag wegen der enormen Beanspruchung. Es ist leider mit der Verfassung nicht vereinbar. Aber zumindest ein Denkmodell. Es gibt manchen Spitzenmann, den wir in der Politik bräuchten, aber nicht bezahlen können.

Meine etwas boshafte Begründung lautet, eine solche Regelung würde uns in den Parlamenten die Bafög-Empfänger ebenso ersparen wie die Lehrer.

Ein Schulleiter eines Gymnasiums verdient mehr als ein Landtagsabgeordneter, und eine Verteufelung des Lehrerberufs in Deutschland ist ein Fehler.

Lehrer müssten dann als Abgeordnete fürs gleiche Geld viel mehr arbeiten.

Auch da bin ich anderer Meinung. Die Gesellschaft verschiebt immer mehr Lasten auf den Lehrer und lässt ihn im Regen stehen. Deshalb bin ich ein großer Freund der Lehrer.

Wie viel Prozent der heute in Niedersachsen tätigen Lehrer würden das unterschreiben?

Fast alle erkennen an, dass sich diese Regierung zum schwierigen Lehrerberuf bekennt. Fast alle würden sehr kritisch hinzufügen, dass sie das materiell nicht bemerken. Und viele würden sagen, dass ihnen Materielles mehr helfen würde als Ideelles. Dazu vertrete ich die Position, dafür seien die Pensionen sicherer, dafür könnten wir uns mehr Lehrer leisten. Es sind übrigens 81 500, mehr als ein Prozent der Bevölkerung. Das ist doch eine gigantische Zahl. Das zeigt, welche Last ein Land wie Niedersachsen für die Bildung schultert. Ich bin verantwortlich, dass wir das auch langfristig können.

3
Politische Karriere

»Aus meiner Position habe ich nie einen Hehl gemacht«

Es gibt ja oft Schlüsselerlebnisse. Da geht ein Jugendlicher mit seinen Eltern in die Oper und wird von Stund' an zu einem Musikliebhaber. Oder ein anderer findet durch einen bestimmten Roman den Zugang zur Literatur. Gab es bei Ihnen ein solches politisches Schlüsselerlebnis?

Durch das Elternhaus gab es eine Vorprägung, dass Politik wichtig sei. Ich erinnere mich auch noch genau an eine Schülervollversammlung, bei der vorne acht Kandidaten für das Amt des Schulsprechers standen, die sich und ihr Programm präsentieren wollten. Es liefen Stimmzähler herum und hatten stapelweise Stimmzettel, und einer fragte: Wie viele willst du haben? Das hat mir überhaupt nicht behagt. Diese Wahl brachte auch kein Ergebnis. Damals, in der achten Klasse, habe ich gesagt, das muss anders gehen, und meldete mich, dass ich gern die Wahl organisieren würde. Ich machte das, wurde Schülersprecher.

Sie haben die Wahl organisiert und gleichzeitig kandidiert?

Ja, und zwar so: In jeder Klasse wurde geheim im Unterricht gewählt, die Wahlbeteiligung betrug mehr als 98 Prozent, und mittags konnte das Ergebnis ermittelt werden.

Schulsprecher, war das nicht eher ein unpolitisches Amt?

Mein Gymnasium galt als rote Kaderschmiede.

Vielleicht, weil die mehr Wirbel machten?

Linke Schülergruppen machten Wirbel. Das haben wir in den Griff bekommen. Wir haben damals als Schülervertretung viele Aktivitäten gestartet. Wir haben jährlich einen Zug der Bundesbahn komplett gebucht, sind mit Eltern und Lehrern nach Amsterdam, Hannover, Köln und Hamburg gefahren, haben viel Gemeinsames unternommen. Ich glaube, diese Versammlung zur Wahl des Schulsprechers, das war mein politisches Schlüsselerlebnis, wenn Sie so wollen.

Von da an war die Politik Ihr Hobby?

Kann man so sagen. Ich habe den Stadtschülerrat mitbegründet, bin in den ersten Landesschülerrat Niedersachsen gewählt worden, wurde schon mit 15 stellvertretender Landesvorsitzender der Schüler-Union, mit 16 Landesvorsitzender.

Auch wenn Sie sich damals gegen die Roten durchsetzen konnten, so waren die Konservativen in der Schülerschaft insgesamt eher in einer Minderheit.

Achtundsechziger, Studentenunruhen, linke Schülergruppen, kommunistische Schülergruppen, SDAJ, Falken – also die andere Seite war insgesamt viel stärker. Dann wurde 1972/73 in Deutschland von der Jungen Union der Verband Kritischer Schüler (VKS) gegründet, der in die Schüler-Union mündete. Die machte mit ihrem Bundesvorsitzenden Christoph von Bülow Furore, als konservative Gegenbewegung. Die Schüler-Union kam innerhalb kürzester Zeit auf 40 000 Mitglieder, es war eine dynamische, auch die Öffentlichkeit interessierende Bewegung, und hatte damals in Niedersachsen Tausende Mitglieder.

War es für Sie eine besondere Herausforderung, bei der Minderheit zu sein?

Ich habe mir das damals gar nicht so bewusst gemacht. Ich hatte eher das Gefühl, es gibt die linke Bewegung, und es gibt die Notwendigkeit, dagegen aktiv zu werden. Als ich zum ersten Mal zu einer Versammlung der Schüler-Union ging, um mir das anzuschauen, da hatte ich gedacht, es kämen mindestens 500 oder gar 1000 Schüler aus Osnabrück. Aber es waren knapp 20, und die sagten, sie hätten 63 Mitglieder. Wir haben es dann auf fast 200 gebracht. Aber ich war schon etwas schockiert, weil ich glaubte, es müssten doch viele so denken wie ich. Dieses Erlebnis, dass sich nicht so viele für Politik interessieren, wie man glaubt, habe ich sehr früh gehabt. Später kam dann die Erfahrung dazu, dass man den Wenigen auch ständig begegnet, weil nicht viele von außen dazukommen.

Sie haben gesagt, die Mutter stand der CDU nahe, der leibliche Vater den Sozialdemokraten. War er SPD-Mitglied?

Ja.

Hätten Sie nicht auch bei der SPD landen können oder noch weiter links?

Überhaupt nicht. Für mich passte die Union. Ich hatte mir die Parteien angeguckt und fand es mit 15 interessant, dass die CDU sich als Volkspartei versteht und den Ausgleich zwischen Arbeitgebern und Arbeitnehmern, Katholiken und Protestanten, Frauen und Männern, Alten und Jungen in den eigenen Reihen anstrebt. Die CDU wollte das System aus sich heraus weiterentwickeln, aber nicht grundsätzlich in Frage stellen. Sie war stolz auf das Erreichte, auch in Verbindung mit Adenauer, Erhard, sozialer Marktwirtschaft und der Westbindung nach außen. Das schien mir sehr mutig und durchdacht zu sein. Diesen reformerischen Ansatz, aber auch den Stolz auf das Erreichte sah ich bei der SPD nicht. Dass die SPD alles in Frage stellte und dazu noch das Auftreten einiger Lehrer, die mit der Plakette »Willy wählen« in der Schule für die SPD Position bezogen – das alles hat mich in meiner Skepsis gegenüber der Verheißungspolitik Willy Brandts gestärkt.

Es gibt die These, vor allem die linken Lehrer hätten in den siebziger Jahren der Schüler-Union und der Jungen Union viele Mitglieder zugetrieben.

Das habe ich faktisch so erlebt. Bei mir selbst kann ich das nicht sagen. Ich habe mich eher auch mit ganz linken Lehrern ausgetauscht und immer ein sehr faires Verhalten erlebt. CDU-Lehrer hatten manchmal die Sorge, wenn sie mich für politische Aktivitäten vom Unterricht freistellten, könnte das als Kumpanei ausgelegt werden. Mein sozialdemokratischer Schulleiter war dagegen sehr verständnisvoll. Ich habe bis heute zu einigen SPD-Lehrern, auch zu einem der eben liebevoll genannten Willy-Plaketten-Träger, noch Kontakt. Als dieser Lehrer in den Ruhestand ging, war es der größte Wunsch seiner Klasse, dass ich zu seiner Abschiedsfeier komme. Ich bin da gern hingegangen. Das war übrigens der Französischlehrer, der mich einmal sitzenbleiben ließ. Er war hart, aber gerecht und hat später an der Schule häufiger von mir erzählt. Das war der Grund, weshalb mich die Einladung zu seiner Verabschiedung erreicht hat.

Wählt er Sie inzwischen?

Vermutlich nicht. Aber es gibt einige Sozialdemokraten aus meiner Schule, die mich wählen und mir das auch sagen.

Die Mitglieder von Schüler-Union und Junger Union galten in der Schule als brave Streber und in der CDU als halbe Revolutionäre. Lernt man da frühzeitig den Spagat?

Klar, das war ein bisschen so, dass wir in der Partei wider den Stachel gelöckt haben und in der Schülerschaft als eher stromlinienförmig galten. In der Gefahr, als Streber zu gelten, war ich aber nie. Dafür waren meine Noten nicht gut genug. Ich habe in der Schule keinen Hehl aus meiner Position gemacht. Ich habe sie entschlossen vertreten, jeder konnte sich daran reiben. Das habe ich auch gegenüber der eigenen Partei so praktiziert. Später, als Kanzleramtsminister Friedrich Bohl mich gelegentlich anrief und sagte, dies und das habe dem Kanzler gar nicht gefallen, antwortete ich ihm: Sie müssen dem Bundeskanzler ausrichten, dieses sei meine Meinung und die äußere ich eben. Da war Friedrich Bohl etwas pikiert. Die meisten standen offenbar seltener zu ihren Äußerungen.

Sie wurden 1978 Bundesvorsitzender der Schüler-Union. Mussten Sie um das Amt kämpfen?

Alle meine politischen Ämter lassen sich in zwei Kategorien einteilen: Ämter, die ich unbedingt haben wollte – das des Ministerpräsidenten gehört dazu –, und Ämter, bei denen andere wollten, dass ich sie übernehme, obwohl ich sie nicht anstrebte. Die Wahl zum Bundesvorsitzenden der Schüler-Union ist ein solcher Fall, sie kam für mich völlig überraschend, denn der Amtsinhaber kandidierte wieder. Aber die Landesvorsitzenden suchten nach einer Alternative und wollten, dass ich das mache. Sie sagten, es gebe eine Mehrheit für mich.

Ihr Einstieg in die Bundespolitik erfolgte also über eine Kampfkandidatur?

Ja, aber ich wollte erst noch den Landesvorsitz geklärt haben. Meine bisherige Stellvertreterin Irmela von Bülow war bereit, für dieses Amt zu kandidieren. So wurde ich im Dezember 1978 Bundesvorsitzender, wurde für ein Jahr einstimmig wiedergewählt und gab das Amt nach dem Abitur ab. Ich wurde zwischenzeitlich in den Bundesvorstand der Jungen Union gewählt.

Als Bundesvorsitzender der Schüler-Union konnten Sie an den Sitzungen des CDU-Bundesvorstandes teilnehmen. Wie war das für Sie, als Sie plötzlich in Bonn im Adenauer-Haus mit den ganz Großen an einem Tisch saßen?

Ich war nicht stimmberechtigt und saß zwischen fünfzig Persönlichkeiten, die man alle nur vom Bildschirm kannte. Bei meiner ersten Sitzung im Januar 1979 hatte Kurt Biedenkopf gerade ein Memorandum veröffentlicht mit sehr vielen Anregungen für eine bessere Oppositionsarbeit von CDU und CSU. Darin hieß es allerdings auch, dass wir nur wieder an die Macht kämen, wenn Partei- und Fraktionsvorsitz in unterschiedlichen Händen lägen. Das war für Helmut Kohl, der beide Ämter hatte, überhaupt nicht hilfreich, um es ironisch auszudrücken. In meiner ersten Sitzung begegnete ich dort u. a. Bernhard Vogel, Walter Wallmann, Manfred Wörner und Gerhard Stoltenberg.

Von den damaligen Vorstandsmitgliedern ist heute wohl kaum noch eines aktiv.

Diese Sitzung, diese Zeit, das war ein Stück Zeitgeschichte. Aus dieser Zeit 1978/79 sind heute wohl nur noch Bernd Neumann, Bernhard Vogel und ich im Bundesvorstand. Das ist bei mir eine spezifische Kombination: altersmäßig einer der jüngsten Ministerpräsidenten und im CDU-Bundesvorstand quasi einer der Dienstältesten.

Platzt man als Neunzehnjähriger nicht vor Stolz, wenn man mitten unter diesen Politikgrößen sitzt? Oder ist man eher unsicher?

Natürlich ist die Gefahr da, abzuheben, durchzuknallen. Ich habe mir gesagt: Du sitzt hier für ein, zwei Jahre und wirst nie wieder hier hinkommen. Du musst einfach zwei Jahre lang alles beobachten und alles aufnehmen. Natürlich war alles aufregend, auch wie Helmut Kohl sich die Kniestrümpfe hochzog ...

Immerhin trug er Kniestrümpfe und keine Socken.

Er hatte lange Socken, meine ich, und die hat er oft hochgezogen.

Kohls Socken sind aber nicht die einzige bleibende Erinnerung?

Nein, nein, es war eindrucksvoll, diesen Mann die Partei führen zu sehen. Wie er zum Beispiel die Wortmeldungen berücksichtigte. Er hatte sich immer Stichwortzettel gemacht, immer sehr stark die Außenpolitik betont, auch schon als Oppositionsführer. Ich hatte, als ich in den Bundesvorstand kam, gedacht, also im Ortsvorstand gibt es acht

Tagesordnungspunkte, im Kreisvorstand ein paar mehr, und im Bundesvorstand sicherlich viele Fachvorträge. Aber die Tagesordnung bestand regelmäßig aus ganzen drei Punkten: Bericht des Vorsitzenden, Aussprache und Verschiedenes.

Da lässt sich alles unterbringen …

Die Sitzungen begannen um 11 Uhr, und Kohl wusste, dass sich ab 13.30 Uhr fast alle verflüchtigten. Deshalb verkündete er immer: Ich habe unbegrenzt Zeit, auch wenn ihr alle euch andere Termine vorgenommen habt. Da konnte keiner etwas Dringendes vorbringen, wenn er nur bis 13 Uhr Zeit eingeplant hatte, weil er wusste, dann muss er bleiben bis zum Schluss. Kohl hatte für wichtige Dinge immer Zeit. Und der CDU-Bundesvorstand war für ihn immer ein ganz wichtiger Termin.

Haben Sie sich oft zu Wort gemeldet?

Nach der zweiten Sitzung habe ich mich zum ersten Mal gemeldet und des Öfteren Beiträge geleistet zu dem, wovon ich etwas verstand.

Also Schul- und Bildungspolitik?

Ja. Einmal sagte Kohl: Das finde ich alles spannend, was Sie gesagt haben. Schreiben Sie mir das mal auf. Das hat mich irre stolz gemacht, und ich habe ihm natürlich sofort geschrieben. Es ging um Wissensvermittlung und Autoritäten.

Ihre Mutter war sicher auch stolz auf Sie?

Meine Mutter ja, mein Vater immer mit dem Zusatz, noch schöner wäre es, wenn ich in der SPD wäre.

Und die Schwestern?

Die ältere war verwundert, weil ich immer sehr ruhig gewesen war und nun plötzlich sogar Reden hielt. Auch meine Kindergärtnerin hat sich, als sie mir zur Wahl zum Ministerpräsidenten gratulierte, erinnert, ich sei ein ganz ruhiges Kind gewesen. Man habe gar nicht geahnt, dass ich mehrere Sätze hintereinander sprechen könnte. Viele waren deshalb verblüfft, dass ich im Laufe der Schulzeit häufiger den Mund aufmachte und in der Politik gelandet bin.

Wie haben Ihre Mitschüler reagiert?

Für die war ich ein Paradiesvogel. Einer, der viel unterwegs war, von Politik infiziert. Da ich meinen Schülersprecherposten weiter ausübte, merkten die auch, dass mir Politik Spaß machte, dass es mir nicht in erster Linie um Karriere ging.

Hat da nicht mal ein Lehrer gesagt, du würdest besser mehr Französisch oder Englisch lernen?

Die betroffenen Fachlehrer haben das ständig gesagt. Sie haben das auch mit der Benotung kundgetan. Aber dann in der Oberstufe lief es ja. Da konnte ich Schwerpunkte bilden.

Ihren ersten großen bundespolitischen Auftritt hatten Sie dann 1979 auf einem CDU-Bundesparteitag in Kiel.

Es war ein Europaparteitag im März 1979 vor der Europawahl, der eher bekannt wurde durch den Abend mit Marlene Charell und dem Ballett aus Paris.

Der damalige CDU-Generalsekretär Heiner Geißler hat damit die halbe Partei schockiert.

Er wollte die CDU modernisieren. Ich sah aufgebrachte Frauen und Männer zu Helmut Kohl laufen: Sie würden das Parteibuch zurückgeben, wenn das nicht sofort beendet werde. Ich dachte lange, das Ballett hätte hautfarbene Trikots an.

Dabei tanzten die »oben ohne«, für brave CDU-Delegierte ein Kulturschock.

Ich fand es interessant, wie die CDU ihre Parteitagsabende abwickelte, für mich war das ja neu. Es war ein toller Parteitag mit vielen ausländischen Gästen in der umgestalteten Ostseehalle in Kiel. Ich war noch nicht Delegierter, sondern war da als Bundesvorsitzender der Schüler-Union.

Sie haben sich 1984 auf dem CDU-Bundesparteitag in Stuttgart unbeliebt gemacht. Da stellten Sie sich gegen Pläne der CDU/FDP-Koalition, Steuersünder im Zusammenhang mit der ersten großen Parteispendenaffäre per Gesetz zu amnestieren. War da auch Spaß an der Provokation, oder schien es für Sie unvorstellbar, dass die CDU Steuersünder sozusagen per Federstrich amnestierte?

Es war eine Frage des Inhalts wie des Stils. Inhaltlich hielt ich es für fatal, alle Zahler und Empfänger gesetzeswidriger Parteispenden von Strafverfolgung freizustellen. Ich befürchtete einen gewaltigen und dauerhaften Vertrauensverlust für die Politik. Es hat mehr als nur einen schlechten Beigeschmack, wenn betroffene Politiker erst Gesetze machen, gegen diese Gesetze verstoßen und sich dann selber von Strafverfolgung freistellen.

Und der Stil?

Ich hielt es einfach für unverantwortlich, dass die Regierung das geheim vorbereitet hatte und es dann von der Bundestagsfraktion beschließen ließ. Die Fraktion hatte niemanden beteiligt oder vorbereitet. Der Parlamentarische Geschäftsführer Wolfgang Schäuble war sogar noch stolz darauf, dass die Geheimhaltung so gut geklappt hatte und nur einige Abgeordnete dagegen stimmten. Es hieß, wir ziehen das durch und beenden die leidige Debatte um die Parteispenden. Das fand ich ganz und gar peinlich. Der Parteitag sollte sich damit gar nicht befassen.

Und wie haben Sie das Thema auf die Tagesordnung gebracht?

Ich bin auf dem Parteitag zum Treffen der Delegierten von der Jungen Union gegangen und habe gesagt, wir müssen einen Antrag stellen, dass das Thema Amnestie auf die Tagesordnung kommt. Und dass das Gesetz vom Bundestag nicht verabschiedet wird. Da kam, ahnungsvoll, der Generalsekretär Heiner Geißler in unsere Versammlung und versuchte, uns von unserem Ansinnen abzubringen. Es ist ihm aber nicht gelungen. Jahre später hat Geißler eingeräumt, sein Einsatz für das Amnestiegesetz sei einer seiner größten Fehler gewesen. Seit der Zeit hat die CDU Mitglieder verloren.

Wie standen denn die Niedersachsen zu diesem Vorstoß des jungen und aufmüpfigen Delegierten?

Beim Treffen der niedersächsischen Delegierten hatte ich einen schweren Stand. Ernst Albrecht sagte, müssen immer gerade die Niedersachsen die Quertreiber sein? Wir sollten den Antrag auf dem Parteitag nicht unterstützen. Ich bin aber fest geblieben und habe daran erinnert, dass es nach dem Flick-Parteispenden-Skandal klare Regelungen gab. Wer dagegen verstoßen hat, der muss sich halt auch verantworten. Hat er keine Schuld, wird er freigesprochen.

Auf dem Parteitag brachten Sie dann nicht die Mehrheit hinter sich, aber doch eine stattliche Minderheit.

Ich habe mich bei der Aussprache zu Wort gemeldet. Es wurde geheime Abstimmung beantragt. Der komplette Bundesvorstand oben auf dem Podium war dagegen, im Saal unten waren viele dafür. Dann, so erinnere ich mich, sprach sich auch Stoltenberg für eine geheime Abstimmung aus. So geschah es, und es waren etwas über 20 Prozent für unseren Antrag. Damit hielt die CDU zwar am Amnestiegesetz fest. Aber kurz darauf wollte auch die FDP-Führung bei der Amnestie nicht mehr mitmachen. Die bekamen auch einen Teil ihrer Truppe nicht unter Kontrolle. So verfolgte die Regierung Kohl/Genscher die Amnestiepläne nicht weiter.

Aber 15 Jahre später hatte die CDU ihre nächste Parteispendenaffäre.

Darüber war ich besonders zornig, weil einige aus der Stuttgarter Debatte nichts gelernt hatten. Die Amnestiedebatte war für mich eine extreme Auseinandersetzung, bei der ich mich fragte, was geht mit mir und was nicht.

Gab es in oder nach Stuttgart jemanden, der sagte, junger Mann, so kommst du in der Politik nicht weiter, wenn du den ganzen Vorstand gegen dich aufbringst?

Es kamen einige Bundestagsabgeordnete auf mich zu, die in ihren Wahlkreisen Ermittlungsverfahren laufen hatten. Einer aus Nordrhein-Westfalen beschimpfte mich wüst, ich wäre verantwortlich, dass er jetzt weiter von den Behörden verfolgt werde. Aber die anerkennenden Worte anderer waren weitaus häufiger. Viele sagten mir, dass sie zwar meine Meinung nicht teilten und ich das zu emotional, zu krass sähe, aber dass sie Respekt vor meinem Mut hätten. So bin ich nicht gebeugt von dannen gezogen, sondern habe gesehen, dass es ein brauchbares Motto gibt – nämlich: »Greife nie in ein Wespennest, aber wenn du greifst, dann greife fest.« Die Angst, Flagge zu zeigen, ist oft absurd. Das habe ich an verschiedenen Nahtstellen meines Lebens gesehen.

Wie hat Helmut Kohl damals reagiert?

Er war ungehalten.

Hat er Sie das direkt wissen lassen oder hat er seine Herolde geschickt?

Ich meine, das wären damals nur Blicke gewesen. Aber die waren deutlich. Nach dem Motto: Diese jungen Leute haben keinen Pragmatismus. Allerdings war er derjenige, der sich um Spenden kümmerte, die Wirtschaft ansprach, also Kärrnerarbeit machte und wusste, wie viele reden und wie wenige dann einen Scheck unterschreiben. Ich selber habe bei der Suche nach Finanziers für die Junge Union erlebt, wie sehr angesehene Leute an den Schrank gingen, das Heft mit Verrechnungsschecks herausholten und ihre Sekretärin anriefen und fragten, ob das Konto noch eine Deckung aufweise von 300 Mark und dann einen Scheck über 200 ausstellten. Ich dachte damals, Armut kann man auch anders demonstrieren. Das Geld sitzt halt nicht locker für die Politik. Die Angst, damit Bekennermut zu zeigen, ist ausgeprägt.

1986 sind Sie in die Kommunalpolitik eingestiegen, wurden Stadtrat in Osnabrück, dann Fraktionsvorsitzender. Wieso sind Sie eigentlich 1990 nicht bei der Landtagswahl angetreten?

Weil ich dann direkt nach dem Studium und der Referendarzeit in die Politik gewechselt wäre. Das kam für mich nicht in Frage. Deswegen bin ich weder für Bundestag noch Landtag noch bei der Europawahl angetreten. Ich wollte unbedingt erst beruflich unabhängig sein. Das war der Grund, warum ich erst 1994 hauptberuflich in die Politik gegangen bin.

Im Nachhinein wäre es vielleicht besser gewesen, wenn Sie bei Ihrer Spitzenkandidatur 1994 schon vier Jahre Landtagserfahrung gehabt hätten.

Ich kenne Fälle, da hängen Politiker, die nie berufstätig waren – Familienväter mit drei Kindern – in der Luft, weil sie die Partei nicht mehr aufgestellt hat. So etwas wollte ich auf jeden Fall vermeiden. Aber ich gebe zu: Dass jemand ohne jede Landtagserfahrung Ministerpräsident werden will, das hat es wohl noch nie gegeben.

Wer hatte denn zuerst die Idee, dass der junge Osnabrücker Kommunalpolitiker Wulff bei der niedersächsischen Landtagswahl 1994 Ministerpräsident Gerhard Schröder herausfordern soll: Helmut Kohl oder Josef Stock, der damalige niedersächsische CDU-Vorsitzende?

Das wird man nie erfahren können, weil sie beide offenkundig sehr zeitgleich diese Überlegung hatten. Und unabhängig voneinander mich darauf vorbereitet haben, dass ich mich mit dem Gedanken anfreunden sollte.

Kohl hat Ihnen diesen Vorschlag schon 1991 bei einem Gespräch im Kanzleramt gemacht oder zumindest angedeutet.

Kohl hat sinngemäß gesagt, den Rudolf Seiters brauche ich hier in Bonn, Josef Stock will vielleicht nicht antreten, also richten Sie sich mal darauf ein, dass Sie 1994 für den Landtag kandidieren müssen, vielleicht sogar als Spitzenkandidat. Und da konnte ich dann erst mal so ein halbes Jahr drüber nachdenken.

Hat Sie das überrascht?

Das habe ich im ersten Moment für abenteuerlich und verwegen gehalten.

Haben Sie das Kohl auch so gesagt?

Ich bin darauf nicht näher eingegangen. Ich dachte mir, vielleicht hat er ja auch nur gemeint, ich sollte für den Landtag kandidieren, und ich habe daraus eine Spitzenkandidatur gemacht. Als ich ein halbes Jahr später wieder bei ihm war, sagte er dann, es liefe ja wohl auf die Spitzenkandidatur hinaus. Da hatte ich ja schon eine Zeitlang darüber nachdenken können und mich mit der Idee angefreundet. Einige Zeit später kam dann Rudolf Seiters nach Gesprächen mit Helmut Kohl mit demselben Anliegen auf mich zu, kurz darauf dann Josef Stock. Der war etwas überrascht und wohl auch etwas geschockt, dass ich relativ schnell Bereitschaft signalisiert habe. Er konnte ja nicht wissen, dass ich schon ein halbes Jahr drüber nachgedacht hatte.

Was hatte Kohl da im Sinn? War das ein gewisses väterliches Wohlwollen Ihnen gegenüber? Oder war das ganz nüchternes Kalkül: Wir brauchen einen Spitzenkandidaten, und Wulff hat eigentlich nichts zu verlieren?

Er dachte einfach, die CDU braucht in Niedersachsen nach Albrecht und Hasselmann einen Neuanfang. Und meine Kandidatur hielt er insofern für aussichtsreich, als ich jung war. Er meinte, ich könnte halt auch einmal verlieren, mich dabei achtbar schlagen und dann beim nächsten Mal gewinnen. Ich hätte diese zeitliche Perspektive, auch ein zweites Mal antreten zu können. Ernst Albrecht sagte dagegen in einem anschließenden Gespräch, das wäre gefährlich, denn Schröder sei 1994 auf dem Höhepunkt und wohl auch 1998 nicht zu schlagen. Nach zwei Niederlagen hätte ich aber keine Chance mehr. Albrecht riet mir mit der Begründung ab, ich sei das größte Talent der CDU in Niedersachsen, und er wolle nicht, dass ich nach zwei Niederlagen dann politisch am Ende wäre. Inzwischen sagt Ernst Albrecht, er habe es von Anfang an unterstützt und könnte sich so daran nicht mehr erinnern.

Das soll ja vorkommen.

Es stimmt eben beides. Er hat zuerst seine Bedenken geäußert und mich in meinem eigenen Interesse davon abhalten wollen. Ich kann mich noch sehr gut daran erinnern, weil es ein sehr, sehr herzliches Gespräch war. Als er dann merkte, dass ich entschlossen war, das Risiko einzugehen, hat er mich voll unterstützt. Ernst Albrecht war ein Glücksfall für Niedersachsen und ist bis heute eine große Unterstützung für mich. Neben Ernst Albrecht hat mir noch ein von mir enorm geschätzter und um Rat nachgesuchter Unternehmer aus Osnabrück abgeraten. Der sagte ebenfalls, Schröder sei nicht zu schlagen, und zwei Niederlagen, das verkrafte ich nicht. Lassen Sie's, sagte er, lassen Sie einen anderen sich verheizen. Daran kann ich mich natürlich gut erinnern.

Sie haben ja dann auch zwei schwere Wahlniederlagen hinnehmen müssen, ehe Sie 2003 Ministerpräsident wurden. Waren diese Niederlagen im Nachhinein nicht eigentlich Ihre Freischwimmerprüfungen?

Je jünger man ins Amt kommt, umso unbefangener geht man an die

Dinge heran. Insofern ist für mich immer wieder reizvoll, zu überlegen, was man alles hätte gestalten und welche Schäden der folgenden Jahre man hätte verhindern können, wenn ich schon 1994 mit 34 Jahren Ministerpräsident geworden wäre. So habe ich lernen müssen, mit Niederlagen umzugehen, mich in schwierigem Umfeld zu behaupten, durchzuhalten, meine Mitstreiter weiterhin zu motivieren, erneut anzutreten.

Immerhin gab die Partei Ihnen eine zweite und dritte Chance.

Das war ein großes Geschenk der CDU in Niedersachsen, dass man mich hat dreimal antreten lassen. Das war nur ganz wenigen vergönnt. Ich glaube, nur Willy Brandt ist dreimal angetreten. Aber jeweils aus der Regierungssituation heraus, als Regierender Bürgermeister von Berlin und als Außenminister. Aber dass jemand aus der Opposition heraus dreimal antreten durfte, wusste ich nicht.

In Deutschland kenne ich solche Fälle nur auf der kommunalen Ebene.

Da hat die CDU in Niedersachsen mir ein enormes Vertrauen entgegengebracht. Dafür bin ich immer noch sehr dankbar, vor allem auch so erfahrenen Leuten wie Josef Stock, Werner Remmers und auch Rudolf Seiters, die da stabilisiert, die sehr geholfen haben.

Sie mussten sicherlich auch sich selber neu motivieren.

Bei meiner ersten Niederlage 1994 wusste ich, das war die Niederlage zum Üben, aber beim nächsten Mal muss es klappen. Bei der zweiten Niederlage 1998 war es schlimmer, auch wenn mir viele Leute sagten, das war keine richtige Niedersachsen-Wahl, es ging ja mehr um die Frage, ob Schröder oder Lafontaine Kanzlerkandidat der SPD wird. Aber das half letztlich auch nicht. Mir war schon bewusst, dass im Jahr 2000 jemand hätte sagen können, 2003 treten wir mit jemand anderem an. Die Zeit nach 1998, das war für mich eine schwierige Phase. Da gab es ja auch innerparteiliche Gegner, solche, die offen agierten, aber auch verdeckt operierende, wenn ich an bestimmte Ergebnisse bei meinen Wiederwahlen als Fraktionsvorsitzender denke. Die Erfahrung von Niederlagen und die Verarbeitung von Niederlagen, das stärkt auch. Diese Erfahrungen müssen manche missen, obwohl die ihnen vielleicht gutgetan hätten.

An wen denken Sie denn da?

Na, ich denke dabei natürlich an Sigmar Gabriel, der 1990 gleich in die Regierungsfraktion kam, 1998 gleich Fraktionsvorsitzender wurde, dann 1999 Ministerpräsident wurde, jetzt Bundesminister ist – ohne je eine Wahl gewonnen zu haben.

Angela Merkel hat auch nie eine Wahl gewonnen.

(Schweigt.)

Das ist doch nicht falsch, was ich da sage?

Die CDU/CSU wurde mit ihr 2005 stärkste Fraktion, und sie ist deshalb zu Recht Bundeskanzlerin.

Na gut, kommen wir zurück zu Ihnen. Helmut Kohl hat mir mal erzählt, wenn er 1976 Kanzler geworden wäre, wäre er es sicherlich nicht 16 Jahre lang geblieben. Weil er, von Mainz kommend, den Bonner Betrieb nicht kannte und deshalb wahrscheinlich in seiner ersten Legislaturperiode gescheitert wäre. Können Sie sich vorstellen, dass Sie 1994, als Ministerpräsident ohne jede landespolitische Erfahrung, vielleicht ganz schnell gescheitert wären oder zumindest Riesenprobleme gehabt hätten?

In der Retrospektive muss man wohl sagen, man hätte ungeahnte Chancen gehabt – jung und unbefangen. Aber ich wäre auch Riesengefahren ausgesetzt gewesen. Das gesamte Instrumentarium, das Zusammenspiel der Ressorts, die hannoverschen Gepflogenheiten – das alles kannte ich nicht im Detail. Deshalb spricht sehr viel für Helmut Kohls Theorie, dass mit einer Wahl in jungen Jahren und im ersten

Anlauf auch enorme Risiken verbunden sind. Aber im zweiten Anlauf hätte es dann schon klappen sollen.

Nach der zweiten Niederlage 1998, kam Ihnen da nicht der Gedanke: Aus, Schluss, vorbei?

Die Frage, hätte ich was anders machen sollen, soll ich was anderes machen, stelle ich mir jedes Jahr an Weihnachten. Natürlich habe ich mir 1998 überlegt, ob ich weitermachen und es 2003 noch einmal versuchen soll. Ich war ja 1992/93 angetreten, um die CDU in Niedersachsen wieder in die Regierung zu führen. Und ich war immer fest davon überzeugt, es besser zu machen als andere. Ich hätte auch nach 1998 auf jemanden stoßen können, von dem ich überzeugt gewesen wäre, der kann es besser. In diesem Fall hätte ich mir eine Neuauflage des Modells Hasselmann/Albrecht vorstellen können, also mich auf den Parteivorsitz beschränkt und einen neuen Spitzenkandidaten aufgebaut. Aber so jemanden sah ich nicht, und dann wollte ich es 2003 eben noch einmal wissen. Ich habe damals nie daran gedacht, aufzugeben. Im Übrigen haben mich die Ergebnisse in meinem Osnabrücker Wahlkreis damals enorm motiviert.

Also kam auch kein Wechsel in den Bundestag in Frage?

Bei uns in der Region Osnabrück wurden 2002 alle Bundestagswahlkreise frei. Ich habe aber keine Sekunde darauf verschwendet, in den Bundestag zu wechseln. Ich wollte entweder Ministerpräsident werden oder aus der Politik ausscheiden. Und ich wäre bei einer Niederlage 2003 natürlich aus der Politik ausgeschieden.

Auch dann hätten wir also keinen Bundestags- oder Europaabgeordneten Wulff erlebt?

Ich hätte es nicht dem brasilianischen Präsidenten nachgemacht, der ein viertes Mal angetreten ist und dann gewählt wurde. Ich wäre dann auch nicht in ein anderes Parlament ausgewichen. Sondern ich wäre wirklich in meinen ursprünglichen Beruf als Anwalt zurückgekehrt oder in die Wirtschaft gegangen. Da wäre dann nur die Frage meines Wahlkreises Osnabrück geblieben. Den hätte ich als direkt gewählter Abgeordneter natürlich vertreten. Also, ich wäre wohl neben meinem Beruf Abgeordneter geblieben, hätte mich auf die Wahlkreisarbeit beschränkt und wäre 2008 nicht mehr angetreten.

Sie hatten 1994 und 1998 gegen Schröder keine Chance, wenn auch aus verschiedenen Gründen. Nach beiden Niederlagen zeigte sich, dass Sie in der Partei nicht nur Freunde hatten. Manche musste man wohl eher als Parteifeinde bezeichnen. Hat Sie das erschüttert, wie einige sogenannte Parteifreunde mit Ihnen umgegangen sind?

Ich bin immer wieder überrascht worden. Ich ging immer davon aus, alle würden sehen, wie schwierig meine Situation war, wie kompliziert es war, eine Fraktion zu führen gegen einen Gerhard Schröder, einen Karl-Heinz Funke, einen Jürgen Trittin, einen Sigmar Gabriel, gegen Staatskanzleichefs wie Zypries und Steinmeier. Man muss sich nur anschauen, wer heute bei der SPD in Berlin an entscheidenden Stellen sitzt: Struck aus Niedersachsen – Fraktionsvorsitzender, Heil – Generalsekretär, Steinmeier – Außenminister, Zypries – Justizministerin. Das ist eine Ansammlung von großen Kalibern. Gegen die hatte ich zu bestehen. Ich dachte, alle wüssten, je schwieriger die Lage ist, desto einiger müssten wir sein. Es war eine schwierige Zeit, die aber viele Spitzenpolitiker durchgemacht haben.

Denkt man in einer solchen Situation: Euch zeige ich es noch?

Das tat weh. Ich war auch traurig. Das Erlebnis, dass einem nach der Wahl zum Fraktionsvorsitzenden 60 gratulieren, man aber weiß, 14 davon haben einen nicht gewählt, das ist psychologisch ganz, ganz schwierig.

In den neunziger Jahren waren Sie zusammen mit Ole von Beust, Peter Müller und Roland Koch bekannt als die »Jungen Wilden« in der CDU. Sie waren Lieblinge der Medien, weil Sie die CDU kritisiert haben, nicht zuletzt den damaligen Kanzler Kohl. Inzwischen sind Sie alle Ministerpräsidenten. Daraus könnte man den Schluss ziehen, wer in der Partei vorankommen will, muss in erster Linie den eigenen Laden kritisieren.

Das wäre sicher falsch. Richtig ist, dass in unserer 16-jährigen Bonner Regierungszeit in vielen Ländern die Mehrheiten verlorengegangen sind. 1982, als die Union in Bonn anfing, regierten wir in drei Viertel der deutschen Länder, 1998 noch in einem Drittel. Ab 1999 wurden von der CDU wieder Landtagswahlen gewonnen: Hessen, Saarland, Hamburg. Die erste Chance, die ich nach 1998 hatte, bei der habe auch ich gewonnen.

Das ist im föderalistischen System der normale Gang der Dinge: Wer im Bund regiert, bekommt bei Landtagswahlen die Quittung.

Wenn sich die Union personell erneuert hätte, hätte sie vielleicht über 1998 hinaus regieren können. Mein Hinweis als Kritiker und »Junger Wilder« lautete 1996, dass die Union 1998 ohne Erneuerung die Quittung bekommen wird, weil weitere Jahre mit Kohl und Blüm und Waigel schwierig würden. In einem langen Gespräch mit der »Woche« sagte ich wörtlich: »Sonst droht uns 1998 die Guillotine der Wähler.« Das kam in Bonn gar nicht gut an, bewahrheitete sich aber leider. Im Januar 1997 habe ich gesagt, die Steuerreform muss mit Friedrich Merz statt Theo Waigel verbunden werden, die Arbeitsmarktpolitik mit Karl-Josef Laumann. Das wäre eine Erneuerung aus sich heraus gewesen, die den Wechsel von Kohl zu Schröder vielleicht überflüssig gemacht hätte.

Hat es Sie nie irritiert, dass gerade ein so enger Schröder-Freund wie der Publizist Manfred Bissinger von der »Woche« Sie so intensiv gefördert hat?

Ich hatte das Gefühl, dass ein echtes Interesse an den Themen der innerparteilichen Auseinandersetzung vorhanden war. Aber ich erinnere mich gut, wie am Wahlabend 1998 im Plenarsaal des niedersächsischen Landtags Bissinger und sein Kollege Hans-Ulrich Jörges auf der Besuchertribüne einträchtig nebeneinander saßen – wie in der Muppet-Show – und guckten, was ihr Kind Schröder auf den Weg gebracht hatte. Das eine war ihr Engagement für Schröder, das andere ihr journalistisches Interesse. Manfred Bissingers journalistisches Interesse für mich äußert sich ja auch in seinem Essay in diesem Buch.

Jedenfalls hatten die »Jungen Wilden« ein unglaublich breites Medienecho.

Die eigentliche Begründung für den Erfolg der »Jungen Wilden« bestand darin, dass die CDU in den Ländern überall unterlag und dann neue Leute gesucht wurden. Heute hat die SPD den Wiederaufstieg in den Ländern noch vor sich. Wir müssen also dafür sorgen, dass wir später gute Nachfolger haben.

Helmut Kohl war bekanntlich sehr dünnhäutig, wenn er kritisiert wurde. Sind Sie sicher, dass Sie, wenn Sie in zehn oder zwölf Jahren als Ministerpräsident vom dann amtierenden JU-Vorsitzenden heftig angegangen werden, großzügiger reagieren?

Ich hoffe es. Kohl akzeptierte immer, wenn man ihn mit offenem Visier kritisierte. Er hatte ein intensives Interesse an der Sache und konnte Kritik annehmen. Was er hasste, und dafür habe ich großes Verständnis, war, dass jemand Kritik im Interview oder, noch schlimmer, bei so genannten Hintergrundgesprächen äußerte. Er erlebte es häufig, dass diejenigen dann sagten, sie seien missverständlich zitiert worden. Das fand er feige.

Vielleicht täuscht mich ja meine Erinnerung: Von den »Jungen Wilden« hat sich bei der Kritik an der Person Kohl keiner so weit vorgewagt wie Sie. Sie haben beispielsweise 1997 gefordert, Kohl solle 1998 nicht mehr als Kanzlerkandidat antreten.

Ich hatte schon 1996 gesagt, Kohl sollte zumindest den Parteivorsitz abgeben. Ich hatte die Vorstellung, dass Schäuble Vorsitzender wird, um so den Wechsel einzuleiten.

Wobei Sie genau wussten, dass Kohl ihn nicht abgibt, weil aus seiner Sicht Parteivorsitz und Kanzlerschaft sich gegenseitig bedingen.

Aber es musste irgendwann mal zu Ende sein.

Zurück ins Jahr 1979, das Geburtsjahr des berühmt-berüchtigten Andenpakts. Auf dem Flug von Caracas nach Santiago de Chile wurde der von einer Gruppe ambitionierter CDU-Nachwuchspolitiker gegründet. Das geschah wohl eher aus einer Whiskylaune heraus. Und Sie wurden später kooptiert.

1979 war ich Bundesvorsitzender der Schüler-Union. In dieser tollen Andenpakt-Truppe bin ich seit 1981. Das ist einer der fröhlichsten, freundschaftlichsten Kreise, die ich kennengelernt habe. Ein überschaubarer Kreis von Leuten, die jung in der Politik angefangen haben und sich heute immer noch jung fühlen, obwohl alle in die Jahre gekommen sind. Wo man sich mindestens einmal im Jahr gesellig trifft, in der Regel eine nette Auslandsreise macht, um sich zu bilden – Kairo, Athen, Malta, Zypern.

Als Sie 1981 dazustießen, hatten Sie das Gefühl, das ist eine Art politischer Kegelclub, der ab und zu einen Betriebsausflug macht, oder dass es sich um eine Gruppe mit Machtansprüchen handelt?

Das habe ich keine Sekunde lang geglaubt. Ich habe gedacht, diese Leute scheiden alle aus der Jungen Union aus, fürchten panisch die Altersgrenze 35 und wollen einfach den Zusammenhalt sichern. Sie hatten ein ausgewiesenes Interesse an internationaler Politik. Deswegen die Reisen in den zurückliegenden 20 Jahren nach Madrid, Paris, Tel Aviv und so weiter. Wir wollen keine Pressebegleitung, sondern eine private Reise machen. Alles, was sich sonst um diesen Andenpakt rankt, ist erfunden.

Gab es jemals das Gelübde der Pakt-Mitglieder, niemals gegeneinander zu kandidieren?

Nein.

Sie haben den Schwur also nie abgelegt?

Niemand hat das. Das ist eine Erfindung. Es wäre auch völlig absurd.

Tatsächlich haben Sie 1997 gegen Koch kandidiert, als es um den Vorsitz in der Konferenz der CDU-Fraktionsvorsitzenden ging.

Zum Beispiel.

Ohne schlechtes Gewissen, einen Schwur gebrochen zu haben?

Es gab und gibt keinen solchen Schwur.

Auf dem Parteitag 2006 in Dresden war bei der Wahl der stellvertretenden Bundesvorsitzenden von einem Bündnis Wulff/Koch nicht viel zu spüren.

Ich gehe davon aus, dass die hessischen Delegierten mich und die niedersächsischen Delegierten Roland Koch gewählt haben.

Koch hat ein paar Stimmen mehr gehabt als Sie.

Obwohl ich den größeren Landesverband mit mehr Delegierten habe. Das spricht dafür, dass wir uns gegenseitig gewählt haben. Aber es gab Konflikte mit den Nordrhein-Westfalen, dem größten Landesverband mit den meisten Delegierten.

Warum haben Sie Angela Merkel eigentlich die Existenz des Andenpakts verraten? Oder ist das auch eine Erfindung?

Ich habe ihr von diesem Kreis berichtet, weil es kein Geheimbund ist und weil nichts verraten werden konnte. Dass es diesen Kreis gibt, dass manchmal über Politik gesprochen wird, dass wir gelegentlich auch über sie gesprochen haben, das habe ich ihr berichtet. Das ist doch selbstverständlich, da ich ihr Stellvertreter im CDU-Bundesvorstand bin.

Wann war das genau?

Das war 2001, nach der Abstimmung im Bundesrat über die Staatsbürgerschaft mit dem skandalösen Verhalten des damaligen Bundesratspräsidenten Wowereit und einiger SPD-Ministerpräsidenten von Beck bis Gabriel.

Wowereit hat als Bundesratspräsident bewusst und gezielt die Verfassung gebrochen …

… was das Verfassungsgericht auch festgestellt hat. Entsprechend groß war die Empörung und Erregung der CDU-Länder im Bundesrat. Ein paar Tage später hielt Peter Müller dann eine Rede, in der er sagte, die Empörung von Roland Koch sei gespielt, sei abgesprochen gewesen. Angela Merkel fragte mich damals, warum sich eigentlich niemand über Müller empört habe.

Und Ihre Antwort?

Da habe ich gesagt, dass wir Peter Müller und seine Art mögen. Und niemand müsse einem Freund ohne Not in die Parade fahren. Daraufhin meinte sie, dass die Freundschaften im Andenpakt wohl erklärten, warum anderen schneller in den Rücken gefallen werde.

Waren die anderen Andenpakt-Mitglieder sauer auf Sie? Seit damals ist der Pakt sozusagen auf dem offenen Markt.

Fakt ist wohl, dass dies Angela Merkel gegen uns alle misstrauisch gemacht hat. Das Öffentlichwerden ist ja nicht schlimm. Aber dann haben einzelne Medien monatelang recherchiert, und was die dann alles herausgefunden haben wollen, hat mit der Wirklichkeit nicht viel zu tun.

Kommen wir zurück auf Ihre Zeit als »Junger Wilder«. Sie wollten in der Politik etwas erreichen und zeigten ständig die Schwachpunkte der eigenen Partei auf. Ist das nicht ein Widerspruch?

Ich wusste, ich kann in Niedersachsen nur gewählt werden, wenn auch die Bundes-CDU Rückenwind hat. Wenn die Bundespartei schlecht dasteht, kann man im Land nicht viel erreichen. Deshalb habe ich mich so viel um die Bundespartei gekümmert.

Hatten Sie in der Zeit auch ein inhaltliches Projekt, das Ihnen besonders am Herzen lag?

Das wichtigste war die Steuerpolitik. Mein Engagement in der Schäuble-Kommission galt einem einfachen, transparenten Steuerrecht mit niedrigen Sätzen – 15 bis 35 Prozent – und wenigen Ausnahmen. An dieser Beschlussfassung in der Kommission habe ich wesentlich mitgewirkt.

Aber 1998 haben Sie in der Partei an dem Programm »Sozialstaat 21« mitgearbeitet. Da musste man den Eindruck gewinnen, der Wulff will jetzt in dem Begriff soziale Marktwirtschaft das Wort sozial mit ganz großem »S« schreiben.

Es war 1998/99 der Wunsch von Wolfgang Schäuble, dass nicht Norbert Blüm die neue Sozialpolitik konzipieren sollte, sondern ich. Deswegen habe ich die Sozialstaatskommission geleitet, habe Wert darauf gelegt, dass alle Flügel der Partei in der Kommission vertreten waren. Wir haben ein Beschlusspapier durchgebracht gegen den erbitterten Widerstand von Blüm und damit Weichen gestellt für die großen sozialen Reformen, für Kapitaldeckung, für mehr Wettbewerb und Wahlfreiheit und vor allem für eine Reform des Arbeitsmarkts.

Wenn Sie auf Ihre politische Karriere zurückschauen und vergleichen sich mit den drei anderen »Jungen Wilden«: Mit wem hätten Sie bezüglich Schnelligkeit des Aufstiegs gern getauscht?

Das ist hypothetisch.

Roland Koch und Peter Müller sind im ersten Anlauf Ministerpräsident geworden, Ole von Beust im zweiten. Auch ein anderer aus der damals jüngeren Garde, Jürgen Rüttgers, hat es bei der zweiten Wahl geschafft.

In der Zeit nach Kohl, also ohne Gegenwind aus Bonn, habe ich es im ersten Anlauf geschafft.

Das ist eine interessante Zeitrechnung. Dennoch: Haben Sie nicht manchmal an sich gezweifelt? Die anderen treten an und schaffen es, nur ich muss gleich zweimal durch das Stahlbad der Niederlage.

Ich habe keinen Komplex, weil ich immer noch der jüngste Ministerpräsident bin. Im Rückblick war es vor 1998 nicht zu packen gegen den Bundestrend. Ich hatte mit Schröder eine besonders harte Nuss. Gegen ihn haben auch Stoiber 2002, Kohl 1998 und Albrecht 1990 verloren – obwohl alle drei bei diesen Wahlen selbst in Regierungsämtern waren. Das hat mich mit mir im Reinen gelassen.

Haben Sie sich manchmal mit Willy Brandt verglichen, der es auch erst im dritten Anlauf gepackt hat?

Ja, dafür habe ich ihn manchmal gedanklich zu Rate gezogen.

Sprechen wir noch einmal über Ihre »wilden« Brüder Müller, Beust und Koch. Beust verkörpert die moderne Großstadtpartei, Müller versucht das Soziale stärker zu betonen, Koch ist der kantige Konservative. Wofür stehen Sie?

Dann stehe ich für die Mitte. Denn nur eine starke Mitte kann die Flügel zusammenhalten.

4
Begegnungen

»Über Gerhard Schröder habe ich mich manchmal fürchterlich ärgern müssen«

Sie sind seit fast dreißig Jahren politisch tätig, sind unzähligen Politikern begegnet. Wer hat Sie über all die Jahre am meisten beeindruckt?

Viele. Und zwar jede und jeder auf besondere Art.

Aber wer am meisten?

Am meisten Werner Remmers als niedersächsischer Kultus- und Umweltminister. Er ist immer tiefschürfend, an der Sache orientiert und christlich inspiriert. Es war ihm ein wirkliches Anliegen, Menschen an die Politik heranzuführen und als Ratgeber bereitzustehen. Er hat mich sehr gefördert. Zu meinen Förderern zählten sicher auch Josef Stock, Walter Remmers, der Bruder von Werner Remmers, ebenso auch Helmut Kohl und Matthias Wissmann. Ich habe einfach sehr, sehr viel Wohlwollen und Unterstützung gefunden, von Gleichaltrigen wie von Älteren. Sehr geprägt worden bin ich auch von Annemarie Griesinger.

Die frühere baden-württembergische Sozialministerin?

Überrascht Sie das?

In der Tat.

Mich hat immer ihr sozialpolitisches Engagement beeindruckt, ihre

Herzlichkeit, ihre Offenheit und ihre Wärme, auch dass sie immer den Einzelnen im Blick hat. Bis zum heutigen Tage, mit weit über 80, nimmt sie noch Anteil an den Entwicklungen unseres Landes, setzt sich für geistig Behinderte ein. Dass jemand über seine Zeit als Ministerin oder Minister hinaus weiter so engagiert, so rastlos ist, das findet man selten. Die Herzlichkeit von Annemarie Griesinger, die inhaltliche Fundiertheit von Werner Remmers, die Sachlichkeit von Walter Remmers, die klare analytische Schärfe von Ernst Albrecht, das alles hat mich beeindruckt. Die Zahl derer, die mich beeindruckt haben und beeindrucken, die ist unerschöpflich. Aber Sie hatten an dieser Stelle wohl erwartet, dass ich sage, der beeindruckendste Politiker für mich ist Helmut Kohl?

Ich hätte die Antwort »Kohl« für wahrscheinlich gehalten, ja.

Aber dem ist nicht so. Ich war nie ausschließlich auf Vorsitzende fixiert.

Aber am meisten zu schaffen gemacht, am meisten zugesetzt hat Ihnen zweifellos Gerhard Schröder?

Ja, am meisten zu schaffen gemacht hat mir Gerhard Schröder. Weil er nicht zu greifen war. Weil er Politik ein Stück weit als Spiel betrachtet hat, wie weit man kommen kann. Er hat dabei Positionen gewendet, gedreht, verändert, wie es gerade beliebte, wie es gerade angesagt war. Der hat in der Regel das getan, was gerade ankam, und nicht das, worauf es ankam. Das hat mir zu schaffen gemacht.

Wenn Helmut Kohl Sie auch nicht am stärksten beeindruckt hat, in der Bundespolitik hatten Sie sicher am meisten mit ihm zu tun.

Sicher. Ich habe damals gesagt, wenn viele weg sind, ist Helmut Kohl immer noch da. Er hatte einfach Statur, an ihm konnte man sich reiben. Gegenüber Kohl kam ich mir manchmal vor wie David gegenüber Goliath – nur ohne Stein in der Schleuder.

Zu Ihrer Zeit in der Schüler-Union war Helmut Kohl Kanzlerkandidat. Können Sie sich noch erinnern, wie er damals auf Sie gewirkt hat? Fanden Sie ihn toll?

Ja! Ich fand Helmut Kohl als Kanzlerkandidat für 1976 großartig. Ich habe im 76er Bundestagswahlkampf für ihn gekämpft und gearbeitet.

Hatten Sie ein Plakat von ihm zu Hause hängen?

Klar, ich hatte ihn im Zimmer. Ein tolles Plakat, Kohl mit seiner neuen Brille, vom ORF-Intendanten Gerd Bacher etwas aufgepeppt. Später habe ich ihn dann als einen herzenswarmen, engagierten, kompetenten und ernsthaften Politiker erlebt, allerdings von vielen Medien verkannten, bösartig beschimpften und zu Unrecht manchmal sogar veralberten Mann. Er nahm sich Zeit, er konnte zuhören und überzeugen, er war authentisch, er war knuddelig ...

Der war bitte was?

Knuddelig. In gewisser Weise war er knuddelig, nämlich vertrauenerweckend und Wärme ausstrahlend.

Bei Kohls Größe und Statur habe ich mit dem Begriff »knuddelig« ein bisschen Schwierigkeiten.

Er war jemand, an dem man sich orientierte, anlehnte. Er war eine Erscheinung. Er war in der persönlichen Begegnung noch viel größer, als man ihn schon aus dem Fernsehen kannte. Er hat Grenzen gelockert und Ängste abgebaut. Bei unserer ersten Begegnung im Bundeskanzleramt hatte er Hosenträger und Birkenstock-Sandalen ...

Und einen Gürtel, behaupte ich mal. Er trug fast immer Gürtel und Hosenträger.

Ja. Wobei ich glaube, dass der Gürtel durch die Hosenträger überflüssig war.

Theoretisch schon.

Ich habe ihn 1991 zweimal im Kanzleramt besucht. Das war eindrucksvoll, was der Mann für eine Ruhe hatte, Zeit hatte, gemütlich dasaß, genussvoll einen Apfel, von Juliane Weber aufgeschnitten, verzehrte.

Kohl hätte vermutlich lieber Plätzchen gegessen, aber da war Juliane Weber an diesem Tag wohl hart.

(Lacht.) Das hat er dann abends beim Italiener alles nachgeholt. Also, ich habe ihn einfach gemocht.

Haben Sie ihn damals auch bewundert?

Ich habe ihn faszinierend, sympathisch, überzeugend gefunden. Aber er hat mich dann auch immer wieder verblüfft und überrascht. Ich war Ende 1992 bei ihm und sagte, es wird 1993/94 mit der Wirtschaft in Deutschland alles bergab gehen, wenn wir nicht große Reformen anpacken. Er lachte dann und sagte, die Medien würden alles schlechtreden und die Manager seien sowieso unpolitisch. Er sei ganz optimistisch, dass es 1994 wieder bergauf gehen werde. Das sei nur für mich ein bisschen traurig, weil die Konjunkturbelebung bei der niedersächsischen Landtagswahl im Frühjahr 1994 noch nicht zu spüren sein werde. Aber bei der Bundestagswahl 1994 sei es dann anders. So kam es dann tatsächlich, und er gewann die Bundestagswahl im Herbst noch einmal.

Kohl machte es geradezu Spaß, auch personelle Entwicklungen vorherzusagen.

Er hat mir 2004 gesagt, der Schröder kandidiert 2006 nicht nochmal, er schlägt 2005 einen Nachfolger vor und sucht das Weite, die Niederlage 2006 holt er sich nicht an den Hals, er geht in die Wirtschaft. Ja, und dann kam die vorgezogene Bundestagswahl 2005. Das hat Kohl ein Jahr vorher gesehen, dass Schröder 2005 irgendwas macht.

Aber wie kam es zu Ihrer ersten persönlichen Begegnung mit Kohl? Das war ja nicht 1991, das war ja viel früher.

Die erste persönliche Begegnung war wohl im Januar 1979.

Vermutlich hatte Juliane Weber Sie angerufen und gesagt, der Chef würde Sie gern mal kennenlernen.

Nein, ich habe mich als Bundesvorsitzender der Schüler-Union selbst um einen Termin bemüht.

Als Vorsitzender der Schüler-Union hatten Sie es natürlich leichter als andere. Sie mussten nicht erst auf sich aufmerksam machen.

Ja, Helmut Kohl hat mich im Bundesvorstand zur Kenntnis genommen, auf verschiedenen Parteitagen, gerade auch bei der Amnestiedebatte. 1991 war er im Landesvorstand Niedersachsen zu Gast, am hannoverschen Flughafen, und nach der Sitzung ging er so rum und sagte: Wulff, melden Sie sich mal, kommen Sie mal nach Bonn.

Da hatten Sie ihn vorher mit Ihrer Kritik an der Regierungspolitik geärgert.

Ich habe nur deutlich meine Meinung gesagt und die gut begründet. Das hat er zum Anlass genommen, zu sagen, kommen Sie mal in Bonn vorbei. Dann habe ich ein paar Tage später Juliane Weber angerufen, und die wusste schon Bescheid, dass ich mich melden würde.

Angeblich hatten Sie ein paar Tage gewartet, damit Kohl nicht den Eindruck bekommt, Sie könnten es gar nicht abwarten, ihn zu sehen?

Das stimmt, ja.

Das war 1991. Ein paar Jahre zuvor hätten Sie vielleicht gleich am nächsten Tag angerufen.

Wahrscheinlich. Ich hatte so viele Geschichten gehört von Leuten, die erwartungsfroh hinfuhren und enttäuscht von dannen fuhren, dass ich mich dieser Gruppe nicht zugehörig fühlen wollte. Aber ich dachte mir schon, dass es ihm darum ging, zu erfahren, wie in Niedersachsen die Lage ist.

Helmut Kohl sprach ja immer gerne über die Personalien.

Es war so, dass zunächst über inhaltliche Dinge gesprochen wurde. Wenn man nach einer Stunde noch was Personelles berichtete, dann war tatsächlich Zeit.

Kohl hatte 1976 ein glänzendes Wahlergebnis erzielt, 48,6 Prozent. Dann wurde er von Strauß, aber auch von Teilen der eigenen Partei miserabel behandelt und hatte 1980 faktisch keine Chance mehr, nochmals Kanzlerkandidat zu werden. Hat Ihnen das nicht zu denken gegeben?

Das habe ich anders in Erinnerung. Kohl hätte 1980 wieder locker Kanzlerkandidat werden können. Aber er befürchtete, gegen Helmut Schmidt eine zweite Niederlage zu kassieren und dann selbst weg vom Fenster zu sein.

Na ja, man kann ja auch nach zwei Niederlagen noch gewählt werden, wie Sie bewiesen haben.

(Lacht.) »Den Wulff machen«, das wollte Helmut Kohl damals offenkundig nicht. Er hatte aber auch Strauß und andere im Nacken.

Wie auch immer, Kanzlerkandidat wurde Franz Josef Strauß.

Nach meiner Erinnerung hat Kohl im CDU-Präsidium, dem ich ja nicht angehörte, in Ascheberg – an der Autobahn zwischen Münster und Dortmund – den überraschenden Vorschlag gemacht, dass 1980 Gerhard Stoltenberg antreten sollte. Gerhard Stoltenberg war nicht bereit. Daraufhin hat Kohl Ernst Albrecht vorgeschlagen. Damit war die CSU überhaupt nicht einverstanden.

So kam es zu der berühmten Kampfabstimmung in der CDU/CSU-Bundestagsfraktion: Albrecht gegen Strauß.

Strauß setzte sich auch deshalb durch, weil viele CDU-Abgeordnete offenkundig Angst hatten, die CSU könnte sich bundesweit ausdehnen, was sie selbst vielleicht ihr Mandat kosten würde. Dann gab es auch das Gefühl, dass die CSU mal mit dem Kanzlerkandidaten dran wäre. Auch haben Ernst Albrecht nicht alle gemocht. CDU-Politiker aus Niedersachsen sind nie bei allen beliebt gewesen, das erlebe ich heute manchmal auch. Sie sind manchen zu liberal und offen.

Strauß hatte als Kanzlerkandidat einen miserablen Start, und die CDU verlor im Mai 1980 die Landtagswahl in Nordrhein-Westfalen ziemlich deutlich.

Angeblich war Strauß so frustriert, dass er alles hinwerfen, im Herbst gar nicht mehr antreten wollte. Jedenfalls erzählte mir das Helmut Kohl so, am 31. Mai 1980 auf einem Jugendkongress der CDU in Mainz.

Das wissen Sie noch so genau?

Ja, da hatte ich nämlich ein Erlebnis der besonderen Art. Am Rand der Kundgebung in Mainz mit 6000 begeisterten jungen Leuten sagte Kohl zu mir, wir müssten Strauß zum Durchhalten motivieren. Dann fügte er hinzu: »Sie müssen nach der Kundgebung mitkommen in den Weinkeller der Mainzer Staatskanzlei. Wir müssen Strauß Mut machen.« Ich war völlig perplex mit meinen 20 Jahren, dass mir mein Parteivorsitzender sagte, wir brauchen Sie jetzt, Sie müssen Strauß Mut machen, den zum Durchhalten bewegen.

Was haben Sie sich da gedacht?

Da war ich platt. Ich weiß noch genau, wie ich zusammen mit Johannes Gerster, dem Mainzer CDU-Kandidaten, dann zu den Grenzschutz-Fahrzeugen gelaufen bin, um mit in die Staatskanzlei zu fahren. Die Grenzschützer waren etwas perplex, dass da so ein junger Mensch dazuspringt und sagt: »Helmut Kohl hat mir aufgetragen, ich muss da mit hin.« Ich weiß noch heute, wie wir im Weinkeller gesellig zusammensaßen und kräftig aßen.

Sie haben sich nach Ihrem Start auf der Bundesebene politisch auf Osnabrück und das Emsland konzentriert. Hatten Sie in dieser Zeit noch Kontakt mit Kohl, oder war der dann abgebrochen?

Auf Bundesparteitagen und bei anderen Gelegenheiten hatten wir schon Kontakt.

Aber keine Vier-Augen-Gespräche?

Also, wir sind uns immer wieder begegnet. Dann kam es zu dem Gespräch 1991. Danach hat er es eingefädelt, dass ich in die Grundsatzprogramm-Kommission der Partei kam. Er sagte, da machen Sie mal mit, dann werden die Leute aufmerksam auf Sie. Dann hat er dafür gesorgt, dass ich auf dem Bundesparteitag 1991 in Dresden in einer Podiumsdiskussion saß. Es wird den Leuten auffallen, wenn da jemand aus Niedersachsen in der Runde sitzt. Da werden alle fragen, wer ist das denn, warum sitzt der da? So war Helmut Kohl, der mochte nichts dem Zufall überlassen. Er hat sich um die Partei stets gekümmert, um die Landesverbände und die Vereinigungen natürlich, aber sogar um Bezirks- und Kreisvorstände. Das hat er mit großer Stetigkeit getan. Da können viele von ihm lernen.

Er hatte schon einen Blick für junge Talente.

Ja, er hat viele Talente gefördert. Er hat sich wirklich um den Parteinachwuchs gekümmert.

Helmut Kohl hat Sie sehr gefördert. Aber bundesweit einen Namen haben Sie sich gemacht als Kohl-Kritiker, stimmt's?

Bundesweit können Sie sich als Oppositionsführer in einem Bundesland gar keinen Namen machen.

Für mich waren Sie in den neunziger Jahren derjenige unter den »Jungen Wilden«, der Kohl am schärfsten kritisierte.

Ja, leider, leider wurde ich damals mit meinen inhaltlichen Vorstellungen und meinen Attacken auf den Regierungschef Schröder nicht so wahrgenommen. Und leider wird man von vielen Medien nur bei innerparteilicher Kritik wahrgenommen. Das ist eine traurige Erfahrung, die man macht. Meine vielen Landtagsinitiativen, meine Landtagsreden, meine Perspektiven für Niedersachsen, die werden erst wahrgenommen, seit ich Ministerpräsident bin. Dem Ministerpräsidenten schenkt man Aufmerksamkeit, und den Oppositionsführer ignoriert man. Das hätte ich gerne mal geändert, aber seit ich Regierungschef bin, habe ich natürlich nicht mehr so den inneren Antrieb, dies als Erstes zu ändern (schmunzelt).

Es ist aus der Sicht eines normalen Bürgers von Baden-Württemberg oder Hamburg ziemlich irrelevant, was der Oppositionsführer in Niedersachsen macht.

Stimmt. Aber die Opposition spielt eine wichtige Rolle in der Demokratie, und eigentlich müsste viel mehr über die Opposition berichtet werden, im Bund wie in den Ländern. Die Realität ist jedoch eine andere.

Helmut Kohl war ungeachtet all Ihrer kritischen Äußerungen offenbar überzeugt, dass Sie es 1998 in Hannover schaffen werden. Ich erinnere mich an das Focus-Fest 1997 in Bonn, da saßen wir zeitweilig am selben Tisch mit Helmut Kohl ...

Daran erinnere ich mich auch. Kohl hat mir dort in die Rippen gehauen und gesagt, heute Abend erzähle ich diesen ganzen Journalisten, Herausgebern und Chefredakteuren: »Hier sehen Sie den Nachfolger von Gerhard Schröder.«

Mir hat er es etwas anders gesagt.

Was hat er Ihnen gesagt?

Er deutete auf Sie und sagte: »Da drüben sitzt der, der bei der Landtagswahl in Niedersachsen die mit Abstand meisten Stimmen bekommt.« Ich habe dann geantwortet: »Warum sagen Sie nicht gleich, Wulff wird Ministerpräsident?«

Und was antwortete Kohl da?

»Quatsch, dummes Zeug, Sie wissen doch genau, dass Rot-Grün zusammen stärker werden als die CDU. Aber der Wulff, der wird der Vorsitzende der mit Abstand größten Fraktion.« Da hatte ihn sein berühmtes Bauchgefühl wohl getrogen.

Es war wohl ein bisschen Wunschdenken dabei. Kohl wünschte sich 1998 einen Kanzlerkandidaten Lafontaine, weil er wusste, dass insbesondere die neuen Länder Lafontaine vieles nachtragen und auch in den alten Ländern viele Lafontaines linke Positionen ablehnen würden. Er hatte gemerkt, wie die nordrhein-westfälische SPD, wie wichtige Leute bei der SPD Schröder auf keinen Fall wollten. Meine These war dagegen immer, die werden nach dem Teufel greifen, wenn sie nach 16 Jahren Opposition endlich die Chance haben, wieder an die Macht zu kommen. Und wenn aber Schröder der SPD die Chance eröffnet, an die Macht zu kommen, dann werden sie Schröder zu ihrem Kandidaten machen – mit der Faust in der Tasche. Schröder hat immer gesagt: »Kohl hat keinen Nachfolger, und ich habe keine Partei. Deswegen muss ich Kanzler werden.« Das haben selbst einzelne Unternehmer in Niedersachsen bejubelt. Kohl hat gedacht, die SPD will Schröder nicht und wird Lafontaine nominieren.

Doch Schröder landete in Niedersachsen im März 1998 einen glänzenden Wahlsieg gegen Sie.

Wir hatten damals in Niedersachsen gar keine schlechte Ausgangssituation: gute Kommunalwahlergebnisse, gute Mitgliederentwicklung. 1997 standen wir gut da und auch noch Anfang 1998. Aber dann gab es die legendäre Müntefering-Ankündigung vor der Bundespressekonferenz in Bonn. Er sagte damals noch, die SPD werde über den Kanzlerkandidaten erst im April entscheiden. Am Mittwoch vor unserer Landtagswahl dann, vor dem Fernsehduell Schröders mit mir, sagte er, er habe die Bundespressekonferenz bewusst belügen müssen, die Nominierung sei bereits am Montag nach der Landtagswahl. Damit war – strategisch gut vorbereitet – aus der Landtagswahl eine Kanzlerkandidaten-Wahl der SPD geworden. Von da an war der Wahlkampf nur noch von der Frage bestimmt, ob Schröder Kanzlerkandidat wird. Dann kam am Samstag die ganzseitige Anzeige in allen Zeitungen: »Ein Niedersachse muss Kanzler werden«. Das hat dann diesen extremen Ausschlag für die SPD gegeben – zu unseren Lasten. Sonst hätte Helmut Kohl möglicherweise auch hier noch recht behalten.

Wie auch immer, es kam anders. Sie verloren die Wahl, Kohl verlor die Bundestagswahl, und 1999 hatte die CDU die Spendenaffäre am Hals. Sie waren damals ein scharfer Kritiker Kohls. War das damals nicht eine sehr wohlfeile Sache?

Mein Verhalten war nur konsequent. Ich hatte mich ja schon in der Parteispendenaffäre 1984 gegen eine Amnestie ausgesprochen. Für die CDU gehören Rechtsstaatlichkeit und Ordnung zum Kernbestand ihrer politischen Programmatik. Wer hier Zweifel aufkommen lässt, beschädigt die Kernkompetenz der Union. Deswegen war ich der Überzeugung, die Partei müsse sich klar von den Verfehlungen Einzelner distanzieren. Alle müssten an der Aufklärung mitwirken. Kohl hat das bis heute nicht getan und deswegen den Schein von Abhängigkeiten nie beseitigt.

Kohl hat mit seiner schwarzen Kasse eindeutig gegen das Parteiengesetz verstoßen. Aber mal abgesehen davon: Was ist in Ihren Augen eigentlich ein Ehrenwort wert? Ein Ehrenmann geht eher ins Gefängnis, als sein Ehrenwort zu brechen.

Ein Ehrenwort darf man nicht gegen geltendes Recht geben. Das ist nicht ehrenhaft. Man begibt sich in eine moralische Klemme, aus der man nicht mehr herauskommt.

Was wäre alles über Kohl gesagt worden, wenn er die Namen der Spender genannt hätte? Dann hätte es geheißen: »Was ist dieser Kohl doch für ein charakterlicher Lump. Um seinen Kopf zu retten, verrät er seine Freunde!«

Diese Freunde handelten sehr unehrenhaft, weil sie im Wissen der Rechtswidrigkeit Kohl Geld gegeben haben. Ich habe mich von all dem distanziert, für Aufklärung geworben. Deswegen wird nicht das ganze große Lebenswerk von Kohl diskreditiert.

Im Grunde waren Sie und Angela Merkel die großen Profiteure der Spendenaffäre.

Ich habe damals überlegt, aus der Politik auszusteigen, weil ich nicht dabei sein wollte, wenn auf diese Art und Weise Rechtsbruch vertuscht würde. Als in Ordnung gebracht wurde, was nicht in Ordnung war, und als Vorkehrungen getroffen wurden, dass sich so etwas nicht wiederholen kann, bin ich engagiert dabeigeblieben.

Für Ihr Image war die Sache zweifellos positiv.

Ich habe vor allem dafür Sorge getragen, dass die CDU wieder an Ansehen gewann, keinen dauerhaften Schaden davontrug. Ich denke, das ist der eigentliche Erfolg an der Seite von Angela Merkel.

Wie lange hat Kohl danach nicht mit Ihnen gesprochen?

Er ist Anfang 2000 aus dem Parteivorstand ausgeschieden, weil er den Ehrenvorsitz niedergelegt hat. Der erste Gesprächskontakt ging am Tag der niedersächsischen Landtagswahl 2003 von mir aus. Ich habe ihn in Oggersheim angerufen. Ich sagte ihm, dass er großen Anteil daran hat, dass ich Ministerpräsident werde. Er sprach sofort über persönliche Dinge.

Sie haben über die Spendenaffäre nie gesprochen?

Nein. Unsere Positionen sind jeweils dem anderen bekannt und unvereinbar.

Wie oft waren Sie seitdem in seinem Büro Unter den Linden 71?

Ich habe mich zweimal dort mit Helmut Kohl getroffen. Bei allen Begegnungen mit ihm habe ich manches gelernt, auch bei diesen in seinem Büro. Ich war auch bei seinem 75. Geburtstag.

In Berlin, bei der großen Veranstaltung. Aber im kleinen Kreis in Deidesheim waren Sie wohl nicht dabei?

Nein.

Was müsste denn Ihrer Meinung nach über Helmut Kohl in den Geschichtsbüchern stehen?

Dass er das Ansehen Deutschlands nachhaltig durch gute Kontakte zu den Vereinigten Staaten und zu allen europäischen Partnern gesteigert hat. Dass er Europa entschieden voranbrachte. Dass er das dank Gorbatschow leicht offen stehende Fenster für die mutigen Ostdeutschen weit aufgestoßen hat und dann die Einheit mutig gegen alle Bedenkenträger und Widerstände verwirklicht hat. Dass er von der Nato-Nachrüstung bis zur Gestaltung der Einheit als Herzensangelegenheit immer seinem inneren Kompass gefolgt ist. Noch jung an Jahren habe ich im Bundesvorstand erlebt, wie Kohl alle Kontakte zur Ost-CDU ablehnte. Kohls innerer Kompass, für Freiheit und Demokratie und Rechtsstaatlichkeit einzustehen, war gut für Deutschland.

Und der Euro?

Europa musste auch ein Währungsraum werden, um im weltweiten Wettbewerb gegen Asien, Süd- und Nordamerika eine Chance zu haben.

Hat er den Friedensnobelpreis verdient?

Ohne Frage, ja. Er war immer für Ausgleich, für Verhandlungen bei klarer Grundsatzpositionierung und hat damit vielfältig dem Frieden gedient.

Soll also ein CDU-Politiker den Friedensnobelpreis bekommen, der Ihrer Meinung nach nicht würdig ist, Ehrenvorsitzender der eigenen Partei zu sein?

Er hat den Ehrenvorsitz freiwillig niedergelegt.

Die Partei hatte ihn aufgefordert, er möge ihn ruhen lassen.

Er hat den Vorsitz niedergelegt, weil er dem Parteitag über Jahre falsche Rechenschaftsberichte präsentierte. Der Friedensnobelpreis wird vergeben für Staatsmänner, die wesentlich zum Frieden in der Welt beitragen. Es sind zwei verschiedene Sachverhalte, die unterschiedlich beurteilt werden müssen.

Sprechen wir über den Mann, der ihnen lange den Weg in die niedersächsische Staatskanzlei versperrt hat: Gerhard Schröder. Wie haben Sie als sein junger Herausforderer ihn erlebt? Überheblich, arrogant, verletzend?

Ich habe Schröder immer als zugänglich, auch charmant kennengelernt, aber auch als professionell. Beispielsweise gelang es ihm immer, jegliches gemeinsame Foto mit mir zu verhindern. Er fand immer einen, den er zwischen uns stellte. Insofern merkte ich von Anfang an, das ist eine verdammt harte Nuss. Er hat eine Art gehabt, Menschen für sich einzunehmen, auch mit sehr situationsgerechten Reden. Das machte ihn so brandgefährlich als einen Politiker, der morgens bei der IG Metall und nachmittags bei den Metallindustriellen mit unterschiedlichen Inhalten jeweils Beifall bekommen konnte. Das habe ich damals verabscheut und Schröder als Wackelpudding-Politiker empfunden. Man konnte ihn nicht festnageln. Ich selber habe eine andere Art: Ich halte überall dieselbe Rede und versuche, für diese Position dann Mehrheiten zu erkämpfen.

Sind Sie manchmal an ihm verzweifelt?

Ich habe mich manchmal fürchterlich ärgern müssen. Beispielsweise, wenn er Forderungen von mir öffentlichkeitswirksam aufgriff, kriminelle Ausländer sollten die Haft im Heimatland verbringen, oder unverändert gefährliche Sexualstraftäter sollten möglichst lebenslang weggeschlossen werden. Und das, obwohl er noch Tage vorher im Bundesrat eine entsprechende gesetzliche Initiative abgelehnt hatte. Er hatte dem Asylkompromiss, der wirklich nötig war für unser Land, nicht zugestimmt. Trat dann aber im Wahlkampf populistisch mit Positionen auf, die seine Mehrheit verbreitern sollten, aber die er nicht wirklich vertreten hat. Ein Regierungschef kann stärkere Wirkung erzielen als ein Oppositionsführer. Da war ich schon oft niedergeschlagen. Das treibt einen um, da braucht man Korpsgeist. Den hatten wir. Die Erinnerung an den beschwerlichen Weg lässt mich jetzt mit Leichtigkeit und Freude das Amt des Ministerpräsidenten ausfüllen.

Gibt es unter Politikern nicht eine Art Kameraderie: Wir prügeln uns öffentlich, aber hinterher beim Bier verstehen wir uns ganz gut? Gab es so etwas bei Ihnen und Schröder?

Es gab einen gepflegten Umgang miteinander, faires Reden über Fragen, die das Land betrafen. Auch eine gewisse Vertraulichkeit über

Sitzungen und Gespräche. Er hat auch zu Journalisten gesagt: »Wulff wird mein Nachfolger – aber erst, wenn ich das will und abtrete.«

Zwischen dem Kanzler Schröder und der Oppositionsführerin Merkel gab es so gut wie gar keine informellen Kontakte.

Er hat Kontakte mit mir auf ein Minimum beschränkt, dabei überlegt, was ihm nützt und was ihm schadet. Auf den Oppositionsführer offen zuzugehen, das hätte ihn bei seinen Karriereplänen gestört.

Wie war das beim Ministerpräsidenten Gabriel. Gab es da auch nur ein Minimum an Kontakten?

Nach Schröder kam zunächst Glogowski, und der hatte null taktisches Denken. Insofern war der Umgang völlig unproblematisch. Man konnte mit ihm über alles sprechen und gemeinsam auftreten. Glogowski war einer, der immer glücklich war, Ministerpräsident geworden zu sein, nach dem Motto: »Ich weiß gar nicht, warum.« Das hat auch die SPD gemerkt und ihn deswegen ausgetauscht.

Und Gabriel?

Gabriel war dadurch geprägt, dass er jung ins Parlament und gleich in die Regierungsfraktion gekommen war, später deren Vorsitzender wurde, dann Ministerpräsident. Er musste seinen Nimbus verteidigen als einer, den niemand aufhalten kann – nicht einmal eine Wand. Reden konnte man mit Gabriel schon. Aber er hatte sich nicht immer im Griff, beispielsweise, als er eine kämpferische Rede von mir mit dem »Stürmer« verglich, was dazu führte, dass die gesamte CDU-Fraktion aus dem Landtag ausziehen musste.

Das ist ja bei Linken sehr beliebt, CDU-Politiker als halbe Nazis zu verunglimpfen.

Deswegen habe ich seinerzeit den Kontakt zu Gabriel auf das notwendige Minimum begrenzt. Seit dem Amtswechsel haben wir ein sehr entspanntes Verhältnis. Ich habe ihm bei der Amtsübergabe 2003 geraten, sich 2008 nicht einen weiteren Anlauf zuzumuten, sondern nach Berlin zu gehen. Als Bundesumweltminister gibt er sich große Mühe, in Hannover gemachte Fehler nicht zu wiederholen. Leider ist er aber im Zweifel immer noch mehr Parteipolitiker als Staatsmann. Sie müssen sich doch nur sein Umfeld anschauen.

Denken Sie etwa an den Ex-Wahlkampfmanager der SPD, Machnig, der bei Gabriel Umwelt-Staatssekretär wurde?

Zum Beispiel.

Wie gehen Sie eigentlich mit Ihrem Herausforderer Jüttner um?

Ich gebe zu allen Fragen, über die Auskunft begehrt wird, auch Auskunft. Persönlich gibt es keine Animositäten. Jüttners Tochter hat bei mir in der Staatskanzlei eine Referendarstation absolviert. Wenn ich aber den Internetauftritt Jüttners anschaue, darf ich wohl keine Fairness erwarten.

Haben Sie von Schröder irgendetwas gelernt?

Schröder ist in der Lage, sich blitzschnell in ein Gespräch hineinzudenken, dem Gegenüber das Gefühl zu vermitteln, sein Anliegen verstanden zu haben. Das finde ich für das Schließen des Grabens zwischen Bürger und Politiker wichtig.

Hat Schröder Eigenschaften, um die Sie ihn beneiden?

Was ich mir manchmal wünschen würde: ein bisschen weniger Pflichtbewusstsein. Mal – wie Schröder häufig – um vier Uhr das Büro zu verlassen und dann Tennis zu spielen. Ein bisschen von der Gelassenheit, Fünfe gerade sein zu lassen, würde ich mir manchmal wünschen. Genuss ist mir im Gegensatz zu Schröder eher fremd.

Wie fällt denn Ihr Urteil über Schröders Kanzlerschaft aus?

So unbeschwert, wie dieses Bild vermuten lässt, war die Kindheit von Christian Wulff nicht. Als er zwei Jahre alt ist, trennen sich die Eltern. Als er acht ist, heiratet die Mutter zum zweiten Mal. Doch auch diese Ehe geht in die Brüche.

Die ersten vier Jahre besucht Christian Wulff die Elisabeth-Grundschule in Osnabrück, eine katholische Bekenntnisschule. Christian ist ein ruhiges Kind, so ruhig, dass sich seine Kindergärtnerin später sehr wundert, dass ausgerechnet er Karriere in der Politik macht.

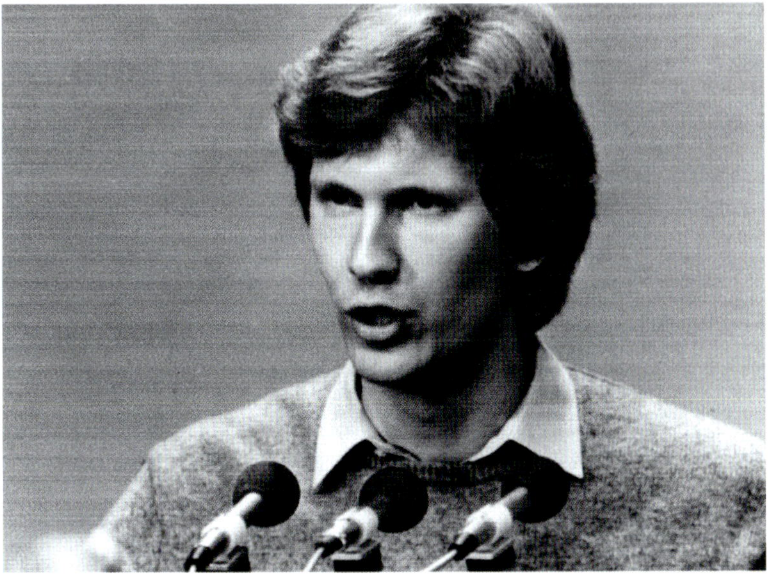

Als Christian Wulff sich 1976 ein Wahlplakat Helmut Kohls in sein Zimmer hängt, ahnt er noch nicht, dass er bald mit dem damaligen CDU-Vorsitzenden gemeinsam bei Veranstaltungen auftreten sollte. Doch dann geht es ganz schnell bergauf: Mit 19 Jahren wird er Bundesvorsitzender der Schüler-Union. Dank dieses Amtes gehört er dem Bundesvorstand der CDU an, trifft regelmäßig mit Spitzenpolitikern der Union zusammen – oben beim CDU-Bundesparteitag 1979 in Kiel, unten beim CDU/CSU-Bundesjugendkongress 1980 in Mainz.

1986 wird Christian Wulff zum ersten Mal in den Stadtrat von Osnabrück gewählt, von 1989 an führt er die CDU-Fraktion. Schon in den neunziger Jahren ist die Ökologie für ihn ein ganz wichtiges Thema. Seine Heimatstadt Osnabrück soll die »Umwelthauptstadt« Deutschlands werden.

Die ersten beiden Anläufe, Ministerpräsident von Niedersachsen zu werden, gehen schief. Aber nach der Landtagswahl 1994 wird Wulff Oppositionsführer. Dem wiedergewählten Regierungschef Gerhard Schröder zu gratulieren, gehört zu seinen ersten Aufgaben (Bild oben). Im Wahlkampf 1998 fordert der CDU-Spitzenkandidat den Amtsinhaber zum TV-Duell über Landespolitik heraus. Schröder macht aus der Landtagswahl jedoch eine Volksabstimmung über den SPD-Kanzlerkandidaten und gewinnt.

Oben: Als stellvertretender CDU-Vorsitzender gewinnt Christian Wulff nach 1998 an bundespolitischem Gewicht. Er gehört zu denen, auf die sich die neue CDU-Vorsitzende Angela Merkel verlassen kann.

Unten: So sieht ein Sieger aus: Am 4. März 2003 wählt der niedersächsische Landtag Christian Wulff mit den Stimmen von CDU und FDP zum neuen Ministerpräsidenten. Die CDU, seit 1994 in der Opposition, hat Grund zum Jubeln.

Als Student lernt Christian Wulff 1982 an der Universität Osnabrück die ein Jahr jüngere Christiane Vogt kennen. Es ist Liebe auf den ersten Blick – jedenfalls von seiner Seite aus. 1988 heiraten die beiden Juristen, 1993 kommt Tochter Annalena auf die Welt. Das Glück scheint perfekt – doch es ist nicht von Dauer. Im Mai 2006 geben die Eheleute ihre Trennung bekannt.

Niedersachsens
Kraft.
Niedersachsens
SPD
Politik
für die Wirklichkeit.
SPD
Gut

Den Mut und die Kraft haben nur ganz wenige Politiker: nach zwei Niederlagen noch einen dritten Anlauf zu unternehmen. Christian Wulff tut dies, tritt bei der Landtagswahl 2003 noch einmal an, erzielt ein glänzendes Wahlergebnis und wird Ministerpräsident. Damit bringt er nicht nur alle zum Schweigen, die den angeblichen Verlierer längst abgeschrieben haben. Wulff erweitert auch den Politik-Jargon um eine Redewendung. Im dritten Anlauf zu gewinnen, heißt seitdem »den Wulff machen«.

Oben: Nach der Landtagswahl 2003 verständigen sich der CDU-Vorsitzende Christian Wulff und der niedersächsische FDP-Vorsitzende Walter Hirche zügig über den Koalitionsvertrag. Er wird im »Hardenberg'schen Haus« in Hannover, benannt nach einem preußischen Reformer von Hardenberg, unterzeichnet – Symbol für den Reformwillen der neuen Regierung.

Unten: Einen „Glücksfall für Niedersachsen" nennt Wulff den langjährigen Ministerpräsidenten Ernst Albrecht (links). Für ihn und sein ehemaliges Kabinett gibt Wulff einen Empfang – ein Zeichen persönlicher Verbundenheit und politischer Kontinuität. Mit dabei: Werner Remmers und Walter Remmers (ganz rechts).

Angela Merkel und Christian Wulff haben eine besondere Beziehung. Als die damalige Frauenministerin 1990 eine persönliche Referentin sucht, empfiehlt ihr Christian Wulff eine Mitstreiterin aus der Jungen Union Osnabrück: Beate Baumann. Inzwischen ist Baumann die engste Vertraute der Kanzlerin. Hier besucht Angela Merkel die Stadt Hitzacker während der Flut 2006.

Christian Wulff ist kein Kumpeltyp, er biedert sich nicht an. Doch braucht er nur wenige Worte, um Menschen für sich einzunehmen. Er geht auf die Leute zu und sucht das Gespräch. »Seine Reden sind kurz und klar. Meistens spricht er frei. Leute, die ihn treffen, wundern sich, wie normal er ist«, urteilt die Tageszeitung »Die Welt«.

Oben: Der »nette Herr Wulff« kann auch hart sein. Diese Erfahrung muss Wladimir Putin auf der Hannover-Messe 2005 machen. Anders als Gerhard Schröder lobt Wulff den russischen Präsidenten nicht als »lupenreinen Demokraten«, sondern spricht das Thema Menschenrechte offen an.

Unten: Die Haupt- und Realschulen zu erhalten und die Berufsschulen zu stärken – auch das gehört für den niedersächsischen Ministerpräsidenten zu einem »begabungsgerechten Bildungswesen«.

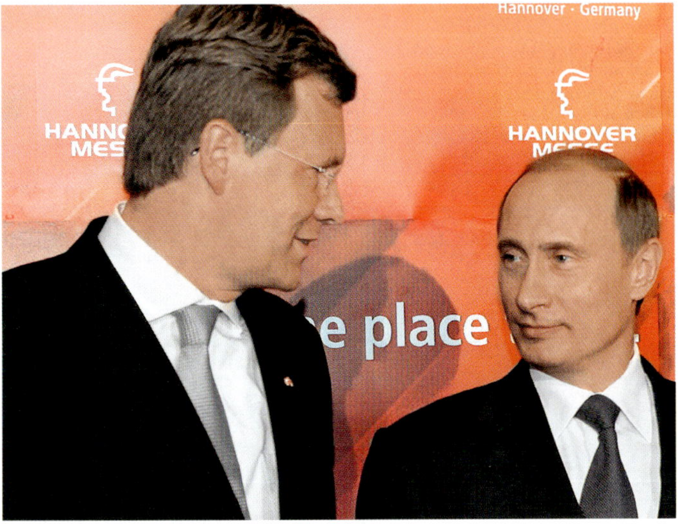

»Mich hat Kinder- und Jugendpsychologie immer fasziniert«, sagt Christian Wulff – für einen Politiker ein eher ungewohntes Bekenntnis. Aber eines mit Folgen: Niedersachsen richtet ein Institut für frühkindliche Bildung ein. Damit vor allem Kinder bis zu fünf Jahren besser gefördert werden.

Seine jährlichen »Sommerreisen« führen Christian Wulff quer durchs Land und direkt zu den Menschen. Die wichtigsten Aufgaben des Regierungschefs auf diesen Touren: zuhören, zuhören, zuhören. Besonders gerne besucht Wulff ehrenamtlich tätige, für unser Gemeinwesen engagierte Bürger. Hier ist er in einem Internationalen Jugendcamp des Volksbunds für Kriegsgräberfürsorge. Ganz rechts: der ehemalige niedersächsische Kultusminister und Landtagspräsident Rolf Wernstedt.

Abtprimas Notker Wolf prangert in seinem Buch »Worauf warten wir?« das deutsche Besitzstandsdenken an, fordert provokant dazu auf, überkommene Denkgewohnheiten und Ansprüche aufzugeben. Thesen ganz nach dem Geschmack von Christian Wulff.

Oben: Niedersachsens Küstenlage ist in Zeiten der Globalisierung ein Standortvorteil. Umso wichtiger ist es, ökonomische wie ökologische Belange zu berücksichtigen. Dabei hilft das Gespräch mit Umweltschützern wie dem Vorsitzenden des niedersächsischen Naturschutzbundes NABU, Hans-Jörg Helm (ganz rechts).

Unten: Bundeskanzlerin Angela Merkel und Christian Wulff verbindet unter anderem eines: Beide sind zu Beginn ihrer politischen Karriere unterschätzt worden, beide mussten durch tiefe Täler, beide erreichten ihr Ziel.

Oben: Kinder machen Spaß. Und den haben Bundesfamilienministerin Ursula von der Leyen und Christian Wulff beim »Tag der Offenen Tür« im Landtag zu Hannover.

Unten: Politiker müssen auch den »Nasenkuss« der Maori, der ersten Siedler Neuseelands, beherrschen. Hier bekommt Christian Wulff in Rotorua Nachhilfe von der Politikerin Maureen Waaka.

Christian Wulff ist, wie er selbst einräumt, kein guter Tänzer. Denn schon als Schüler war ihm die Politik wichtiger als die Tanzstunde. Aber bei seinem Südafrika-Besuch konnte er der Präsidentin der Kap-Provinz, Nosimo Balindlela, beim Begrüßungstanz keinen Korb geben.

Oben: Kaum im Amt, hat der neue chinesischer Außenminister Yang Jiechi im Frühjahr 2007 Besuch aus Deutschland. Und verblüfft Christian Wulff mit genauen Kenntnissen über dessen Lebenslauf und seine Position als Stellvertreter der CDU-Vorsitzenden Angela Merkel. Weitere Gesprächsthemen sind der Weltklimaschutz sowie der Dialog der Kulturen und Religionen.

Unten: Dr. h.c. Christian Wulff mit schwarzem Ehrendoktorhut der chinesischen Universität Tongji, verliehen für die »nachhaltige Pflege und Vertiefung« der Beziehungen zu China. Links, mit rotem Hut, Universitätspräsident Wan Gang, der wenige Tage vorher zum neuen chinesischen Forschungsminister ernannt worden ist.

Oben: Bettina Körner ist die neue Partnerin des Ministerpräsidenten. Sie bringt ihren vierjährigen Sohn mit in die Beziehung.

Unten: Drei für Niedersachsen. Der Ministerpräsident mit den Fraktionsvorsitzenden von CDU, David McAllister (36, links), und FDP, Philipp Rösler (34). Im Hintergrund links der Chef der Staatskanzlei und »graue Eminenz«, Lothar Hagebölling, rechts stehend der Landtagspräsident und frühere Wulff-Kontrahent Jürgen Gansäuer.

»Was andere meinen auch zu meinen, ist nicht schwer. / Nur immer anders als die anderen meinen, auch nicht sehr. / Weißt Du aus eigener Kraft, mit mutig stillem Wagen / dort ehrlich ja, hier ehrlich nein zu sagen, / gleich ob Dich alle loben oder keiner, / dann bist Du einer.«

Ingolstädter Rathaus-Inschrift, die Christian Wulff auf seiner Internet-Homepage zitiert: »Sie ist mir Richtschnur«.

In der ersten Wahlperiode hat er die neue Rolle Deutschlands in der Welt mit mehr militärischer Verantwortung wahrgenommen. Eine CDU-geführte Regierung hätte das wahrscheinlich gegen sehr viel Widerstand von SPD und Grünen durchsetzen müssen. Diese Phase hat Rot-Grün sehr viel konfliktfreier bewältigen können: das Ankommen in der Realität der Welt. In der zweiten Amtszeit von 2002 bis 2005 hat Schröder gezeigt, dass es ohne soziale und gesellschaftliche Reformen nicht geht. Hätte die CDU die Regierung gestellt, hätte das den erbitterten Widerstand der Gewerkschaften, der SPD und der Grünen gefunden – auch auf der Straße. Insofern kommt Schröder zu, außen- wie wirtschaftspolitisch eine gewisse Öffnung vollzogen zu haben.

Klingt bis jetzt recht positiv …

Mein Hauptvorwurf besteht darin, dass Schröder früher die sicherheitspolitischen Notwendigkeiten aus der Opposition heraus bestritten hatte. Und dass er die Reformen, die Schäuble 1996/97 gegen Kohl und Blüm durchgesetzt hatte, zum Beispiel den demographischen Faktor der Rentenversicherung, erst einmal wieder rückgängig gemacht hat.

Wie bewerten Sie das jetzige Tun des Altkanzlers Schröder? Finden Sie es in Ordnung, wie er seine alten Beziehungen jetzt vermarktet?

Politiker sollten nach dem Ausscheiden aus ihren Ämtern eine Karenzzeit einlegen, insbesondere auf den wirtschaftlichen Gebieten, mit denen sie vorher befasst waren. Man sollte sich besser überlegen, wo und zu welchem Honorar man auftritt.

Sprechen wir über Schröders Nachfolgerin, über Angela Merkel. 1989 wurden Sie Fraktionsvorsitzender in Osnabrück und Frau Merkel stellvertretende Regierungssprecherin der DDR. Ein Jahr später war sie Bundesministerin. Wann haben sich Ihre Wege das erste Mal gekreuzt?

Ich habe sie so richtig wahrgenommen, als sie Nachfolgerin von Lothar de Maizière als stellvertretende Bundesvorsitzende der CDU wurde. Eine sehr lange Begegnung im Berliner Krankenhaus Charité war der erste Kontakt. Sie kurierte damals einen komplizierten Knöchelbruch und nutzte die Zeit, Leute wie mich kennenzulernen. Wir haben uns sehr gut ausgetauscht und verstanden. Sie suchte damals eine Büroleiterin, und ich empfahl ihr Beate Baumann.

Haben Sie damals schon geahnt, dass da eine künftige Kanzlerin vor Ihnen sitzt?

Ich hatte den Eindruck einer glänzenden Bundesministerin: jung und unglaublich wissbegierig. Das macht es immer angenehm, wenn man nicht auf Besserwisser trifft, sondern auf Lernbereite. Ich fand sie sympathisch und klug. Ich war auch später, als es um die Kanzlerschaft ging, einer von denen, die voraussagten, sie werde international reüssieren und keineswegs scheitern.

Merkel wurde lang unterschätzt. Weil sie eine Frau ist oder weil sie eine Ostdeutsche ist?

Ich hatte von Anfang an eine hohe Meinung von ihr. Ich habe sie seit Beginn ihrer Zeit als Bundesvorsitzende gegen alle Anwürfe verteidigt. Weil sie das, was sie nicht kennt, schnell lernt. Und das, was man nicht lernen kann, nämlich Intelligenz und Machtbewusstsein, das hatte sie von Anfang an.

Wenn Angela Merkel die mächtigste Frau in Deutschland ist und Frau Baumann die zweitwichtigste, dann sind Sie sozusagen der Geburtshelfer dieses Damendoppels.

Angela Merkel hat einige wenige Vertraute. Sie stellt dabei extreme Anforderungen. Beate Baumann ist eine charmante, gebildete und umgängliche Freundin von mir aus der Schüler-Union. Ich konnte sie mit bestem Gewissen empfehlen. Merkel hatte bei Kohl erreicht, dass sie im Adenauer-Haus in Bonn einen Mitarbeiter oder eine Mitarbeiterin bekam, der oder die nur für sie als stellvertretende Bundesvorsitzende tätig ist. Ob ich jemand wüsste? Ich sagte, ich wüsste jemanden. Ich ahnte ja 1991 nicht, dass daraus ein unzertrennliches Gespann würde. Schlecht kann ich mit meiner Empfehlung nicht gelegen haben. Die beiden passen perfekt zusammen.

Nicht schlecht, mit Beate Baumann eine Freundin im Kanzleramt zu haben.

Angela Merkel legt schon Wert darauf, dass ich sie direkt anrufe.

Wann hatten Sie den Eindruck, Merkel kann Kanzlerin werden?

Im Januar 2002, als sie in Magdeburg Stoiber als Kanzlerkandidaten vorschlug. Ich war der Überzeugung, falls Stoiber Kanzler wird, wird sie als Kanzlermacherin auf Händen getragen. Irgendwann muss von der Generation, vom Alter her dann jemand Stoiber nachfolgen; das wäre dann sie. Oder er wird nicht Kanzler, dann ist sie als CDU-Vorsitzende, die Kanzlerin werden will und einen CSU-Mann vorgelassen hat, die Kandidatin für 2006.

Was sind denn die Stärken der Angela Merkel?

Enorme Belastbarkeit, schnelle Auffassungsgabe, ganz hoher Intellekt, systematisches Denken, wie es vielen Naturwissenschaftlern eigen ist. In vielen Situationen hat ihr auch ihr eigenes Misstrauen geholfen. Das ist durchaus nützlich, denn je höher man kommt, desto dünner die Luft, desto mehr Konkurrenten, desto mehr Fallstricke. Das sind meine Erfahrungen aus der Landespolitik, und das gilt noch weit mehr für Berlin. Sie ist immer auf dem Sprung. Als sie 1994 von Kohl erfuhr, sie solle Umweltministerin werden und solle als parlamentarischen Staatssekretär Walter Hirche von der FDP bekommen, fragte sie sofort bei mir nach der Nummer von Ernst Albrecht, um sich zu erkundigen, wie er mit Hirche zusammengearbeitet habe und was sie bei ihm beachten müsse. Das fand ich faszinierend.

Als Schwäche wurde Frau Merkel immer angekreidet, dass man nicht so genau wisse, wofür sie inhaltlich steht. Nach Leipzig war sie die große Reformerin, inzwischen ist das nicht mehr so genau zu erkennen. Ist das eine Schwäche oder nur Taktik?

Auch Angela Merkel scheint sich an den Grundsatz zu halten, dass man nicht zu weit vor den Menschen, die einem folgen sollen, vorauslaufen kann, weil sie einen dann nicht mehr sehen. Sondern dass man die Herde führen muss, ohne zu viel Schafe zu verlieren. Sie hat gesehen, in der Demokratie braucht man eine Mehrheit. Was hilft die profilierteste Position, wenn am Ende die anderen weiterregieren?

Das ist vielleicht sehr naiv, aber ich wünsche mir Parteien mit klaren Standpunkten. Die sagen, wir stehen für bestimmte Inhalte, und wenn wir deshalb eine Wahl verlieren, verlieren wir halt.

Das ist auch meine Position. Deshalb habe ich zwei Wahlen vergeigt. Das Gegenargument lautet: Wer 50 Prozent in einer Koalition durchsetzt, der verändert mehr als der, der 100-prozentig opponiert.

Über Angela Merkel gibt es viele Aussagen: männermordendes Weib, Physikerin der Macht, eiskalter Engel. Und den schönen Satz von Michael Glos: »Ach, Angela, wer wird dein nächstes Opfer sein?« Steckt da nicht doch mehr drin als nur ein Fünkchen Wahrheit?

Frauen haben einen Anspruch darauf, nicht anders beurteilt zu werden als Männer.

Merkels Verhalten ist demnach normales Politiker-Verhalten?

Wir alle sind in gewisser Weise auch Physiker der Macht.

Es gibt zweifellos auch männermordende Männer.

Mitbewerber besiegende Männer gibt es haufenweise. Sonst wären die nicht da oben. Dass Frauen nicht so sind, ist eine Verklärung, auf die Frauen keinen Wert legen.

Sie galten als Merkel-Mann. War Merkel von Ihnen enttäuscht, als Sie in der Frage Kanzlerkandidatur 2002 nicht bis zuletzt an ihrer Seite standen?

Ich war im Herbst 2001 überzeugt, dass Angela Merkel dem CDU-Präsidium Stoiber vorschlagen sollte. Ich habe gebetsmühlenhaft überall die Formulierung des Bundesvorstands wiederholt, dass sich die Präsidien von CDU und CSU darauf verständigt haben, dass Stoiber und Merkel den Parteigremien einen Vorschlag unterbreiten werden, der breite Zustimmung findet. Ich habe es so beurteilt, dass Stoiber mit seinem nachweislichen Erfolg als Ministerpräsident in Bayern und seinen Verdiensten um eine gute Atmosphäre zwischen CDU und CSU der richtige Kanzlerkandidat wäre. Öffentlich habe ich mich dazu nie eingelassen, sondern das lediglich in einem Vier-Augen-Gespräch Angela Merkel eröffnet.

Ich vermute mal, »she was not amused«?

Das konnte ich damals nicht anders wahrnehmen und könnte ich auch jetzt nicht bestreiten. Ich glaube, sie hatte sich gewünscht, dass ich für sie streiten würde. Sie war etwas erstaunt, dass ich es nicht tat, weil sie glaubte, die CDU erträgt eine Vorsitzende nicht lange, die nicht in jeder Phase auch die »geborene« Kanzlerkandidatin ist.

Hat sich im Verhältnis von Ihnen zu Merkel oder umgekehrt dadurch etwas verändert?

Vielleicht bin ich 2001 aus dem engsten Kreis herausgefallen.

Warum sitzt eigentlich Angela Merkel heute im Kanzleramt, nach dem schlechten Wahlergebnis 2005?

Weil sie den Biss hatte, Kanzlerin werden zu wollen, zu sein und bleiben zu wollen.

Da spielte das enttäuschende Wahlergebnis keine Rolle?

Wenn ein Spitzenkandidat die Mehrheit von Rot-Grün zerstört und Vorsitzender der stärksten Fraktion im Bundestag ist, wird er auch Kanzler.

Aber am Abend der Bundestagswahl 2005, da war ja die Enttäuschung in der CDU über die bescheidenen 35 Prozent mit Händen zu greifen. Da gab's ja heftige Spekulationen, ob Angela Merkel nicht abgelöst werden müsste. Wenn Sie und Roland Koch sich einig gewesen wären, wer es macht, dann wäre Angela Merkel wahrscheinlich nicht Kanzlerin geworden.

Bei nüchterner Betrachtung des Wahlergebnisses war die Große Koalition die logische Folge. Und in einer Großen Koalition stellt der größere Partner den Kanzler. Und Kanzler muss der Spitzenkandidat des größeren Koalitionspartners werden. Weil die Bevölkerung sich sonst verraten und verkauft fühlen muss, wenn nach der Wahl der Spitzenkandidat durch einen anderen Kanzlerkandidaten ersetzt wird.

Aber Überlegungen für einen Putsch gegen Merkel gab's doch?

Nein. Ich habe das von Anfang an für Quatsch gehalten und habe kurz vor 18 Uhr wegen der für uns überraschend miesen Prognosen länger mit Roland Koch telefoniert. Wir waren uns völlig einig, dass wir jetzt unsere Partei in diesem Schockzustand zusammenhalten müssen. Wir hätten uns einen Tort angetan, uns zerfleischt und der Partei langfristig sehr geschadet, wenn Angela Merkel auch nur ansatzweise in Frage gestellt worden wäre. Das haben wir nicht überlegt und nicht in Erwägung gezogen.

Aber die Frage, ob Angela Merkel tatsächlich Kanzlerin einer Großen Koalition wird, hat in Berlin viele beschäftigt.

Ich habe jedenfalls nichts dazu beigetragen. Ich bin am Wahlabend schon kurz nach 18 Uhr in Hannover vor die Parteimitglieder getreten und habe gesagt, die CDU/CSU ist die stärkste Kraft geworden, Rot-Grün ist abgewählt, also wird Angela Merkel Kanzlerin. Zu dieser Erkenntnis hat beispielsweise Gerhard Schröder sehr viel länger gebraucht (lacht).

Wenn Sie Merkel mit Kohl vergleichen, zeigen sich doch viele Parallelen: Beide sind Generalisten, beide sind Meister im Aussitzen. Oder ist das falsch?

Man muss als Regierungschef Interesse an unterschiedlichsten Fragen haben und kann nicht nur Fachmann sein. Eine generalistische Auffassung ist einfach sinnvoll. Man muss die Gelassenheit haben, Dinge sich entwickeln zu lassen und sich nicht sofort zu positionieren. Bei Kohl war auffällig, wie sehr er auf europäischer Ebene die Dinge vorangetrieben und sich auf nationaler Ebene eher vorsichtig verhalten hat. Er hatte ein genaues Gespür, was Mehrheiten gefährdet oder sichert. Die negative Bedeutung von Aussitzen im Sinne mangelnder Entscheidungsfreude, die lasse ich auch für Angela Merkel nicht gelten.

Wo sind dann die entscheidenden Unterschiede zu Kohl?

Kohl hat eine relativ geradlinig verlaufene Biographie. Merkel hat Brüche, die Brüche derjenigen aus den neuen Bundesländern: Diktatur und freiheitliche Demokratie. Da ist erkennbar weniger Rückgriff auf eigene Erfahrungen. Wenn sie solche Rückgriffe auf ihr Leben im Sozialismus wagt und besonders authentisch wird, fliegen ihr auf Parteitagen die Herzen der Delegierten zu.

Hat sie Ihnen schon einmal geholfen?

(Schweigt.)

Hätten Sie es gern mal gehabt?

Bei Sachfragen wie zum Beispiel Airbus oder EADS hilft sie regelmäßig, auch durch ihre vielen Auftritte in Niedersachsen.

Angela Merkel hatte im Jahr 2004 eine Schwächephase. Haben Sie damals nicht mit dem Gedanken gespielt, 2006 wäre eine Chance für mich?

Nein. Ich wollte ein erfolgreicher Ministerpräsident sein, das war ich damals erst seit einem Jahr.

Ein Minister Wulff in einem Kabinett Merkel – ist das denkbar oder ist es unvorstellbar?

Hypothetische Fragen soll man nicht beantworten. Zustimmung oder Ablehnung – mit solchen Überschriften ist niemandem gedient.

Kommen wir zu Roland Koch. Er ist ein Andenpakt-Bruder und ein Parteifreund. Ist er auch ein Männerfreund?

Wir kennen uns sehr lange. Auf dem Evangelischen Kirchentag 1991 in Hamburg haben wir uns lange unterhalten. Damals stand er gerade vor der Entscheidung, Bezirksvorsitzender der CDU in Hessen oder stellvertretender Bundesvorsitzender der Jungen Union zu werden. Ich war damals im JU-Bundesvorstand. Er war immer ein besonders vorwärtsstrebender, seine Position mit allen rhetorischen und intelligenten Mitteln verfechtender, mutiger, begabter Kämpfer. Der weniger als andere seine eigenen Ambitionen verbarg und schlichtweg Führungsanspruch reklamierte, es auch als sehr erfreulich empfand, überall der Jüngste zu sein. Nach dem Motto, wenn ich das immer bin, läuft eben einiges auf mich zu.

Jetzt ist er nicht mehr der Jüngste.

Nein, der jüngste Ministerpräsident bin ich, doch der Unterschied ist nicht der Rede wert. Wir sind in vielen Dingen verschieden. Ich schätze ihn sehr als Ratgeber. Nach meiner Wahl am 2. Februar 2003 habe ich ihn gebeten, mir zu helfen. Dann haben wir sehr lange in Berlin in seiner Landesvertretung gefrühstückt. Er hat mir sehr viele Tipps gegeben, von denen ich fast alle befolgt habe. Er ist ein Parteifreund in positivem Sinne, nicht im Sinne einer Steigerung des Begriffs Parteifeind. Für eine persönliche Freundschaft war bisher keine Gelegenheit.

Sie sind beide stärker als andere Ministerpräsidenten auf der Bundesebene präsent und somit in gewisser Weise auch Konkurrenten. Oder ist das falsch?

Ich habe mich 2004 und 2006 dafür eingesetzt, dass Koch stellvertretender Bundesvorsitzender wurde, weil ich ihn für einen der stärksten Politiker der Union überhaupt halte. Wir sind uns bisher nirgendwo in die Quere gekommen.

Doch, einmal.

Ja, als es 1997 um den Vorsitz der Konferenz der CDU-Fraktionsvorsitzenden ging. Da wollte Kohl mich partout nicht, und Koch wurde gewählt.

Roland Koch haben Sie im Gegensatz zu Helmut Kohl bei den Parteispendenaffären nicht kritisiert. War das etwas grundlegend anderes? Oder spielte da auch der Andenpakt eine Rolle?

Entscheidend ist, dass ich stellvertretender Bundesvorsitzender war. Die Verantwortungsträger auf Bundesebene wie Manfred Kanther habe ich nicht geschont. Aber die hessische Spendenaffäre 1999/2000 war in erster Linie eine Sache des Landesverbandes.

Der Andenpakt spielt bei dieser Zurückhaltung gegenüber Koch keine Rolle?

Das ist ein Freundeskreis. Man sollte über eine Person fair richten, die man schätzt. Das hat mit dem Andenpakt nichts zu tun.

Worin unterscheiden Sie sich von Roland Koch? Koch der kantige und Wulff der charmante Konservative?

Koch ist sehr geprägt durch die hessische Parteiengeschichte, durch den Kampf der CDU gegen das sozialdemokratische Hessen. Ich trage kein so eindeutiges Freund-Feind-Schema mit mir.

Wer von Ihnen beiden schreibt das »s« in sozialer Marktwirtschaft größer, wer kleiner?

In gesellschaftlichen Fragen sind Roland Koch und ich uns im Grundsatz einig. Differenzierungen gibt es allenfalls in Nuancen, die einfach auch damit zu tun haben, dass er den Bankenplatz Frankfurt im Blick hat.

Wenn morgen ein Nachfolger für Angela Merkel gesucht würde, wäre Koch Ihr schärfster Konkurrent?

Nein, denn ich würde mich nicht um die Nachfolge bewerben.

Sprechen wir über einen Nicht-Politiker, den Sie gut kennen: Heinz Rudolf Kunze, Literat und Rocksänger, Musicaltexter. Sie beide sind aus Osnabrück. Wie haben Sie sich kennengelernt?

Ich bin durch seine ersten Schallplatten auf ihn aufmerksam geworden. Die Texte zwingen zur Auseinandersetzung mit deutscher Geschichte. Ich habe dann erfahren, dass er sich auch ein Stück weit mit der Geschichte seines Vaters innerhalb der Verstrickungen des NS-Regimes auseinandergesetzt hat. Der Vater war Mitglied der SS und demnach unmittelbar verstrickt in das menschenverachtende NS-System. Das hat Kunze extrem beschäftigt, das hat er verarbeitet in Form von Texten und Musik. Ich habe ihn in Osnabrück kennengelernt, seine Konzerte, ihn besucht, mich mit ihm ausgetauscht, auch mit seinen Eltern. Ich glaube, dass die Politik einen solchen Dialog mit Rocksängern und Künstlern aller Art zwingend braucht. Und dass die Kulturschaffenden sich bewusst sein sollten, dass sie für viele Menschen Vorbild sind und sie zum Nachdenken bringen können.

Rockmusiker stehen in der Regel eher links von der CDU. Kunze wur-

de vom PDS-Organ »Neues Deutschland« sehr gelobt als einer, der dem eigenen Zorn Ausdruck verleiht, während die große Koalition der weniger als Mittelmäßigen dumpf vor sich hin walte.

Kunze ist ein Individualist, der auch gegen den Strom schwimmt; der weiß, dass nur tote Fische mit dem Strom getrieben werden. Nur die gegen den Strom Schwimmenden erreichen die Quelle. Er ist auf der Suche nach Ursachen für menschliches Verhalten, geht Symptomen auf den Grund, diagnostiziert den Zustand unserer Gesellschaft. Es lohnt sich, ihm zuzuhören, sich mit seinen Texten auseinanderzusetzen. Vor allem hat Kunze nie etwas gemacht, um schnell viel Geld zu verdienen. Er hat eher Distanz bewahrt zur flotten, kommerziell gut verwertbaren Melodie. Er hat auf Inhalte und Tiefgang geachtet. Das unterscheidet ihn von anderen, die ich ebenfalls schätze, die aber manchmal nicht bedenken, welche Wirkung sie haben können.

Kunze hat sich mal in Osnabrück im Wahlkampf für die SPD engagiert, hat bei der SPD-Hymne »Das weiche Wasser bricht den Stein« mitgesungen. Inzwischen ist er aus der SPD ausgetreten. War das Ihr Einfluss?

Das glaube ich nicht. Aber Kunze bestreitet nicht, dass er im Laufe seines Wirkens und Lebens konservativer geworden ist, auch bürgerlicher. Er lässt sich nicht mehr einfach links verorten, links verhaften. Wie überhaupt viele Kulturschaffende es vielleicht nicht öffentlich einräumen, aber im Gespräch zugeben, dass sie der CDU sehr aufgeschlossen gegenüberstehen. Bei manchen würde man sich wundern, wenn bekannt würde, dass sie seit vielen Jahren CDU oder FDP wählen. Warum sie die Sorge haben, dass sich ihr Ansehen verschlechtert, wenn sie sich als CDU-Wähler zu erkennen geben, das verstehe ich nicht. Kunze jedenfalls hat mit Lob für meine Arbeit nicht zurückgehalten und sich möglicherweise Kritik eingehandelt.

Ein schönes Zitat von Kunze: »Ich finde, dass Wulff eine neue Generation innerhalb der CDU repräsentiert, eine neue Sichtweise, eine neue Art von Lockerheit.« Das tut doch gut?

Ich freue mich sehr, wenn kluge Menschen wie Heinz Rudolf Kunze mich so positiv bewerten. Ein solches Urteil verpflichtet allerdings auch, Rahmenbedingungen zu schaffen, damit sich gerade Künstler in Niedersachsen wohl und ermutigt fühlen, wider den Stachel zu löcken.

Wie oft treffen Sie sich?

Wir beide empfinden, dass wir uns viel zu selten sehen. Aber in der hannoverschen Szene trifft man sich hin und wieder und tauscht sich aus. Kunze ist jetzt auch Dozent an der Hochschule. Wir gewinnen solche Persönlichkeiten gerne, damit sie ihr Wissen an junge Leute weitergeben. Das ist mir wichtig.

Jemand wie Grönemeyer wählt ja nicht CDU.

Bei Herbert Grönemeyer muss man inzwischen fürchten, dass er gar nicht wählt. Er ist ein integerer Sänger, der persönliche Schicksalsschläge sehr glaubhaft verarbeitet hat und damit vielen Menschen Halt gibt. Er hat mit seinen Konzerten rund um den Weltwirtschaftsgipfel in Heiligendamm eine positive Stimmung geschaffen, mehr zu tun für Afrika und gegen Aids. Das war für mich ein besonders ermutigendes Beispiel. Erschüttert haben mich jedoch Grönemeyers politische Einlassungen zu Heiligendamm. Dass jemand pauschal behauptet, alle Politiker seien Lügner, das führt in der Konsequenz zu dem Ruf nach einer Diktatur mit einem starken Mann als eine Art Erlöser, der angeblich die Wahrheit sagt und dem alle folgen müssen. Dass es bessere und schlechtere Politiker gibt, wahrhaftige und unglaubwürdige, blendet er völlig aus. Ich bin über Grönemeyers Einlassungen deswegen empört, weil es nur den Extremisten hilft, wenn alle Politiker zu Lügnern gestempelt werden. Da muss man sich nicht wundern, wenn wir nicht genügend Menschen finden, die bereit sind, in die Politik zu gehen.

Auch Kunze äußert sich sehr resignativ über die Zustände in Deutschland.

Ich weiß nicht, ob man von Rockstars Lob für die Zustände erwarten kann. Aber von den Medien als Vermittler zwischen Politikern und Bürgern muss man erwarten, dass sie nicht nur miesmachen, sondern auch Dinge, die objektiv gelingen, wohlwollend betrachten. Für mich ist Lebensqualität auch eine Folge der Rechtsstaatsqualität. Wir leben in Frieden und Freiheit, das unterscheidet uns von vielen Orten dieser Welt. Politiker in Deutschland und Europa haben daran einen nachhaltigen Anteil. Wir haben große Probleme, können sie aber lösen, weil unsere Vorfahren größere Probleme bewältigt haben.

Haben Sie etwas von Kunze gelernt?

Er ist jemand, der steht. Der nicht fragt, ist das die Meinung der Mehrheit.

Bei Gerhard Schröder traten Künstler, mit denen er befreundet war, wie Edel-Groupies auf. Jeder wusste, dass es sie gab. Dass Sie mit Kunze eine freundschaftliche Beziehung haben, wissen wohl die meisten Niedersachsen nicht.

Ich habe noch nie einen Prominenten gebeten, sich öffentlich zu mir zu bekennen, und habe noch nie einen PR-Mitarbeiter gehabt, der systematisch auf die Suche nach Unterstützern geht. Das kann ich mir auch für die Zukunft nicht vorstellen. Ich habe viele freundschaftliche Kontakte mit Schauspielern und Regisseuren. Die Medienpolitik gehört zu meiner Zuständigkeit als Ministerpräsident. Aber die aktiv einzusetzen in einer Wahlkampagne als Freundeskreis wie die »Frogs«, die Friends of Gerhard Schröder, das scheint mir nicht angebracht. Wichtig ist mir, dass sie spüren, dass ich ihre Anliegen ernst nehme.

Wenn Kunze sagen würde: »Lieber Christian Wulff, ich mache für dich ein großes Konzert im Wahlkampf ...«

... dann wäre ich natürlich dabei.

5
Jobs, Jobs, Jobs

»Das Gerede über die deutsche Krankheit ist zu Ende«

Die Wirtschaft wächst, die Beschäftigung nimmt zu, die Verbraucher geben mehr Geld aus. Ist das jetzt ein Schröder-Boom oder ein Merkel-Aufschwung?

Die Unternehmen haben ihre Wettbewerbsfähigkeit nachhaltig verbessert, die Gewerkschaften haben mitgewirkt durch Lohnzurückhaltung, durch mehr Flexibilität in den Tarifverträgen und eine erstaunliche Bereitschaft zur Verlängerung der Arbeitszeit. Wir gehen auf breiter Front wieder in Richtung 40-Stunden-Woche. Auch die Beschäftigten haben einiges auf sich genommen. Ich erinnere mich an eine Betriebsversammlung bei einem Chemieunternehmen in Holzminden, wo den Beschäftigten die Sorge ins Gesicht geschrieben stand, dass Finanzinvestoren die Produktion oder die Forschung oder beides in ein mittelosteuropäisches Land verlegen würden. Deshalb haben sie für mehrere Jahre auf Lohnzuwächse verzichtet und einer Verlängerung der Arbeitszeit zugestimmt.

Also ein Aufschwung ganz ohne politischen Beistand?

Nein! Wir sehen nur ein weiteres Mal, dass eine CDU-geführte Regierung per se positiv auf Investoren wirkt, weil einer bürgerlichen Partei zu Recht eine größere ökonomische Kompetenz zugesprochen wird als der Regierung Schröder oder gar Lafontaine mit ihrer wechselvollen Politik.

Unter Schröder sind die Auslandsinvestitionen in Deutschland wieder angestiegen, nachdem sie in der Endphase Kohl stark zurückgegangen waren.

Die Höhe der Auslandsinvestitionen sagt herzlich wenig über die Stärke eines Standorts aus. Wenn in neue Produktionsstätten in Deutschland investiert wird oder in deren Erweiterung, dann ist das ein positives Signal. Wenn dagegen reihenweise Unternehmen von ausländischen Investoren übernommen werden, ist das ein besorgniserregendes Signal. Die größte Auslandsinvestition in allen Schröder-Jahren war die Vodafone-Akquisition. Und es ist bis heute schade, dass Mannesmann nicht von Deutschland aus ein weltweites Telekommunikationsnetz aufgebaut hat.

Wollen Sie also behaupten, was Schröder gemacht hat – die Unternehmenssteuerreform, die Senkung der Einkommensteuer, die Reformen am Arbeitsmarkt, die Agenda 2010 und so weiter –, das alles hat nichts gebracht?

Der erste Fehler von Schröder war, dass er Lafontaine gewähren ließ und die Reformen von Kohl/Schäuble gleich nach der Wahl 1998 zurücknahm, beispielsweise das flexible Kündigungsschutzrecht für kleine Betriebe, die Möglichkeiten zur Befristung von Arbeitsverhältnissen, den demographischen Faktor in der Rentenversicherung. Damit wurden wertvolle Jahre verschenkt. Der zweite Fehler war, dass er zu spät und zu halbherzig die großen Reformen angepackt hat. Dass darunter einzelne notwendige Maßnahmen waren, die wir schon 1997 vorbereitet hatten, kann das negative Urteil bei weitem nicht kompensieren. Der größte Teil der Schröder'schen Regierungszeit waren verlorene Jahre für Deutschland. Andere Länder haben uns seinerzeit überrundet.

Vielleicht hat die jetzige Regierung nur das Glück, dass die positiven Effekte der Weltkonjunktur stärker sind als die negativen durch die größte Steuererhöhung aller Zeiten zum 1. Januar 2007?

Natürlich hilft die Weltkonjunktur. Dennoch ist es im Kern ein deutscher Erfolg, dass man so stark durch Exportwachstum am Welthandel teilnimmt. Im Maschinenbau hat sich in den zurückliegenden Jahren viel getan. Ich bin erstaunt, wie stark im Bereich Chemie die IG BCE mit dem Vorsitzenden Hubertus Schmoldt Zukunft mitgestaltet hat.

Stellen Sie sich vor, ein SPD-Kanzler hätte die gleichen Steuererhöhungen zum 1. Januar 2007 gemacht wie Angela Merkel. Da würden Sie doch sagen, dieses Land hätte ein Wachstum von fünf Prozent, wenn die unfähige Regierung nicht so bremsen würde.

Wir haben klipp und klar vor der Wahl gesagt: Erhöhung der Umsatzsteuer einerseits und Senkung der Lohnzusatzkosten andererseits. Das war die CDU/CSU-Position im Bundestagswahlkampf 2005. Leider wurde die CDU für ihre ehrliche Ankündigung einer zweiprozentigen Umsatzsteuererhöhung abgestraft. Die SPD hat dagegen mit ihrer strikten Ablehnung Stimmen gewonnen. Die CDU-Forderung von zwei Prozent und das SPD-Votum von null Prozent haben dann zu einer Mehrwertsteuererhöhung von drei Prozent geführt. Im Gegenzug ist der Beitrag zur Arbeitslosenversicherung allerdings um 2,3 Punkte gesenkt worden, eine oft übersehene Entlastung. Das war sicher ein Signal.

Kaschiert das gegenwärtige Wachstum nicht die tatsächlichen Probleme des Landes, das nach wie vor ein Sanierungsfall und bis über die Halskrause verschuldet ist? Dass dieses Land in drei Klassen zu zerfallen droht – die Reichen und Superreichen, eine wachsende Unterschicht und eine schrumpfende Mitte?

Es gibt zwei richtige Erkenntnisse. Politische Entscheidungen in der Demokratie durchzusetzen, ist immer schwierig, wenn die Wirtschaft schlecht läuft. Wenn es besser läuft, besteht die eigentliche Herausforderung darin, den Reformwillen nicht erschlaffen zu lassen, sondern die Linie durchzuhalten. Diese Bewährungsprobe steht der gegenwärtigen Bundesregierung und Deutschland noch bevor. Eine gute Regierung kann man danach beurteilen, wie sie startet und ob sie Kurs hält. So ist Kohl 1982 super gestartet, schwächelte 1984, hat dann aber dank Bundesfinanzminister Stoltenberg noch bis 1989 konsequent durchgearbeitet mit Senkung der Staatsquote, dem Umbau der sozialen Sicherungssysteme, dem Abbau von Subventionen, einer dreistufigen Steuerreform mit der größten Entlastung in der Geschichte der Bundesrepublik, mit einem 1989 erstmals wieder ausgeglichenen öffentlichen Gesamthaushalt. Dies war die beste Vorbereitung auf die immensen Herausforderungen der deutschen Einheit, die sich überhaupt denken lässt. Allerdings ist die Bundesregierung in den Folgejahren zurückgefallen und hat zeitweise ihren Kurs verlassen. Es trifft im Übrigen zu, dass durch die Globalisierung die Schere zwischen Arm und Reich fast notwendigerweise größer werden dürfte, weil denjenigen mit großen Kenntnissen, Fähigkeiten und viel Flexibilität die Welt offensteht, während der Hartz-IV-Empfänger kaum Chancen hat, in Neuseeland, der Schweiz oder Norwegen anzuklopfen. Deshalb sind Menschen ohne Schulabschluss, ohne besondere Qualifikation in dramatischer Weise darauf angewiesen, dass Politik für sie eine lebenswerte Zukunft ermöglicht.

Nochmals: Ist Deutschland nicht immer noch ein Sanierungsfall?

Ich bin froh, dass das Gerede über die »German disease« oder die deutsche Krankheit ein Ende hat. Die Menschen blicken wieder optimistisch in die Zukunft. Das ist gut so. Und es ist sicher auch ein Verdienst der Großen Koalition. Aber es gibt noch eine ganze Menge Probleme, die bislang nicht angepackt worden sind. Angesichts der positiven Entwicklung von Wirtschaft und Arbeitsmarkt droht Reformmüdigkeit. Wenn die Steuerquellen sprudeln und die Arbeitslosigkeit zurückgeht, ist es den Bürgern schwer zu vermitteln, dass weiter gespart, der Haushalt in Ordnung, die Wirtschaft fit gemacht und der Arbeitsmarkt flexibilisiert werden muss. Hier liegt eine große Herausforderung, aber auch eine große Chance für die CDU. Die Union kann sich weiter klar als Reformpartei, als Motor der Großen Koalition profilieren.

In der zweiten Hälfte der Regierungszeit Kohl sind ja manche Reformen versäumt worden. Hängt das nicht auch damit zusammen, dass sich die CDU von ihren eigenen Leitbildern entfernt hat?

Helmut Kohl beschäftigte sich sehr stark mit europäischen Fragen. Die deutsche Einheit war eine historisch einmalige Herausforderung, eine marode sozialistische Volkswirtschaft in einem dem Untergang geweihten Warschauer Pakt zu übernehmen und zu sanieren. Ich hatte stets als ganz wesentliche Chance der Wende auch gesehen, dass man durch personelle Veränderungen in bestimmten Schlüsselressorts neuen Schwung hereinbringt. Es war der Fehler der Union unter Kohl gewesen, sich nicht aus sich heraus zu erneuern.

Wie aktuell ist eigentlich Ludwig Erhard?

Viele andere Länder haben begriffen, dass Erhard ein faszinierender Ökonom und Wirtschaftstheoretiker war. Je mehr er zum Vorbild genommen wird, desto mehr kommen Länder, die wie wir früher glaubten, quasi einen Alleinvertretungsanspruch auf Erhard zu haben, unter Druck. Ein weiteres Problem ist, dass das, was in einer nationalen Volkswirtschaft funktioniert, in einer globalen Welt mit anderen Regeln nicht ohne weiteres funktioniert. Soziale Kriterien durchzuhalten in einer Welt mit Lohn-Dumping und Kinderarbeit – das ist nicht einfach. Trotzdem bin ich zuversichtlich. Wenn Sie in einer Betriebsversammlung in einem autoritär regierten Land nach Verbesserungsvorschlägen fragen, gucken Sie alle mit großen Augen an, weil sie eine solche Frage nicht gewohnt sind und nicht wissen, ob eine Antwort für sie nicht negative Folgen hat. In Deutschland sind die Mitarbeiter so gut in die Produktionsprozesse eingebunden, dass ich unser System nach wie vor für überlegen halte, solange wir nicht die Gegenwart konservieren und uns vor der Zukunft fürchten.

Und warum hat die CDU nicht den Mut, sich zu dem Neoliberalen Erhard zu bekennen?

Der Begriff »Neoliberalismus« ist zu einem Schmähwort verkommen, mit dem die SPD, die Linke, aber auch Globalisierungsgegner und andere kritische Geister erfolgreich alles das verunglimpfen, was ihnen nicht gefällt. Dabei war der Neoliberalismus die Antwort auf einen totalitären Staat. Den Begründern dieser Schule, wie Friedrich August von Hayek, Walter Eucken und Wilhelm Röpke, ging es darum, in einer von Gewaltherrschaft geprägten Zeit das liberale Gedankengut zu erneuern. Die Neoliberalen wollten auch keinen schwachen Staat, wie Kurt Beck meint. Im Gegenteil: Sie wollten einen starken Staat. Nicht einen Umverteilungsstaat, sondern einen Staat, der einen verlässlichen

Rahmen bietet, der Rechtssicherheit gewährleistet, die Vertragsfreiheit sichert und Wettbewerb und Privateigentum schützt. Und auch das Modell der negativen Einkommensteuer stammt ja aus der Feder eines Neoliberalen – von Milton Friedman. Insofern würde es mir nicht schwerfallen, mich auch als Neoliberaler zu bekennen.

Aber bleiben wir bei Ludwig Erhard. Ihr Parteifreund Jürgen Rüttgers prangerte im Sommer 2006 mehrere angebliche Lebenslügen an. Diese sogenannten Lebenslügen waren aber im Grund Erhard'sche Positionen.

Ich habe Rüttgers so interpretiert, dass er bei vielen Thesen schlicht gesagt hat, es gebe keinen Automatismus. Im Grundsatz aber werden Erhards Theorien von ihm nicht angezweifelt.

Rüttgers nennt es Lebenslügen, dass Steuern und Löhne in Deutschland zu hoch seien und die Arbeit zu teuer.

Fakt ist, dass in Deutschland den Menschen netto zu wenig bleibt und dass die Arbeitgeber mit Abgaben belastet sind, mit denen sie in anderen Ländern nicht konfrontiert werden. Deswegen ist es notwendig, Sozialabgaben zu senken, um niedrigbezahlte Arbeit attraktiver zu machen.

Zugespitzt formuliert, haben wir im Grunde zwei sozialdemokratische Parteien, wie der Alltag der Großen Koalition zeigt: eine starke Betonung der kollektiven Versorgung und der Umverteilung auf allen Ebenen. Widerlegen Sie mich doch bitte.

Der Ansatz, Menschen Geld zu belassen zur eigenen Verwendung, weil Bürger stets am besten wissen, was sie brauchen, wie sie ihr Geld verwenden, muss wieder dominieren. Der Staat muss zielgerichteter denen helfen, die wirklich Hilfe benötigen. Heute profitieren durch Mitnahmeeffekte auch viele, die der Hilfe nicht bedürfen. Die Bürger spüren, dass nicht immer und nicht alles an die Richtigen verteilt wird, sondern einiges an den klebrigen Fingern des Staates hängenbleibt. Eine niedrige Staatsquote mit geringen Steuern und Abgaben, dafür aber auch weniger Ansprüchen gegen den Staat ist allemal besser.

Die Botschaft höre ich wohl. Darf ich an die Praxis erinnern. Nehmen wir nur die steuerliche Absetzbarkeit von Kinderbetreuungskosten: Ein neues Beispiel dafür, wie umverteilt wird, ohne dass man genau weiß, wo das Geld ankommt.

In Niedersachsen haben wir keine einzige Geldleistung erhöht, sondern konsequent auf der Ausgabenseite angefangen, die Probleme zu bewältigen. Niedersachsen ist heute von den 16 Bundesländern dasjenige mit den geringsten Pro-Kopf-Ausgaben.

Dann wäre es doch notwendig, dass Sie in die Bundespolitik gehen.

(Lacht.) Ich kann nicht allen Wünschen nachkommen.

Wir haben das Problem der x-fachen Umverteilung. Umverteilt wird über die Steuer und über die Krankenversicherung, mit Hilfe von Einkommensgrenzen bei staatlichen Leistungen, nach Einkommen gestaffelte Kindergartenbeiträge und so weiter.

Es fehlt an Transparenz. Und es entsteht zunehmend ein Problem für die Bezieher mittlerer Einkommen. Sie tragen maßgeblich zum Steueraufkommen bei, bekommen aber so gut wie keine staatliche Förderung, obwohl sie auch darauf angewiesen wären. Wenn jemand mit einem mittleren Einkommen drei oder vier Kinder hat, die studieren, dann hat er so gut wie keinen Anspruch auf staatliche Leistungen, obwohl er kaum in der Lage ist, alle Ausgaben zu bewältigen. Das ist leistungshemmend.

Dieses Problem ist seit langem bekannt.

Ja. Und deshalb werden wir den Tag erleben, an dem eine Steuerreform nach den Grundprinzipien von Schäuble/Merz kommt, in die wichtige

Überlegungen auch von Kirchhof einfließen. Also mit niedrigen Steuersätzen und wenigen Ausnahmen. Unter solchen Bedingungen werden viele Menschen bereit sein, ihre Anforderungen an soziale Sicherungssysteme zu überdenken. Heute stehen die meisten auf dem Standpunkt, es sei besser, man zahle hohe Abgaben und brauche bei der Inanspruchnahme von Leistungen kaum Zuzahlungen zu leisten. Künftig werden sich unsere Systeme mehr in Richtung einer Grundabsicherung bei Arbeitslosigkeit, Krankheit und im Pflegefall entwickeln – mit niedrigeren Beiträgen, sodass die Bürger Monat für Monat mehr netto im Portemonnaie haben – und höheren Eigenleistungen.

Das wichtigste Instrument der Umverteilung ist die Einkommensteuer. Das kann man unter zwei Aspekten sehen: Die oberen zehn Prozent zahlen über 50 Prozent des Steueraufkommens; es wird also kräftig umverteilt. Man kann auch sagen: Wenn die oberen zehn Prozent nicht all diese gesetzlichen Gestaltungsmöglichkeiten hätten, wäre das Steueraufkommen bei gleichen Steuersätzen deutlich höher.

Es ist gerecht, nach der Leistungsfähigkeit zu besteuern. Mir würde es reichen, wenn das in der Bevölkerung bekannt und akzeptiert würde, wenn daraus Respekt vor hohen Einkommen statt Neid und Missgunst erwachsen würde. Wir alle würden vielfach davon profitieren, wenn wir ein anderes Klima für Spitzenverdiener schaffen würden. Friedrich der Große hat in seinem Testament geschrieben, die dümmste Steuerpolitik sei eine erdrosselnde Steuerpolitik. Das sei bei über 50 Prozent Besteuerung der Fall. Wenn viele wenig zahlen, kommt mehr in den Staatshaushalt, als wenn immer weniger immer mehr zahlen müssen, von denen es immer weniger können. Das ist eine Erkenntnis, die hierzulande noch wachsen muss. In Amerika ist sie sehr breit vorhanden, mit dem Stolz auf erreichten Wohlstand. Es ist ja typisch, dass in Deutschland mehr Autos der Luxusklasse bestellt werden mit dem Zusatz »Bitte ohne Typenschild« als anderswo. Viele wollen sich nicht dafür rechtfertigen müssen, dass sie sich mehr leisten können als andere.

Besteuerung nach der Leistungsfähigkeit, heißt das: ein mit steigendem Einkommen steigender Steuersatz?

Ja, das bringt die Bürger zu der Erkenntnis, dass die Bezieher höherer Einkommen auch einen höheren Beitrag für das Gemeinwesen leisten.

Demnach ist das Kirchhof-Modell, wonach die meisten mit 25 Prozent besteuert werden, nicht vermittelbar?

Es ist uns im Wahlkampf 2005 nicht gelungen, das rüberzubringen. Einen einheitlichen Steuersatz für alle, also eine Flat-Tax, zu vermitteln, das muss man sich nicht noch einmal zumuten. Wir treten für einen Stufentarif ein mit einer Besteuerung von null bis zum Spitzensteuersatz von 36 Prozent.

Sprechen wir mal über das Thema Erbschaftssteuer. Das ist doch Umverteilung pur, oder?

Ich finde es prinzipiell angemessen, dass beim Ableben ein Teil an die Erben und ein Teil ans Gemeinwesen gehen kann. Das Erwirtschaften des Vermögens ist eine individuelle, familiäre Leistung, aber die vollzieht sich in einem ökonomischen Umfeld, für das der Staat den Rahmen geschaffen hat. Deswegen beeindrucken mich Unternehmer, die sagen, ich lebe und arbeite hier, weil ich meine Kinder hier zur Schule schicken möchte, weil ich hier in einer guten Umwelt leben kann, mit einem guten Gesundheitswesen, einer intakten Infrastruktur, niedriger Kriminalität und so weiter. Die Manager, die mit ihren Unternehmen nach Indien oder Rumänien gehen, sind deshalb nicht besonders glaubwürdig, weil sie nie selber mit ihren Familien dorthin ziehen und auch nicht das dortige kulturelle Angebot oder die dortigen Bildungseinrichtungen nutzen. Man muss das schon als Paket sehen, was ein Staat und eine Gesellschaft zu bieten haben. Bei einem Erbfall haben deshalb auch Staat und Gemeinschaft grundsätzlich das Recht, mit dabei zu sein.

Aber zahlt der wirtschaftlich Erfolgreiche nicht schon über die Einkommensteuer genügend an den Staat?

Da er es nicht mitnehmen kann wie in den Grabmalen Ägyptens, sollten auch andere daran partizipieren können. Mit der Erbschafts- und der Schenkungssteuer lässt sich außerdem erreichen, dass die Schere zwischen Arm und Reich nicht noch größer wird.

Ich halte es für Sozialismus, wenn das aus versteuertem Einkommen gebildete Vermögen nach dem Tod noch einmal besteuert wird.

Damit Sie nicht so denken müssen, haben wir ja ansonsten alle Substanzsteuern beseitigt: die Vermögenssteuer, die Gewerbekapitalsteuer. Ich habe mich stark dafür eingesetzt. Vor zwanzig Jahren war ich mit einer Delegation auf Zypern. Dort wurde uns dargelegt, dass es auf Zypern mehr deutsche Reeder gibt als in Deutschland. Warum? Sie mussten dort nur Steuern zahlen, wenn es in der Schifffahrt gut läuft. In Deutschland mussten sie dagegen für ihre extrem teuren Schiffe noch Gewerbekapitalsteuer zahlen, selbst wenn sie Verluste machten. Aber das haben wir ja abgeschafft.

Bleiben wir bei der Erbschaftssteuer. Das Häuschen der Eltern ...

... und das muss geschützt sein. Bei erbenden Kindern sollte man sich zu großzügigen Freigrenzen durchringen.

Eine Million Euro, zwei Millionen?

Beim Übergang zur nächsten Generation sollte es pro Kopf 500 000 Euro Freibetrag geben.

Da schlägt aber bei Einfamilienhäusern in Ballungsräumen der Fiskus ganz schnell zu ...

Das vermag ich selbst bei Kenntnis der süddeutschen Immobilienmärkte nicht nachzuvollziehen. Im Übrigen gibt es bei Immobilien auch zu Verkehrswerten fast regelmäßig Bewertungsabschläge ...

Eine Freigrenze von nur 500 000 Euro bedeutet für viele Erben eine massive Steuererhöhung, also eine nachträgliche Bestrafung für die Tüchtigkeit und den Fleiß ihrer Eltern.

Es bedeutet keine Steuererhöhung. Notfalls müssen die Erben für die verbleibende Differenz eine Hypothek aufnehmen. Das halte ich bei einer Erbschaft in dieser Höhe für zumutbar.

Wenn schon Erbschaftssteuer, dann würde ich das gern etwas marktwirtschaftlicher regeln. Warum muss der Bund Steuersätze und Freigrenzen festlegen, wenn das Aufkommen doch den Ländern zusteht? Warum kein Länderwettbewerb bei der Erbschaftssteuer?

Ich sehe bisher kein überzeugendes Konzept für einen solchen Wettbewerb der Länder. Dass die von der Industriestruktur begünstigten Länder mit niedrigen Erbschaftssteuern werben, halte ich für wenig sinnvoll. Ein solcher Wettbewerb würde eine Länderneugliederung voraussetzen, weil sonst die Disparitäten verschärft werden.

Haben wir angesichts der Verschuldung überhaupt noch Spielraum für eine Steuerreform, die das Aufkommen insgesamt senkt?

Ohne mehr Effizienz bei den Ausgaben und einen Abbau unnötiger staatlicher Bürokratie, weniger verstaatlichte Einrichtungen, die privatwirtschaftlich besser geführt wären, ohne die Konzentration auf die Kernaufgaben des Staates wie äußere und innere Sicherheit oder Schaffung von fairen Ausgangsbedingungen ist kein Spielraum da. Es ist doch faszinierend, dass gerade diejenigen Industriestaaten, die den Staat zurück gebaut haben, die höchsten Wachstumsraten haben. Warum? Weil sie einen größeren Teil der gesamten Wirtschaftsleistung der privaten Initiative öffnen.

Soll man das »sozial« vor der Marktwirtschaft eigentlich mit großem oder kleinem »s« schreiben?

Mit kleinem. Dass es um die Unterscheidung von Markt und Staat, von Wettbewerb und Steuerung, von Bürger und Gesellschaft geht, drückt sich im Wort Marktwirtschaft aus. Die besondere Erhard'sche Prägung der sozialen Marktwirtschaft ist im Sinne eines Eigenschaftsworts voranzustellen, nicht in Form eines Eigennamens.

Was heißt heute sozial?

Sozial ist die Möglichkeit zur gleichberechtigten Teilhabe am gesellschaftlichen Leben. Das heißt vor allem: Chancengerechtigkeit. Sozial ist eine Politik, die den Einzelnen befähigt, ein eigenverantwortliches, aktives Leben zu führen, ohne in staatlicher Bevormundung zu verharren. Das grenzt sich deutlich ab von der Definition: je mehr Umverteilung, desto mehr Geldfluss und desto sozialer. Diese Auffassung ist falsch, weil sie sich zufriedengibt, wenn ganz viele ganz wenig und gegebenenfalls alle gleich wenig bekommen. Wirklich sozial ist, anzuerkennen, dass die, die viel leisten, viel bekommen, und dass die, die weniger leisten, weniger bekommen. Dadurch, dass diejenigen, die viel leisten, auch Anerkennung erhalten und dadurch mehr leisten, kann für die, die weniger leisten, mehr Hilfe geleistet werden.

Eine schöne Definition. Aber die Mehrheit der Deutschen würde die wohl nicht unterschreiben.

In den zurückliegenden Jahren ist nach meiner Einschätzung die Zahl derer gewachsen, die stärker auf die Befähigung des Einzelnen setzen.

Was bedeutet Solidarität in der heutigen Zeit?

Starke Schultern können mehr schultern als schwache. Und alle am Gemeinwesen Beteiligten müssen ein Interesse daran haben, dass niemand verlorengeht. Denn Solidarität bedeutet Verantwortung für andere. Der Mensch ist aus unserer christlichen Sicht zugleich Individualnatur und Sozialnatur.

Solidarität äußert sich meistens darin, dass die einen zusammenstehen gegen andere. Gesellschaftliche Solidarität kraft eigener Einsicht gibt es doch kaum.

Es gibt sehr erfolgreiche Beispiele, etwa bei den evangelischen Landeskirchen, wo alle Pastoren auf einen Teil des Gehalts verzichten, um mehr Vikare einstellen zu können. Von jungen Leuten wird verlangt, dass sie auf Teilzeitstellen gehen, weil dann wiederum mehr in den Dienst gehen können. Das sind konkrete solidarische Handlungen. Sie müssen generationengerecht sein, damit nicht alles auf dem Rücken der jungen Leute ausgetragen wird. Wenn es ein begrenztes Budget gibt, kann es so für mehr Menschen eine Beteiligung geben. Wir in Niedersachsen haben zum Beispiel auch den Lehrern beim Einkommen Opfer abverlangt, um mehr Lehrer einstellen zu können. Das sind Prozesse, für die geworben werden muss.

Ist es nicht besonders schwierig, kollektive Solidarität zu üben, also ohne genau zu wissen, wem meine Leistung oder mein Verzicht zugute kommen?

Die gesellschaftliche Solidarität kommt ja auch dem Einzelnen zugute. Warum haben wir eine gesetzliche Krankenversicherung? Weil eine Organtransplantation oder die Abhängigkeit von teuren Geräten eine solche Kostenbelastung bedeuten, dass sie niemand allein schultern kann. Nein, dies muss die Gemeinschaft für den einen schultern. Ich zahle hohe Beiträge, ohne jemals das herausbekommen zu wollen, was ich eingezahlt habe – in der Hoffnung, dass mir, wenn ich in eine schlimme Situation gerate, die Gemeinschaft hilft. Der Anspruch, ich müsste wieder herausholen, was ich einbezahlt habe, ist das Ende solcher Auffangsysteme. Überhaupt brauchen unsere hochkomplexen Systeme aufgeklärte Verbraucher, Versicherungsnehmer und Steuerbürger. Ein aufgeklärter, kluger Verbraucher ist unverzichtbar für eine funktionierende soziale Marktwirtschaft.

Die ordnungspolitische Kernfrage lautet: Wie viel Staat ist nötig?

Der Staat darf den Menschen nicht nehmen, was sie als Existenzminimum brauchen. Diese Rechtsprechung ist vor dem Hintergrund der Verfassung korrekt, weil der Staat den Menschen sonst in Abhängigkeit bringt.

Auf der anderen Seite sorgt der Staat dafür, dass die, die gar nichts verdienen, auch etwas haben, nämlich Sozialhilfe.

Auch das ist in Anbetracht des Sozialstaatsgebots im Grundgesetz richtig. Aber der Staat sollte Gegenleistungen fordern. Ein Schulabbrecher sollte eine Gegenleistung zwingend erbringen, in Form gemeinnütziger Arbeit, in öffentlich wirkungsvoller Weise. Wer angebotene Arbeit verweigert, dem muss die Sozialhilfe gestrichen werden.

Wie geht Niedersachsen mit seinen Schulabbrechern um?

Wir haben im Vergleich zu allen anderen Bundesländern zurzeit den größten Rückgang bei der Jugendarbeitslosigkeit, gerade bei denen, die sofort Sozialhilfe bekommen. Viele junge Leute finden es offenkundig nicht attraktiv, nur Leistungen zu beziehen. Wir akzeptieren nicht, dass sie zum Teil in der dritten Generation auf Kosten anderer leben. Ohne Weiterbildung und Qualifizierung gibt es kein Geld. Da sehen wir, dass manche plötzlich keine staatlichen Leistungen mehr beantragen, weil sie offenbar andere Einnahmequellen haben.

Es gibt ein neues sozialpolitisches Zauberwort: staatliches Grundeinkommen beziehungsweise staatliche Grundsicherung. Dafür macht sich auch Ihr thüringischer Kollege Althaus stark. Ist das nicht ein gefährlicher Traum?

Zunächst einmal ist jeder Bürger für sein Einkommen zuständig, nicht der Staat. Der Staat sorgt am besten für ein Mindesteinkommen, indem geringe Einkommen nicht besteuert werden. Darüber hinaus halte ich es für attraktiv, dass auch die Sozialabgaben bei geringen Einkommen nicht in voller Höhe greifen, sondern auch dort die Abgabenerhebung progressiv ansetzt. Es muss attraktiver sein, geringer bezahlte Arbeit aufzunehmen, weil man netto mehr vom Brutto hat als heute. Die Niederlande zum Beispiel haben dadurch viel flexible Beschäftigung und viel Teilzeitarbeit ermöglicht.

Der durchschnittliche Arbeitnehmer zahlt etwa 20 Prozent Sozialab-

gaben. Sie würden also die Sozialabgaben wie den Steuersatz progressiv ansteigen lassen, von x bis y Prozent?

Das scheint mir langfristig ein geeignetes Konzept zu sein, um die Arbeitskosten bei einfachen Tätigkeiten zu senken. Dann hätten Menschen ohne Schulabschluss und ohne jede Qualifikation bessere Chancen auf einen Arbeitsplatz. Dann lohnte es sich aus der Sicht von Arbeitgebern, solche Arbeitsplätze bei uns zu behalten, statt sie nach Rumänien oder Kambodscha auszulagern. Aber eine solche Staffelung der Sozialabgaben führt vorübergehend zu einer Umverteilung zu Lasten mittlerer und höherer Einkommen.

Genau genommen ist die Arbeitslosenversicherung eine Risikoversicherung: Im Schadensfall gibt es eine vorher festgelegte Leistung. Aber wir koppeln die Höhe der Leistung an das Lebensalter. Wäre es ordnungspolitisch nicht etwas sauberer, die Bezugsdauer von der Dauer der Beitragszahlung abhängig zu machen?

Tatsächlich wird ja auch nach der Dauer der Beitragszahlung differenziert. Ältere Arbeitslose, die in der Regel über einen längeren Zeitraum Beiträge gezahlt haben, können auch heute noch bis zu 18 Monate Arbeitslosengeld beziehen. Das heißt: Das, was verschiedentlich gefordert wird, steht bereits im Gesetz. Wichtiger scheint mir zu sein: Man braucht Vorruhestandsregelungen gerade bei der Rente ab 67, man braucht flexiblere Kriterien für das Erreichen von Erwerbsminderungsrenten. Ansonsten sollte das Kriterium der Beitragszahlung durchaus maßgeblicher sein: Wer viele Beiträge länger eingezahlt hat, muss länger Arbeitslosengeldanspruch haben.

Da sind wir jetzt bei Ihrem Kollegen Rüttgers und seinem Ruf nach mehr Gerechtigkeit.

Was Jürgen Rüttgers vom systematischen Ansatz her fordert, ist Gesetzeskraft. Jürgen Rüttgers wollte die Zeiträume dehnen und die Koppelung ans Lebensalter ergänzen durch die Dauer der Beitragszahlung.

Seit Hartz IV wird das vorhandene Vermögen bei Arbeitslosen viel stärker herangezogen als früher. Faktisch sagt der Staat: »Wenn du brav gespart und Vorsorge getroffen hast, hast du jetzt Pech. Wenn du dein Geld aber verjubelt hast, dann helfen wir dir sofort.« Ist das nicht höchst ungerecht?

Der Grundsatz folgt dem Subsidiaritätsprinzip. Er lautet: Jeder ist erst einmal dazu verpflichtet, sich selbst zu helfen. Erst anschließend werden die Angehörigen herangezogen, dann subsidiär der Staat. Deshalb muss vorhandenes Vermögen mit einbezogen werden. Andere, die kein Haus haben, müssten sonst für den Hausbesitzer mitbezahlen.

Wenn einer ahnt, der Job ist gefährdet, überträgt er das, was er hat, auf die Tante oder den guten Freund. Der Ehrliche ist auch hier der Dumme.

Missbrauch ist nie auszuschließen, und Schlupflöcher sind immer zu konstruieren.

Die CDU fordert immer wieder eine Lockerung des Kündigungsschutzes. Nun sagt der Vorsitzende der Wirtschaftsweisen, Professor Rürup, es gebe keinerlei empirischen Beweise dafür, dass ein verminderter Kündigungsschutz zu mehr Beschäftigung führe.

Der Boom bei der Zeitarbeit belegt exakt das Gegenteil. Weil die Unternehmen wissen, dass man Beschäftigung bei schlechterer Auftragslage nicht ohne weiteres anpassen kann, nutzen sie Zeitarbeitsfirmen und übertragen das Beschäftigungsrisiko auf diese. Ich bin überzeugt, dass wir eine höhere reguläre Beschäftigung hätten, wenn die Arbeitgeber flexibler handeln könnten. Auch die Arbeitnehmer müssen unzufrieden sein mit dem bestehenden Kündigungsschutz, weil er ihnen in der Regel den Arbeitsplatz nicht erhält. Nicht einmal zehn Prozent der arbeitsgerichtlichen Verfahren führen dazu, dass ein entlassener Arbeitnehmer wiedereingestellt wird – und dann meist nur vorübergehend. Wir sollten auch beim Kündigungsschutz internationale Vergleiche anstellen und unser System nicht als das sozialste verteidigen. Denn eines ist doch wahr: Unser System konnte nicht verhindern, dass wir eine der höchsten Arbeitslosenquoten in Europa hatten. Was in diesem Zusammenhang gern vergessen wird: Im Einigungsvertrag von 1990 steht bereits, dass Deutschland vor dem Hintergrund des unübersichtlichen Richterrechts dringend ein neues, transparentes Arbeitsvertragsgesetz braucht.

In der öffentlichen Diskussion spielt seit einiger Zeit die Forderung nach einem Mindestlohn eine zentrale Rolle. Nun gibt es nicht wenige Menschen, die eine Vollzeitstelle haben und weniger Geld nach Hause bringen als ein Hartz-IV-Empfänger ...

Gerade die berühmte Friseurin in Sachsen bekommt dank steuerfreiem Trinkgeld netto vielleicht mehr als jemand, der brutto mehr auf dem Gehaltszettel stehen hat.

Der Friseurmeister in Sachsen müsste bei höheren Löhnen auch höhere Preise nehmen. Das fördert die Schwarzarbeit. Denn viele arbeitslose Friseurinnen schneiden die Haare zu Hause in der Küche für 10 Euro. Im Laden kostet dasselbe dagegen 15 oder 18 Euro.

Deswegen ist der Staat dringend gehalten, sich nicht einzumischen, wenn er die Mechanismen nicht voll überschauen kann. Man kann Entsendegesetze dort ausdehnen, wo Dienstleistungen über Grenzen hinweg erbracht werden. Für mich ist die Debatte über Mindestlohn und Ausdehnung des Entsendegesetzes ein Eingeständnis, dass die Fähigkeit der Gewerkschaften schwindet, Arbeitnehmerrechte und soziale Mindeststandards durchzusetzen. Bisher hieß es immer zu Recht, Lohnfindung sei eine Angelegenheit der Tarifpartner. Seit einiger Zeit erleben wir eine konzertierte Aktion von SPD und Gewerkschaften, das den Staat machen zu lassen. Das wundert mich sehr, denn es schwächt die Tarifautonomie und die Gewerkschaften.

Auf der anderen Seite werden immer weniger Arbeitnehmer von Tarifverträgen erfasst. In den neuen Ländern sind in manchen Branchen weniger als 30 Prozent der Beschäftigten durch Tarifverträge abgesi-

chert. Müsste da nicht doch der Staat einspringen? Oder reicht dafür die jetzt von der Großen Koalition beschlossene Ausweitung des Entsendegesetzes?

Das ist schon geschehen. Es muss flexible regionale oder branchenbezogene Lohnuntergrenzen geben. Wir werden mehr Branchen nach dem Entsendegesetz einbeziehen und das Gesetz über Mindestarbeitsbedingungen von 1952 anwenden.

Ich vermute, die SPD zieht in die Bundestagswahl 2009 mit zwei vermeintlichen Gewinnerthemen: Mindestlohn und Antiamerikanismus. Denn selbst mehr als 60 Prozent der CDU-Wähler sagen, ein gesetzlicher Mindestlohn wäre nur gerecht.

Sehr beifallträchtig ist der Satz, dass jemand, der die ganze Woche lang ordentliche Arbeit abliefert, davon auch leben können muss. Da wir als Union sagen, es muss ein Mindesteinkommen geben, bleibt nur die Frage, wer dafür zuständig ist. Zuständig sind wir alle, zum Beispiel dadurch, dass wir Sozialabgaben differenziert gestalten oder gegebenenfalls auch einen Kombilohn zahlen. Es geht nur darum, ob man alles der Wirtschaft aufs Auge drückt, auch um den Preis, dass durch einen gesetzlichen Mindestlohn massenhaft Arbeitsplätze vernichtet werden. Dafür gibt es wohl keine Mehrheit. Menschen, die keinerlei Qualifikation haben, keine deutschen Sprachkenntnisse besitzen, kann kein Unternehmen einen hohen Mindestlohn zahlen. Das müssen wir den Menschen auch klar machen. Es wäre nicht das erste Mal, dass die CDU argumentativ gefordert ist. Die Mehrheit der Bevölkerung war gegen die Wiederbewaffnung, gegen die Einführung der Bundeswehr, sogar gegen die Freigabe der Preisbindung und gegen die Währungsreform.

Damals drohten die Gewerkschaften mit Generalstreik.

Zur Geschichte der CDU gehört, vermeintliche Stimmungen umzukehren. Wenn wir uns nicht mehr zutrauen, ökonomischen Unsinn der Sozialdemokraten zurückzuweisen, brauchen wir gar nicht anzutreten. Wenn der Mindestlohn das Wahlkampfthema wird, nehmen wir den

Fehdehandschuh auf. Die SPD wird bei ökonomisch Verständigen keinen Zulauf bekommen, aber Abwanderungen zur Linkspartei erleben. Und wenn die SPD von sieben Euro Mindestlohn redet, wird die Linkspartei von neun reden. Diesen Wettbewerb kann die SPD nicht gewinnen.

Kann man an Kombilohn denken, ohne zugleich einen Mindestlohn einzuführen? Wäre der Kombilohn sonst nicht geradezu eine Einladung an Unternehmer, die Löhne zu senken, weil der Staat ja die Differenz auffüllt?

Der Kombilohn ist nur etwas für klar definierte Fälle, für bestimmte Altersgruppen, zeitlich befristet. Er ist eine ebenso gute Einstiegshilfe in den ersten Arbeitsmarkt wie die Zeitarbeit.

Wie viele Arbeitnehmer bekommen in Niedersachsen einen Kombilohn?

Nach einem Jahr mit unserem Niedersachsen-Kombi gibt es bei uns etwa 2500 Langzeitarbeitslose, die wir mit einem einfachen und transparenten Instrument wieder in Lohn und Brot gebracht haben. 2500 Menschen, hinter denen in der Regel ganze Familien stehen. Es sind zusätzliche Beschäftigungsverhältnisse, die hier entstanden sind, keine Mitnahmeeffekte. Und die Förderung ist zeitlich befristet, sie läuft nach maximal zehn Monaten aus. Vom bisherigen Erfolg unseres Modells bin ich selbst überrascht. Eine Bewertung lässt sich schon Ende 2007 vornehmen.

Kommen wir zur nächsten großen Baustelle: Krankenkassen. Wenn ich jetzt aufschreiben sollte, was bei der Gesundheitsreform beschlossen worden ist, hätte ich größte Schwierigkeiten, das in ein paar Sätzen darzulegen. Das Ganze ist so kompliziert, dass man den Eindruck haben muss, hier sei ein Beschäftigungsprogramm für Bürokraten beschlossen worden. Sie nicken?

Ja. Es darf nicht sein, dass es kaum noch einen gibt, der in der Lage ist, diese Reform in einigen klaren Sätzen zu erklären und zu begründen. Dieses Gefühl haben wir alle. Meine Beobachtung ist: Nach jeder Gesundheitsreform gibt es eine gewisse Erleichterung, wenn die Leute merken, man kann immer noch krank werden, und die Kasse zahlt. Aber es ist nicht gut in einer Demokratie, wenn die Zahl derer, die mitreden und die Reform erklären können, die auch die strukturelle Bedeutung darlegen können, immer kleiner wird. Das ist nicht nur in der Gesundheitspolitik so. Die Erfahrung lehrt: Alles, was kompliziert geregelt ist, wird angreifbarer, und alles, was einfach geregelt ist, ist auch weniger manipulationsanfällig, ist durchschaubar und wird deshalb auch eher akzeptiert.

Die Gesundheitsreform ist ein bürokratisches Monstrum geworden, und dem einzig funktionierenden Bereich, den privaten Krankenkassen, wird das Leben schwerer gemacht.

Es scheinen offenbar die wenigsten zu wissen, dass die soziale Struktur der privat Versicherten der der gesetzlich Versicherten entspricht. Das gilt auch beim Vergleich der Durchschnittseinkommen. Es geht also gar nicht um die sogenannten Reichen einerseits und die vermeintlich Armen andererseits. Denn viele Beamte mit geringen Einkommen sind privat versichert. Und die müssen einen immer größeren Anteil ihrer Einkommen oder ihrer Pensionen für die private Krankenversicherung aufbringen. Umgekehrt sind viele Besserverdienende in der gesetzlichen Versicherung. Die Beiträge in der Privatversicherung sind einkommensunabhängig, und deswegen treffen Erhöhungen den Geringverdiener viel stärker als den Spitzenverdiener. Mir machen zum Beispiel die Justizbediensteten Sorgen, die im Gefängnis eine sehr schwere Arbeit leisten – mit sehr geringem Einkommen und mit steigender Belastung durch ihre Beiträge zur privaten Krankenversicherung. Das ist eine Gruppe, die man häufig übersieht. Und deshalb muss man denen einen Zugang zu den Ersatzkassen verschaffen und die privaten Kassen vor unlauteren Angriffen schützen.

90 Prozent der Menschen sind ja in einer gesetzlichen Krankenkasse oder Ersatzkasse. Da ist der Beitrag an den Lohn gekoppelt. Mit teilweise grotesken Folgen: Wenn ein Alleinverdiener 7000 Euro nach Hause bringt, zahlt er für die ganze Familie rund 500 Euro Krankenkas-

senbeitrag. Verdient jeder Partner 3500 Euro, verdoppelt sich der Beitrag. Können Sie mir bitte erklären, was an dieser Regelung gerecht sein soll?

Die beitragsfreie Mitversicherung der Ehefrau und der Kinder ist das wichtigste familien- und kinderfreundliche Element in unseren sozialen Sicherungssystemen. In der Rentenversicherung wird die Mutter, die zu Hause bleibt und sich um die Kinder kümmert, benachteiligt. In der Krankenversicherung gibt es dagegen eine klare Signalsetzung für Kinder und für mitversicherte Angehörige, die sich um Kinder und Familie kümmern. Und das möchte ich nicht abschaffen.

Aber wenn die Mutter auch arbeiten geht, wird sie vom Staat mit einem eigenen Krankenkassenbeitrag bestraft.

Dafür hat aber diese Mutter auch höhere Rentenansprüche, eine bessere Altersversorgung. Die berufstätige Mutter hat bei der Rente eine Begünstigung gegenüber der Mutter, die zu Hause bleibt, die wiederum bei der Krankenkasse einen Vorteil hat. Also ich kann mit dieser Systematik leben, weil dort ein eindeutiger Akzent gesetzt wird zugunsten von Mitversicherten ohne eigene Einkünfte. An dieser einen Stelle! Dagegen haben die Mitversicherten ohne eigene Einkünfte sonst viele Nachteile, obwohl sich viele zum Beispiel bei Pflegefällen in der Familie engagieren oder im ehrenamtlichen Bereich.

Das ist ein interessanter Aspekt.

Der Alleinverdiener mit 7000 Euro hat wiederum die Begünstigung durch das Ehegattensplitting, die zu Recht besteht, weil sich niemand einzumischen hat, wie die beiden ihr Einkommen erzielen und zu welchen Teilen sie es beisteuern. Deswegen bin ich für die beitragsfreie Mitversicherung nicht berufstätiger Familienmitglieder und halte diesen systematischen Ansatz für erklärbar.

Bei der Gesundheitsprämie der CDU würde aber auch der nicht arbeitende Partner zur Kasse gebeten.

Bei der Gesundheitsprämie würde das gesamte System umgestellt. Eltern mit niedrigerem Einkommen würden durch einen entsprechenden Zuschuss entlastet. Insofern kann man das nicht vergleichen.

Lassen Sie uns über die nächste große Säule unseres Sozialsystems, die Rentenversicherung, sprechen. Ein Umlagesystem, von dem ich behaupte, es ist aufgebaut auf einer Lüge und einem Konstruktionsfehler. Die Lüge besteht darin, dass es keine echte Versicherung ist, da der Staat die Versicherungsbedingungen einseitig so ändert, wie er es braucht. Und der Konstruktionsfehler besteht darin, es gibt keine wesentlichen Vergünstigungen für Kinder, also technisch ausgedrückt: keine Prämie für die »Produktion« der künftigen Beitragszahler.

Hinsichtlich der »Lüge«, dass es keine Versicherung ist, kann man immerhin von Glück sagen, dass die Rentenanwartschaften eigentumsrechtlich nach Artikel 14 Grundgesetz im Wesentlichen geschützt sind. Und was den Konstruktionsfehler angeht – der wurde durch die Kindererziehungszeiten im Rentenrecht zumindest etwas korrigiert. Diejenigen, die viele Kinder haben, müssen im Rentenrecht bessergestellt werden, weil deren Kinder die Rente von denen mitfinanzieren müssen, die keine Kinder haben. Wahr ist allerdings auch, dass man nicht versprechen darf, mit der gesetzlichen Rentenversicherung lasse sich der Lebensstandard sichern. Der ist nur zu sichern durch zusätzliche betriebliche und private Vorsorge.

Sie sprechen Artikel 14 an. Was aber, wenn der Staat eines Tages sagt, wir müssen die gesetzlichen Rentenansprüche mit anderen Einkünften verrechnen?

Das Bundesverfassungsgericht hat da ganz enge Grenzen gesetzt und wacht mit Argusaugen darüber, dass hier nicht systemfremd entschieden wird.

Wenn ein Bundesfinanzminister eines Tages vor dem Bundesverfassungsgericht darlegt, dass es finanziell nicht anders geht, was sagen dann die Richter?

Das Recht des Gesetzgebers, das Rentenniveau abzusenken, hat das Bundesverfassungsgericht nie angezweifelt. Es gehört ja auch zur Rentenwahrheit, dass früher die Menschen nur wenige Jahre Renten bezogen haben, ehe sie gestorben sind. Das waren zwar im Verhältnis zu heute höhere Renten. Die Rentner von heute, die zwanzig oder dreißig Jahre lang Altersrente beziehen, haben zwar relativ, d. h. im Verhältnis zum letzten Bruttogehalt, eine niedrigere gesetzliche Rente als damals. Aber die Gesamtsumme, die sie erhalten, ist wegen des längeren Rentenbezugs natürlich nicht geringer als früher, sondern höher. Also: In der Gesamtsumme haben die Rentner insoweit heute mehr als damals. Und je stärker das Lebensalter steigt, umso weniger halte ich die fundamentale Kritik an der gesetzlichen Rentenversicherung für gerechtfertigt.

Was spräche denn gegen eine Kapitaldeckung?

Niemand kann garantieren, dass die Renditen von Finanzanlagen wie Fonds oder Aktien über lange Zeit auf einem ausreichend hohen Niveau bleiben, sodass ihre Höhe eher garantiert werden kann als die Leistungsfähigkeit des Generationenvertrags. Finanzanlagen sind stets mit höheren Risiken belastet als der Generationenvertrag. Die US-Immobilienkrise ist ein Warnsignal.

Eine Umstellung vom Umlageverfahren auf Kapitaldeckung ist demnach gar nicht mehr erstrebenswert?

Der Zeitpunkt ist verpasst worden. Wir sehen ja, wie schwer es schon ist, Kapitaldeckungselemente wenigstens in der Pflegeversicherung einzuführen.

Am Beispiel der Rentenversicherungen sieht man doch, dass der Staat ein höchst unzuverlässiger Vertragspartner ist. Die Reformen seit 1992 haben mit Blick auf 2030 zu Kürzungen von 30 bis 40 Prozent geführt.

Für mich war immer wichtig, dass es eine nachvollziehbare, transparente Formel gibt ohne Willkür. Das Verhältnis von Beitragszahlern zu Beitragsempfängern in Bezug auf die steigende Lebenserwartung ist nach meinem Verständnis eine nachvollziehbare, transparente Berechnung. Auch gibt es immer noch eine, wenn auch geringe, Verzinsung des eingebrachten Kapitals. Es ist eben ein Generationenvertrag, es ist keine Kapitalanlage.

Steht die Rente heute auf sicherem Fundament?

Die jetzige günstige wirtschaftliche Entwicklung mit etwa 600 000 zusätzlich sozialversicherungspflichtig Beschäftigten mehr als vor einem Jahr und damit 600 000 Beitragszahlern mehr bewahrt uns länger vor der Gefahr, dass die niedrigsten Renten an die Sozialhilfeschwelle fallen. Die Grundsicherung ist in jedem Fall gewährleistet.

Das Grundproblem des Umlagesystems ist ja doch, dass die Zahl der Erwerbstätigen im Verhältnis zu den Rentnern sinkt. Wäre die Zuwanderung eine Lösung für die Problematik, oder könnte sie das Problem wenigstens abmildern?

Alle Zuwanderer werden genauso älter wie die Einheimischen. Insofern enthalten die großzügigen Nachzugsregelungen auch keine Gewähr, dass vor allem Jüngere zu uns kommen. Dann können nämlich auch ältere Familienangehörige nach Deutschland nachziehen, die dann möglicherweise Ansprüche geltend machen, ohne jemals etwas eingezahlt zu haben. Man muss insoweit davor warnen, demographische Probleme durch Einwanderung zu lösen. Aber wir können die Leistungsfähigkeit unserer Volkswirtschaft durch die Einwanderung Hochqualifizierter begünstigen. Deswegen tritt die niedersächsische Landesregierung mit einer Initiative im Bundesrat auf, die Zuwanderung von Höherqualifizierten nach Deutschland zu erleichtern. Weil gerade diese Arbeitskräfte dann in der Regel weitere Beschäftigung und neue Arbeitsplätze schaffen und insgesamt zur Stabilität der sozialen Sicherungssysteme beitragen.

Eine höhere Berufstätigkeit der Frau wird ja auch genannt als eine Möglichkeit, das Rentensystem zu stabilisieren.

Entscheidend ist die Erhöhung der Berufstätigkeit der 55- bis 65-Jährigen. Dort haben wir die geringste Erwerbstätigenquote mit etwas mehr als 30 Prozent. Da zeigt sich deutlich, dass Länder wie die Schweiz und andere mit einer viel höheren Berufstätigkeit in dieser Altersgruppe deutlich geringere Finanzierungsprobleme bei ihren Sicherungssystemen haben. Wir brauchen also ein anderes Verhältnis gegenüber älteren Arbeitnehmern, wir müssen deren Erfahrungspotenzial stärker schätzen und nutzen. Für diese Altersgruppe Beschäftigungsmöglichkeiten zu sichern, das ist in den kommenden Jahren die große Herausforderung!

Ältere Mitarbeiter sind meistens teurer als jüngere, was die Chancen der älteren zusätzlich verschlechtert.

Diese Erfahrung habe ich gemacht als junger Fraktionsvorsitzender im Landtag. War eine ältere Mitarbeiterin ausgeschieden, konnte ich für das gleiche Geld zwei Jüngere einstellen. Dass unter diesen Umständen Ältere kaum eine Chance haben, liegt auf der Hand. So viel besser, wie sie mehr kosten, können sie gar nicht sein. Deshalb haben wir zum Beispiel in Niedersachsen durch eine Reform des öffentlichen Dienstrechts ermöglicht, dass die Vergütung nicht mehr so sehr an das Dienstalter anknüpft, sondern an den individuellen Arbeitsplatz. Das macht auch einen Wiedereinstieg der Älteren leichter, gerade auch von Langzeitarbeitslosen. Älteren Arbeitslosen wieder eine Beschäftigungschance zu geben, diese Aufgabe hat die Politik zu lange vernachlässigt.

Unser Ausgangspunkt war ja: Wie kommen wir zu mehr Beitragszahlern?

Ja, darauf sollte auch eine höhere Frauenerwerbsquote eine Antwort sein. Denn wir brauchen Frauen, vor allem qualifizierte Frauen, im Berufsleben. Deswegen müssen wir die Vereinbarkeit von Kind und Karriere, von Beruf und Familie jeden Tag ermöglichen und verbessern.

Provokative Frage: Wenn plötzlich mehr qualifizierte Frauen auf den

Arbeitsmarkt drängen, dann kostet das doch die weniger qualifizierten Männer ihre Jobs, oder?

Da widerspreche ich entschieden. Wir haben es hier doch nicht mit einem Nullsummenspiel zu tun. Je mehr qualifizierte Arbeitnehmer arbeiten, desto größer ist unser Wachstum. Manche meinen, dass in Regionen, wo nur wenige junge Leute leben und weniger Menschen auf den Arbeitsmarkt drängen, die Arbeitslosigkeit niedrig sein müsste. Das Gegenteil ist der Fall. In Vechta, Cloppenburg und im Emsland, wo wir die meisten Kinder haben, ist die Arbeitslosigkeit am geringsten – weil wir dort die höchste wirtschaftliche Dynamik haben. Und dort, wo der Wegzug der Bevölkerung sehr ausgeprägt ist und eigentlich die Relation von Beschäftigten zu Arbeitssuchenden immer günstiger werden müsste, ist die Arbeitslosigkeit extrem hoch. Und in den Regionen, in denen viele Ältere arbeiten, versperren sie nicht etwa Jungen den Zutritt zum Arbeitsmarkt, sondern dort ist auch die Jugendarbeitslosigkeit gering. Und dort, wo wenig Alte arbeiten, finden auch wenig Junge Arbeit, weil die wirtschaftliche Leistungsfähigkeit fehlt.

Das weiß kaum jemand, ist aber logisch.

Es gibt Satiriker, die behaupten, in München sei die Arbeitslosigkeit deswegen so niedrig, weil Arbeitslose sich das teure München nicht leisten könnten. Völlig falsch: Wenn viele arbeiten und an der Entstehung des Bruttoinlandsprodukts mitwirken, ist das Bruttoinlandsprodukt insgesamt viel höher, als wenn das nur von wenigen gestemmt wird. Und damit komme ich zum Ausgangspunkt unseres Gesprächs zurück: Arbeit bedeutet Wertschöpfung, wie umgekehrt jeder Erwerbslose für unsere Gesellschaft den Verzicht auf Wertschöpfung bedeutet. Wenn wir aber wollen, dass der Kuchen wieder größer wird und für alle mehr zu verteilen ist, müssen unsere Anstrengungen darauf abzielen, den Arbeitsmarkt zu öffnen und mehr Menschen den Einstieg in reguläre Beschäftigung zu ermöglichen. Das ist zugleich die beste Strategie für mehr Wachstum und steigende Einkommen.

6
Deutsche Befindlichkeiten

»Wir reden zu wenig über Zukunft, Zuwendung und Zivilcourage«

Kinder sind Zukunft. Kein anderes Land gibt für die Förderung der Familie so viel Geld aus wie wir. Trotzdem liegen wir bei der Geburtenrate weit hinten. Sind die Deutschen herzlose, karrieresüchtige Egoisten, die keine Zeit und kein Geld für Kinder übrig haben?

Den Hauptgrund für die niedrige Geburtenrate sehe ich darin, dass sehr viele Frauen heute sehr hoch qualifiziert sind und sich in ihrem Beruf verwirklichen wollen. Karriere und Kinder scheinen sich für viele dieser Frauen auszuschließen. Die einzig zulässige Schlussfolgerung daraus lautet, dass wir die Vereinbarkeit von Kind und Karriere, von Beruf und Familie durch bedarfsgerechte Kinderbetreuungsangebote ermöglichen müssen. Nicht erst für Drei- bis Fünfjährige im Kindergarten, sondern bereits für Ein- und Zweijährige mit Hilfe von Tagesmüttern oder in Tageskrippen.

Was mich doch sehr erstaunt hat, dass der Staat mit dem Elterngeld zum ersten Mal ein bestimmtes Verhalten prämiert – und das unter einer CDU-Kanzlerin. Dem Staat ist nämlich ein Kind, dessen Vater zu Hause bleibt, finanziell mehr wert als ein Kind, wo nur die Mutter zu Hause bleibt. Stichwort: Wickel-Volontariat. Wenn der Vater ebenfalls wickelt, wird das Elterngeld zwei Monate länger gezahlt. Lässt sich das irgendwie begründen, außer damit, dass es gerade in Mode ist?

Das finde ich wichtig und völlig richtig. Dabei hat Ursula von der Leyen meine volle Unterstützung, weil es ein unschätzbarer Vorteil für Kinder und Väter ist, wenn auch die Väter sich für eine kurze Zeit der Kindererziehung widmen. Sie müssen ja nur ihre Arbeitszeit leicht prozentual einschränken, und schon kommen sie in den Genuss des Elterngeldes. Diese Erfahrung von Eltern und Kindern ist von unschätzbarem Wert für beide und führt zu einer stärkeren Verantwortung der Väter, wie sie in Skandinavien und anderen Ländern seit langem üblich ist. Frauen müssen wegen der biologischen Tatsache, dass sie die Kinder gebären, ohnehin schon mindestens vier Monate aus dem Berufsleben ausscheiden. Da fragt keiner, ob das für die Karriere gut ist. Bei den Männern regt sich alles auf, vor allem viele Männer stören sich daran, dass sie zwei Monate ausscheiden dürfen oder Arbeitszeit reduzieren sollen. Dabei sollen sie sich doch nur auch ein bisschen ihrer Verantwortung stellen.

Der Staat kann wenig daran ändern, wie der liebe Gott die Fortpflanzung geregelt hat. Der Staat sagt aber, das Kind der Maiers ist mir finanziell mehr wert, wenn auch Papa Maier zu Hause bleibt. Wenn nur Mama Maier zu Hause bleibt, dann kriegen die Maiers das Erziehungsgeld eben nur zehn Monate.

Weil der Vater, der sich zwei Monate ums Kind kümmert, einen solchen Mehrwert für das Kind bringt und so viele Folgeschäden verhindert. Der Vater bekommt eine ganz andere Beziehung zu dem Kind und ein ganz anders Verhältnis zur Familie, es entsteht eine ganz andere Ausgewogenheit zwischen Mann und Frau. Wir müssen ohnehin die Väter stärker in die Verantwortung nehmen, weil sich viele gleich nach der Geburt oder später bei den Unterhaltspflichten aus der Verantwortung stehlen. Deshalb begrüße ich die staatliche Prämierung von väterlicher Verantwortung und damit eines sozial sehr erwünschten Verhaltens.

Schöne Antwort.

Ich stehe auch zu Dingen, die Ihnen nicht gefallen.

Sie täuschen sich: Meine schönste Zeit als Vater hatte ich, als ich als

Amerika-Korrespondent von zu Hause aus gearbeitet habe und unsere kleine Tochter mit einer Intensität genießen konnte, wie man das als berufstätiger Vater normalerweise nicht kann. Mich stört nur diese Einmischung des Staates, diese staatliche Prämie für politisch korrektes Verhalten.

Aber es bleibt den Eltern ja die freie Entscheidung. Es ist nur die Prämierung einer freien Entscheidung. Wir erzwingen ja nichts. Wenn wir vorschreiben würden, das Elterngeld gibt's nur sechs Monate für den Vater und nur sechs Monate für die Mutter, dann könnte ich Ihre Einwände verstehen.

Wie stehen Sie eigentlich zu der Forderung der CSU, auch solche Mütter stärker zu fördern, die ihre Kinder bewusst nicht in eine Krippe geben?

Ich halte die Forderung für berechtigt, weil sie für mich ein Bestandteil des Elterngeld-Gedankens ist: Eigentlich müssten alle Eltern von bis zu Einjährigen das Elterngeld bekommen, und eigentlich müsste auch im zweiten und dritten Lebensjahr ein Elterngeld an alle gezahlt werden. Dann könnte jeder selber entscheiden, ob er dieses Geld für die Betreuung der Kinder zu Hause verwendet oder ob er damit die Kosten für eine Tagesmutter oder eine Einrichtung zahlt. Denn es wird ja weiter Betreuungskosten in den Einrichtungen für Zwei- bis Dreijährige geben. Der eine kann dadurch berufstätig sein und auch Einkommen erzielen, der andere kümmert sich zu Hause und bekommt dann das Elterngeld. Ich finde den Gedanken, den die CSU in die Gespräche eingebracht hat, richtig, weil der Gesellschaft Kinder generell etwas wert sein sollten. Wir sehen, die Zukunft unseres Landes hängt von Kindern ab. Ich würde nur nicht so sehr sagen, jetzt kriegen explizit die Geld, die ihre Kinder zu Hause betreuen, sondern es kriegen alle Mütter und Väter von Zwei- und Dreijährigen mehr Geld, weil sie wegen der Kinder zu Hause bleiben oder weil sie die Kinder betreuen lassen müssen. Es bekommen alle Eltern Hilfe, das ist meine Vorstellung.

Es gibt das Argument, in bestimmten sozialen Schichten würden die Eltern das zusätzliche Geld in Bier und Zigaretten investieren. Eine intensivere Betreuung wäre also durch mehr Geld nicht garantiert.

Hier tut Aufklärung not. Spannend fand ich die Rede des türkischen Ministerpräsidenten Erdogan. Er hat in Hannover vor 5000 türkischstämmigen Niedersachsen gesagt, dass er jetzt das Schulgeld in der Türkei nur an die Mütter zahlt, damit es die Väter nicht in Alkohol und Zigaretten stecken. Das hat er so wörtlich vor 5000 Leuten gesagt, die haben sogar noch gejubelt.

Mich wundert, dass diese Debatte so offen geführt wird, vor ein paar Jahren wären wir alle Rassisten gewesen.

Man sieht heute die Missstände.

Diese gibt es natürlich auch in deutschen Familien.

Das sollte man nicht durch Vorschriften, sondern durch aufsuchende Sozialarbeit regeln. Deswegen bin ich gegen die pauschale Antwort von immer mehr Pflichtuntersuchungen von Kindern, weil manche Eltern Kinder hübsch fertig machen für diese Untersuchung. Aber man weiß trotzdem nicht, ob sie die Kinder in den Monaten darauf wieder vernachlässigen.

Wie hoch schätzen Sie die Zahl solcher Problemfamilien?

Wir reden da von etwa zwei Prozent. Aber wenn wir die finden wollen, muss man die Familien aufsuchen. Das heißt, die Sozialarbeit in bestimmten Stadtteilen zu verstärken, hinzugehen, sich zu kümmern. Manche überforderten Eltern muss man drängen, ihre Kinder in Einrichtungen zu geben. Und da muss dann die Gemeinde sogar die Möglichkeit haben, dafür zu sorgen, dass diese Gelder an die Kinderkrippen gehen, wenn das Kind dort besser betreut werden kann. Wir haben in Deutschland oft zu viel Respekt vor dem Recht auf elterliche

Fürsorge. Dabei müssten wir manchmal die Jugendämter stärken gegenüber Eltern, die offenkundig unfähig sind, ihre Kinder zu erziehen, die oft gar nicht wissen, was gut fürs Kind ist.

Vorrang für das Kindeswohl?

Ja, das Kindeswohl darf nicht so häufig hinter dem Elternrecht zurückstehen. Da sind wir durch den Missbrauch der Kinder im Nationalsozialismus sehr einseitig geprägt. Aber wir müssen auch erkennen, dass so manche Eltern nicht in der Lage sind, selbstverantwortlich ihre Kinder zu erziehen. Also noch einmal: Ich bin für Wahlfreiheit. Eltern, die zu Hause bleiben wollen, sollen das im Grundsatz können, und Eltern, die berufstätig sein wollen, sollen das im Grundsatz auch können. Kindern nutzt natürlich in der Regel die besondere individuelle Förderung zu Hause, aber es kann auch dort Probleme geben. Und dann ist der Staat gefordert. Kindern nutzt auch die Erfahrung mit anderen Kindern bei Tagesmüttern und in Kleingruppen, auch in Kinderkrippen und in Kindergärten. Diese Formen der Betreuung werden immer wichtiger, weil wir immer mehr Ein-Kind-Familien haben. Den ideologischen Streit, was prinzipiell besser ist, halte ich für überholt.

Aber der Streit wird natürlich ideologisch geführt. Der Begriff »Herdprämie«, der sich überraschend schnell durchgesetzt hat, belegt das. Die Union wirkt bei einem solchen »Krieg der Worte« immer etwas hilflos.

Tatsächlich scheinen die anderen eine Art Sprachabteilung zu haben. Wenn ich weiß, 40 Prozent der Menschen haben Sympathie für Instandbesetzer und nur 15 Prozent für Hausbesetzer, dann sprechen die halt gezielt von Instandbesetzung.

Die Union ist demnach sprachlich unterlegen?

Wir haben ein viel größeres Problem: Die Union neigt aus gutem Grund dazu, in der politischen Auseinandersetzung zu differenzieren. Wir sagen: »So viele Tierversuche wie notwendig, um Menschenleben zu retten, und so wenige wie möglich, insbesondere keine für die Entwicklung von Kosmetika.« Die anderen sagen: »Keine Tierversuche.« Punkt. Wir sagen: »Atomkraft noch übergangsweise, im Energiemix, solange sie noch notwendig ist, ehe sie ersetzt werden kann durch regenerative Energieträger wie Wasser, Wind und Sonne.« Die anderen sagen: »Atomkraft, nein danke.« Also die schlichte, die einfache Formel ist prinzipiell nicht die Formel der Union. Deswegen sind wir ja auch besser zum Regieren geeignet und die anderen besser zum Opponieren. Lafontaine hat in einem seiner Bücher geschrieben, die größten Erfolge hätten die Sozialdemokraten immer aus der Opposition heraus erzielt. Damit hat er recht. Die haben immer gefordert – vereinfachend, schlicht. Und wir haben klug entschieden und erfolgreich regiert. So soll es bleiben.

Nochmal zur Verbindung von Beruf und Familie. Ich möchte Sie mit einer dezidiert konservativen These konfrontieren: Danach hat die Zunahme der Berufstätigkeit der Frauen und der Mütter dazu beigetragen, dass es immer mehr verhaltensgestörte Kinder gibt, die in der Schule Probleme haben und dadurch auch das Niveau der Klasse beeinträchtigen. Ist das völlig falsch?

Mit Verlaub: ja. Das ist ein viel zu einfacher Erklärungsversuch. Probleme mit verhaltensauffälligen Kindern hängen in erster Linie damit zusammen, dass unser Leben sehr viel hektischer und schnelllebiger geworden ist. Überzogener Fernsehkonsum, mangelnde Fürsorge, mangelnde Aufsicht, mangelnde Bindung, mangelnde Orientierung, allein gelassen zu werden – das alles führt Kinder in schwierige Situationen.

Also spielt die familiäre Situation doch eine Rolle.

Ja, insofern, als es heute kaum noch Großfamilien gibt. Aber für mich gilt auch die chinesische Weisheit »Das ganze Dorf erzieht das Kind«. Natürlich in erster Linie die Eltern, aber auch die Verwandten und die Nachbarn und nicht nur die Lehrer, an die viele am liebsten alles delegieren würden. Die Gesamtverantwortung für die nächste Generation, die Augen offenzuhalten, das Kümmern, das Hingehen und Aufsuchen, das braucht eine Renaissance. Gerade mit dem Blick auf die Kinder müssen wir uns wieder darüber klar werden, dass nicht alles mit Geld, Betreuung, Verwahrung zu lösen ist, sondern in erster Linie durch Zuwendung, durch Zuneigung. Ich finde, wir diskutieren in unseren Gesprächen über die Steuerreform, über die Rentenreform, über die Bürokratiereform, über die Arbeitslosenversicherung, über alle möglichen Begriffe und Reformvorhaben. Wir sollten stattdessen ein bisschen mehr Zeit verwenden für alle Begriffe mit dem Anfangsbuchstaben »Z«, »Z« wie Zeit, wie Zuneigung, wie Zuwendung, wie Zivilcourage, wie Zukunft. Diese Z-Begriffe, die werden in unserem Land relativ vernachlässigt. Wir wollen alles durch Anreizsysteme innerhalb eines ordnungspolitischen Rahmens regeln. Aber am Ende kommt es viel mehr auf christliche Nächstenliebe, auf gegenseitigen Respekt, auf Verantwortungsgefühl an.

Damit sind wir auf einer anderen Ebene der Diskussion.

Ja. Ehe wir uns über Einzelheiten der Kinderbetreuung oder des Steuerrechts unterhalten, müssen wir andere Fragen beantworten: Wie wollen wir leben? Wem gegenüber sind wir verantwortlich? Ich glaube, dass die CDU aus dem christlichen Menschenbild heraus eine Strahlkraft, eine Prägekraft hat. Auch durch unser christliches Verständnis vom Leben, wonach das Paradies ohnehin nicht auf Erden geschaffen werden kann, weil das Paradies aus christlicher Sicht woanders ist. Diese Transzendenzbeziehung macht uns einerseits bescheidener, aber auch mutiger. Sie verlangt dem Einzelnen mehr ab, als nur auf die staatlichen Systeme zu bauen. Das ist für mich der entscheidende Grund, warum ich in der CDU bin und nicht in der SPD. Ich glaube erst einmal an den einzelnen Menschen, an den einzelnen Bürger, an die Handlungs- und Phantasiekräfte des Einzelnen – und erst dann an staatliche Weisheit. Andere scheinen dagegen der Ansicht zu sein, was der Staat regelt, ist gut geregelt, und was der Einzelne regelt, das muss erst mal kontrolliert werden. Diese Einstellung hat uns oft auf Abwege gebracht. Das hat auch zu einer absurden Verrechtlichung unseres Lebens geführt.

Wir kommen jetzt etwas ab vom Thema Bildung und Erziehung.

Nein, überhaupt nicht. Wenn heute auf einem Kinderspielplatz ein Jugendlicher ein Hakenkreuz in den Sand malt und ein Erwachsener sagt: »Das geht doch nicht, weißt du überhaupt, was die Nationalsozialisten gemacht haben?«, dann bekommt der unter Umständen einen Brief von den Eltern mit dem Tenor: »Was geht Sie mein Kind an? Ich verbiete Ihnen, dass Sie überhaupt mit meinem Kind sprechen.«

Ist das nicht ein etwas extremes Beispiel?

Überhaupt nicht. Es gibt Fälle, wo ein Kind mit 13 in der Schule raucht und die Lehrer das unterbinden. Da kommt dann ein böser Brief der Eltern an den Schulleiter, sie hätten das Rauchen genehmigt, und sie bäten doch darum, das zu respektieren. Da kann man nur sagen: absurd, völlig absurd. Das sind Dimensionen gesellschaftlicher Veränderungen, die für die Entwicklung unserer Kinder viel entscheidender sind als die Frage, welches der selig machende Weg ist – die Betreuung in der Familie oder in einer Kinderkrippe. Es kommt vielmehr darauf an, wie gehen Familien mit ihren Kindern um, nach welchen Methoden wird in einer Kinderkrippe betreut, wie und wo können Kinder gefördert werden. Wir richten jetzt in Niedersachsen ein Institut für frühkindliche Bildung ein. Das soll alle vorhandenen Erkenntnisse über Kinder bis zu zehn Jahren zusammenfassen. Die werden dann den Volkshochschulen für Elternbildung und den Fachhochschulen für die Erzieherinnenausbildung zur Verfügung gestellt. So wollen wir einen Diskussionsprozess in Gang setzen, wie wir Kinder – vor allem zwischen zwei und fünf Jahren – besser fördern und bilden können, statt sie nur zu betreuen.

Sie zitierten das chinesische Sprichwort, wonach das ganze Dorf ein Kind erzieht. Bei uns denken immer mehr Eltern, die Erziehung sei allein Sache der Schule.

Die Verantwortung für das Aufwachsen von Kindern liegt in erster Linie bei den Eltern. Dort gibt es leider häufig erhebliche Erziehungsdefizite, Unfähigkeiten und emotionale Vernachlässigung. Ich erlebe immer häufiger Kinder, die emotional ausgezehrt sind, denen es an Halt und Orientierung und Verlässlichkeit fehlt. Diese Kinder haben nicht die notwendige Neugier auf neues Wissen, werden nicht genug gefördert, aber auch nicht gefordert. Vor diesem Hintergrund muss es mehr aufsuchende Stadtteilarbeit geben, mehr Ansätze, Kinder positiv zu begleiten – in den Einrichtungen des Staates, aber auch durch ehrenamtliches Engagement, in Verbänden und Vereinen, in den Kirchengemeinden. Wir brauchen dabei jeden.

Im Klartext: Letztlich muss der Staat einspringen, wenn die Eltern versagen?

Die Elternbildung muss zum Thema werden. Und wo die Eltern das Nötige nicht leisten, muss der Staat einspringen. Die Hauptursachen für die Schulabbrecher liegen einerseits in den Verhältnissen zu Hause, andererseits in der mangelnden Konzentration auf Kernkompetenzen in den Schulen. Deshalb haben wir den Unterricht in Lesen, Schreiben und Rechnen in den Grundschulen verstärkt, deswegen haben wir in den Hauptschulen die Klassen verkleinert, die Praxisorientierung intensiviert. Jetzt versuchen wir zusammen mit der Bundesagentur für Arbeit, die Zahl der Schulabbrecher zu halbieren.

Die hohe Zahl der Schulabbrecher hat auch etwas mit der nicht erfolgten Integration vieler Zuwanderer zu tun.

Das Thema ist lange tabuisiert und zum Teil ignoriert worden. Manche meinen immer noch, durch die Vergabe der deutschen Staatsbürgerschaft oder durch das Erteilen des Wahlrechts ließe sich Integration wesentlich beschleunigen oder gar erzwingen. Frankreich beweist das Gegenteil: Dort haben die Zugewanderten Wahlrecht und die französische Staatsbürgerschaft. Es gibt trotzdem in Marseille und anderswo erhebliche Konflikte und Auseinandersetzungen. Denn weder der französische Pass noch das Wahlrecht haben dort das Entstehen von Parallelgesellschaften verhindern können.

Die gibt es bei uns auch.

Es bedarf eben nicht nur unserer Bereitschaft, zugewanderte Menschen hier dauerhaft leben zu lassen. Es bedarf ebenso zwingend der Bereitschaft der Zugewanderten, sich hier zu unseren Bedingungen einzubringen und zu leben. Die Akzeptanz unserer Grundwerte hat auch nichts mit Assimilation zu tun. Wir haben im ehrenamtlichen Bereich in den Vereinen und Verbänden zu wenig Ausländer. Wir haben eine zu geringe Öffnung des Islam hin zu anderen Religionen, zum Dialog mit anderen Religionen. Es ist nach wie vor eine Tragödie, wenn ein muslimischer Mann eine christliche Frau oder ein christlicher Mann eine muslimische Frau zu heiraten beabsichtigt. Da ist der Islam sehr intolerant. Es sind nicht nur die sogenannten Ehrenmorde, es sind nicht nur die Zwangsverheiratungen, die ein Zusammenleben unmöglich machen oder erschweren. Es sind auch die ganz alltäglichen Dinge auf Seiten der Zuwanderer, die das Entstehen einer wirklich offenen Gesellschaft mit unterschiedlichen Religionen und Auffassungen verhindern. Wenn Angehörige bestimmter Religionsgemeinschaften, wie türkischstämmige Muslime, nur türkische Zeitungen lesen, mit Hilfe der Satellitenschüssel nur türkisches Fernsehen anschauen und kein wirkliches Interesse daran haben, unser Land mitzugestalten und unser Land in gewisser Weise auch als ihr Land anzusehen, dann kann es zu keiner echten Integration kommen.

Türkische Kinder, die mit türkischem Fernsehen aufwachsen, können kaum Deutsch, wenn sie in den Kindergarten kommen, und haben häufig auch in der Schule größte Probleme.

Es gab ja bei uns Leute, die meinten, es sei sowieso nicht wichtig, eine Sprache zu beherrschen, Hauptsache, man könne in etwa verstehen, was der andere wolle. Diese völlig verfehlten Erziehungsideologien und Pädagogiken der siebziger und achtziger Jahre haben bei uns viel Schaden angerichtet. Inzwischen hat man wenigstens erkannt, dass für Zuwanderer die Beherrschung der Sprache unseres Landes, der deutschen Sprache, wichtig ist. Sie können ja auch nicht Mathematik, Biologie und Physik vernünftig lernen, wenn sie nicht die Sprache hiesiger Schulen beherrschen, und das ist weiterhin Deutsch. Wir machen deswegen in Niedersachsen einen Schulsprachtest für alle Kinder im Alter von fünf Jahren. Wer nicht ausreichend gut Deutsch spricht, bekommt Sprachförderung im Kindergarten, also noch vor der Grundschule. Damit er dann mit ausreichenden deutschen Sprachkenntnissen in die erste Klasse kommt.

Um was geht es denn eigentlich bei der Bildung in erster Linie? Individuelle Bereicherung? Formung des Charakters? Oder am Markt verwertbare Fähigkeiten?

Bildung ist in erster Linie Persönlichkeitsbildung, eine Position beziehen zu können, sich einbringen zu können, Zusammenhänge verstehen zu können, Tugenden zu beherrschen wie Toleranz, Rücksichtnahme, Solidarität, Werte anzuerkennen ...

Kommen nicht zuerst Lesen, Schreiben und Rechnen?

Für mich sind Lesen, Rechnen, Schreiben Kulturtechniken. Die sind Voraussetzungen für den Zugang zu unserem gesellschaftlichen Leben. Aber das sind Mittel auf dem Weg zum Ziel. Das Ziel muss die Persönlichkeitsbildung sein, muss eine abgerundete Persönlichkeit sein, die ihre Frau, ihren Mann in der Gesellschaft stehen kann.

Der Taxifahrer mit abgeschlossenem altsprachlichem Studium, ist der ein glücklicherer Mensch als der Hauptschulabbrecher, der Taxi fährt?

Ein Taxifahrer, der ein Hochschulstudium abgeschlossen hat, ist in der Regel nicht ausreichend gefordert. Der wird immer der verpassten Chance nachtrauern, sein Wissen auch anzuwenden. Überqualifikation kann ein ähnliches Problem sein wie Unterqualifikation. Aber als Taxifahrer kann man ja Außenminister werden (lacht).

Unser gegenwärtiges Bildungssystem leistet offenkundig nicht das, was es leisten müsste. Wo sind denn Ihrer Meinung nach die größten Schwachstellen?

Es braucht vor allem mehr Angebote am Nachmittag. Die Halbtagsschule hat unterstellt, dass sich die Kinder nachmittags zu Hause mit den von der Schule gestellten Aufgaben fort- und weiterbilden können. Das ist in vielen Fällen nicht der Fall. Deshalb müssen wir in den Schulen den Nachmittag stärker nutzen zur Vermittlung von Bildung, zumal wir ja fast überall den schulfreien Samstag eingeführt haben. Was vielleicht ein Fehler war, wenn man die Folgen sieht.

Aber das lässt sich ja nicht mehr rückgängig machen.

Das lässt sich, glaube ich, nicht mehr zurückdrehen. Demnach müssen wir die Nachmittage mehr nutzen, und wir müssen neben den Pädagogen andere Berufsgruppen wie Sozialarbeiter, aber auch Jugendpsychologen, Trainer, Übungsleiter in die Schulen bringen, um den schulischen Unterricht sinnvoll zu ergänzen.

Geht es nicht im Grunde in Richtung Ganztagsschule, wie in Amerika und Großbritannien?

Ich bin für den bedarfsgerechten Ausbau der Nachmittagsbetreuung. Das heißt, Eltern und Kinder, die sich eine Halbtagsschule wünschen, die sollen diese Möglichkeit auch weiterhin haben. Aber die wachsenden Bedürfnisse nach Ganztags-Betreuungsangeboten müssen befriedigt werden. Deshalb haben wir in unserem Land die Zahl der Ganztagsschulen von 155 vor vier Jahren auf 541 gesteigert.

Und, reichen die aus?

Wir können den Bedarf noch nicht voll abdecken. Das heißt: Nach wie vor müssen unsere Ganztagsschulen Schüler abweisen. Ich schätze, dass wir an die 1000 Ganztagsschulen brauchen, das ist dann fast ein Drittel aller Schulen.

Sie haben in Niedersachsen wieder das gegliederte Schulsystem eingeführt. Das gilt bekanntlich bei anderen Parteien als ausgesprochen rückwärtsgewandt.

Dass die Orientierungsstufe gescheitert ist, das hatte der niedersächsische Landeselternbeirat schon vor Jahren einstimmig festgestellt. Es war übrigens auch die Meinung meines Vorgängers Gabriel, dass diese Schulform mit einem Wechsel nach der vierten Klasse und einem Wechsel nach der sechsten Klasse die Schüler gerade kurz vor der Pubertät und in der Pubertätsphase sehr stark belastet. Es ist viel vernünftiger, nach der vierten Klasse die Entscheidung zwischen Hauptschule, Realschule und Gymnasium zu treffen, um in homogenen Lerngruppen individuell zu fördern.

Und wenn jemand später wechseln will oder muss?

Wir brauchen generell eine große Durchlässigkeit zwischen den Schulformen, damit bessere ebenso wie anders lernende Schüler zu der Schulform wechseln können, in der sie auch motiviert, ermutigt und ertüchtigt werden. Vor allem schlechtere Schüler dürfen nicht ständig durch schlechte Noten frustriert werden. Denn das Verarbeiten schlechter Leistungen, von Rückschlägen, von Enttäuschungen, das scheint immer mehr jungen Leuten immer schwerer zu fallen, weil sie das offenkundig nie richtig gelernt haben. Aber die Frustration im Bildungswesen, die führt leider zu oft zu einer Abwendung von der Gesellschaft. Schule muss auch Erfolgserlebnisse vermitteln.

Nun gibt es Lehrer, die ihre Schüler, wenn es nur irgendwie geht, auf die Realschule schicken. Ihre Begründung: Wir wollen ihnen die Stigmatisierung durch die Hauptschule ersparen, ihre Abstempelung als Verlierer.

Es ist beunruhigend, wenn die Hauptschule als Restschule diffamiert wird. Man hat ja auch das Gymnasium früher nicht verteufelt, als es von nur fünf Prozent der Schüler besucht wurde.

Diese fünf Prozent, das war damals die Elite.

Ja, das stimmt. Aber man sollte eine Schulform doch nicht danach beurteilen, wie viele Schüler dort hingehen, sondern wie dort gearbeitet wird. Wir stellen in Niedersachsen fest, dass die Diffamierung der Hauptschule in den Städten sehr weit vorangeschritten ist, dass dort viele Hauptschulklassen tatsächlich zu Migranten-Klassen geworden sind, in denen sich die Probleme türmen. Aber in weiten Teilen Niedersachsens haben wir exzellente Hauptschulen, die ganz eng verknüpft sind mit der örtlichen mittelständischen Wirtschaft. Es gibt sogar die Knigge-Hauptschulen, wo die Grundsätze des Freiherrn von Knigge besonders gepflegt werden, also Pünktlichkeit, Ordnung, Rücksichtnahme, Einsatzbereitschaft. Die Abgänger dieser Hauptschulen finden alle einen Ausbildungsplatz oder eine weiterführende berufliche Ausbildung. Diese Kinder mit ihrer praktischen Begabung werden in den Hauptschulen viel besser gefördert, als wenn sie eine Realschule oder ein Gymnasium besuchten.

Man muss die Hauptschule also stärken?

Die Hauptschule muss die Hauptsache der Bildungspolitik sein. Wie auch die Berufsschulen. Es wird immer vergessen, dass 70 Prozent eines Jahrgangs durch die Berufsschule gehen. Wir diskutieren viel zu viel über das Gymnasium und die Hochschulen und viel zu wenig über die Hauptschulen, die Realschulen und vor allem auch über die Berufsschulen. Noch einmal: Die Hauptschulen müssen Hauptsache sein. Denn an ihnen entscheidet sich, ob wir alle Begabungsreserven unseres Volkes ausschöpfen und auf niemanden verzichten.

Nun gibt es auch den Vorwurf, wir schöpften auch am anderen Ende unsere Bildungsreserven nicht aus, weil immer weniger Kinder von Nicht-Akademikern studierten.

Hier muss man ehrlich sein und große Schwächen des deutschen Bildungswesens einräumen. Obwohl wir immer mehr Geld für Bildung ausgegeben haben, spiegelt die Zusammensetzung der Studierenden in keinem Land so sehr die Elternhäuser wider wie in Deutschland. Ein Kind von Akademikern hat größte Aussichten, auch wieder Akademiker zu werden. Bei einem Kind von Eltern ohne Schulabschluss besteht die allergrößte Wahrscheinlichkeit, dass es ebenfalls Probleme mit dem Schulabschluss bekommt. Es darf aber nicht sein, dass die Gesellschaft und das staatliche Bildungswesen nicht das an Integration und Eröffnung von Lebenschancen bieten, was wir immer behauptet haben.

Woran liegt denn das?

Hier schlägt sich nieder, wenn in den ersten Lebensjahren viel versäumt wird. Wir diskutieren immer noch zu viel über Betreuung, dabei muss es viel stärker um frühkindliche Bildung gehen. Bei Kindern aus bildungsfernen Elternhäusern dürfen die Kindergärten nicht nur betreuen, sondern sie müssen fördern, sie müssen mit der frühkindlichen Bildung anfangen. So wie wir in Niedersachsen mit der Sprachförderung in Kindergärten begonnen haben. Dazu muss man diese Kinder erst mal in die Kindergärten bekommen; dabei hilft sicher die Beitragsfreiheit des dritten Kindergartenjahres wie bei uns. Aber wir müssen auch in den Grundschulen einen Leistungsstand erreichen, der den Kindern in allen Fächern Zugang zur Bildung ermöglicht, damit wir zu entsprechenden Abschlüssen kommen. Der italienische Botschafter hat mir gerade als Vorsitzendem der Ministerpräsidentenkonferenz geschrieben, dass die Kinder der italienischen Migranten überproportional Förderschulen besuchen und unterproportional in Universitätsstudien landen. Was ein untrüglicher Beweis dafür ist, dass die sprachlichen Defizite in der deutschen Sprache bei den italienischen Migrantenkindern nicht ausreichend zurückgeführt wurden. Hier besteht wirklich Handlungsbedarf.

Dass so wenige Studierende aus den unteren Einkommensschichten kommen, hängt das nicht auch damit zusammen, dass viele Eltern ein Studium nicht finanzieren können?

Nein. Die Tatsache, dass in Deutschland im Gegensatz zu vielen anderen Ländern der Welt die Studien beitragsfrei waren und trotzdem so wenige junge Leute aus schwierigen sozialen Verhältnissen Studienabschlüsse erlangt haben, ist der untrügliche und eindeutige Gegenbeweis. Wenn das Studium Beiträge kostet, erwächst das Bewusstsein, dass Bildung ein kostbares Gut ist. Sonst wird leicht nach dem Motto verfahren, was nichts kostet, kann auch nichts wert sein. Natürlich müssen diese Studiengebühren sozial gestaltet sein: mit der Möglichkeit, ein günstiges Darlehen zu bekommen und es erst bei beruflichem Erfolg nach dem Studium zurückzahlen zu müssen.

Aber jeder Studierende braucht auch Geld zum Leben.

Dafür haben wir das Bafög, das wir jetzt zu Recht erhöhen. Wir haben überhaupt in Deutschland eine gute Studienfinanzierung. Niemand muss sich aus sozialen Gründen von einem Hochschulstudium abhalten lassen.

Wir haben in Deutschland immer ein bisschen Schwierigkeiten mit dem Bekenntnis zur Elite. Da deutet sich immerhin eine Änderung an.

Wir haben einen gewaltigen Bewusstseinswandel in unserem Land geschafft. Heute freuen sich wieder fast alle, wenn wir Nobelpreisträger haben, wenn wir erfolgreiche Tüftler, Erfinder, Unternehmer, Mittelständler haben, die Risiken eingehen, die Arbeitsplätze schaffen, die ihre Unternehmen vergrößern, die Höchstleistungen bringen. Das heißt, wir freuen uns heute nicht mehr nur über Erfolge unserer Handballnationalmannschaft, unserer Fußballnationalmannschaft, unserer Musikvertreter beim Grand Prix d' Eurovision. Endlich freuen wir uns auch wieder über unternehmerischen Erfolg, über Forscher, über Erfinder, über Innovatoren. Was geblieben ist, ist nach wie vor Neid, sodass man zu wenig erkennt, dass es dem Land desto besser geht, je mehr wir auch wirtschaftlich erfolgreiche Menschen haben und diese nicht aus dem Land vertreiben.

Im gegenwärtigen System gibt der Staat das Geld den Hochschulen und lässt die jungen Leute dort fast kostenlos studieren. Wäre es nicht viel vernünftiger, die Hochschulen verlangten kostendeckende Gebühren, und wir geben das Geld direkt den Studenten? Die wählen dann die Uni aus, die ihnen am meisten dafür bietet. Würde das nicht einen sinnvollen Wettbewerb fördern?

Es gibt viele gute Argumente für ein solches Gutscheinsystem, das wir ja auch schon im Kindergartenbereich erproben. Weil es den Wettbewerb der Anbieter verstärkt und die Nachfragemacht des Nutzers, der Kinder beziehungsweise ihrer Eltern bei der Kinderbetreuung, der Studenten bei Universitäten, erhöht. Wir versuchen dem kurzfristig Rechnung zu tragen durch eine leistungsorientierte Mittelzuweisung. Das heißt, bei uns bekommen die Universitäten mittelfristig einen Teil ihrer Mittel danach, wie viele Studenten sie haben, wie schnell diese studieren, mit welchen Ergebnissen diese studieren, wie viele Drittmittel diese Universitäten einwerben und wie viele Publikationen sie veröffentlichen. Im niedersächsischen Hochschulbereich ist dieser Leistungsaspekt also eingeleitet. Gute Unis belohnen sich also selbst durch exzellente Arbeit.

In welchem Umfang hängt die Mittelzuweisung von der Leistung der einzelnen Hochschule ab?

Wir planen am Ende 20 Prozent. Das ist eine Tendenz, die manche Hochschulen sehr treffen und andere sehr begünstigen wird. Das führt dazu, dass die mit mehr Mitteln noch besser werden und die anderen noch mehr unter Druck kommen. Die werden sich dann fragen müssen, was stoßen wir ab, worauf konzentrieren wir uns? Genau das wollen wir: Dass nicht mehr alle alles von durchschnittlicher Qualität anbieten, sondern dass immer mehr Hochschulen sich auf das Überdurchschnittliche konzentrieren und wir auch dadurch Eliteförderung betreiben.

Wir haben also mehr Verständnis für Elite. Wir erleben aber gleichzeitig, dass immer mehr Abiturienten im Ausland studieren und dann dort bleiben. Den Ansätzen einer Elitenförderung steht demnach das Phänomen des »Brain Drain« gegenüber.

Das haben wir ganz akut. Viele Mediziner, Ingenieure, Naturwissenschaftler finden optimale Arbeitsbedingungen im Ausland vor und halten manchmal die klimatischen, die steuerlichen, die gesellschaftlichen Rahmenbedingungen in anderen Ländern für angenehmer als bei uns. So trifft man in Japan, in Neuseeland, in Australien, in Amerika überall Deutsche, die vorübergehend dorthin gehen wollten, was gut ist, die aber dauerhaft dort geblieben sind, was schlecht ist für unser Land. Das zwingt uns, unser Land für die wirklichen Innovatoren, für die »Brains«, für die Vordenker, für die Spitzenkräfte attraktiver zu machen.

Fragt sich nur: wie?

Das Wichtigste dabei sind Aufbruchstimmung und Neugier auf Neues. Notwendig ist unter anderem die Spreizung der Gehälter an unseren Hochschulen. Wir müssen gute Leute holen, mehr C-4-Professuren bieten und ihnen mehr Drittmittel belassen. Dass wir uns an die deutschen Eliten in der Welt wenden und ihnen sagen, bei uns findet ihr ein Umfeld mit hoher Lebensqualität vor. Auch viele Manager geben offen zu, dass sie in anderen Ländern zwar oft günstigere Rahmenbedingungen zur Produktion vorfinden, aber dass die Lebensqualität für die Familie nirgendwo höher ist als bei uns. Ich kenne deutsche Spitzenkräfte in Amerika, die dort alles loben, bis auf das Gesundheitswesen und die soziale Absicherung. Die nicht früh genug daran gedacht haben, dass man sich in Amerika ganz anders versichern muss als bei uns und deshalb ihre Deutschlandreisen nutzen, um hier die gesundheitliche Versorgung in Anspruch zu nehmen. Unser Gesundheitswesen ist für viele Deutsche, die im Ausland arbeiten, das führende Gesundheitswesen in der Welt – weil es bezahlbar ist.

Sie haben im Verlauf unserer Gespräche gesagt, wir reden zu viel über Ordnungspolitik und andere Dinge, was die Politik machen sollte, zu wenig über die Z-Worte ...

Ja, wir reden im Verhältnis zu viel über die Erbschaftssteuerreform, die Unternehmenssteuerreform, die Föderalismusreform und zu wenig über die Begriffe mit dem Anfangsbuchstaben Z: Zukunft, Zeit, Zuneigung, Zivilcourage.

Sprechen wir über den Z-Begriff Zusammenhalt. Denn eine Gemeinschaft wird nicht nur durch Gesetze zusammengehalten, sondern durch gemeinsame Werte. Welche Werte sind das?

Der kategorische Imperativ von Immanuel Kant ist nicht mehr ohne weiteres vorauszusetzen: »Was du nicht willst, das man dir tut, das füg auch keinem anderen zu«, um es volkstümlich auszudrücken. Die Gesellschaft driftet auseinander, es gibt eine Tendenz zur Vereinzelung, zum Egoismus. Immer mehr hängen der These an, wenn jeder an sich selber denke, sei an alle gedacht. Die Zahl derer, die das Ganze im Blick haben, wird kleiner. Von daher sind Werte wie Freiheit, Gerechtigkeit, Solidarität und Subsidiarität in Gefahr. Für mich ist der wichtigste Grundwert die Würde des einzelnen Menschen, in Artikel eins des Grundgesetzes normiert. Jeden zu achten, so wie von Gott geschaffen und von Gott abgeleitet, und ihn so anzunehmen, unabhängig von Hautfarbe, Einstellungen, Behinderung und so weiter. Die Menschenwürde ist für mich der wichtigste Wert unserer Gesellschaft, der unbedingt verteidigt werden muss. Die Menschenwürde ist für mich Ausfluss des christlichen Menschenbildes, deswegen die Bezugnahme auf Gott und die Unverletzlichkeit der Person.

Ist das noch durchsetzbar in unserer Welt der Beliebigkeit, in dieser »Anything-goes-Gesellschaft«?

Es ist die ständige Anstrengung wert. Eine freiheitliche demokratische Gesellschaft darf man sich nicht so vorstellen, dass man morgens eine Pille zum Frühstück nimmt, und damit ist die Demokratie gesichert. Das erfordert ständige Anstrengung, ständiges Bemühen, ein Sich-Einbringen. Wählen zu gehen allein reicht nicht. Man muss sich auch vor Wahlen Informationen verschaffen, ein Bild machen, man muss bereit sein, selber mitzuwirken. Da macht es mir schon Sorgen, dass die Zahl derer steigt, die nicht wählen, die sich vom Gemeinwesen abwenden, die gar keine Notiz nehmen. Der Bremer Bürgermeister Böhrnsen hat mir berichtet, bei der Bremer Bürgerschaftswahl im Mai 2007 habe es ganze Straßenzüge gegeben, nicht nur Häuserblocks, in denen fast niemand mehr gewählt hat – fast niemand. Und es gibt Demoskopen, die sagen, die Leute wüssten nicht, dass eine Wahl ansteht, weil sie nicht einmal die Wahlplakate wahrnehmen.

Bei mancher Kommunalwahl wählt gerade noch jeder Dritte.

Ja. Wenn allein der Bürgermeister gewählt wird, stellen wir manchmal fest, dass die Menschen nicht zur Wahlurne zu bringen sind. Gerade die Stichwahlen haben eine sehr niedrige Wahlbeteiligung.

Um bei den Werten zu bleiben, die eine Gesellschaft zusammenhalten. Dazu gehört sicher auch die Toleranz …

Es gibt heute sehr viel weniger gesellschaftliche Zwänge nach dem Motto »Das tut man nicht« oder »Das muss so sein«. Man kann heute eher nach seiner eigenen Façon glücklich werden, sein Leben gestalten, als das früher der Fall war. Die äußeren Zwänge, am Sonntag eine besondere Kleidung zu tragen – den Sonntagsanzug oder das Sonntagskleid – oder mit der Familie in die Kirche zu gehen, weil sonst die Nachbarschaft redet, die gibt es so gut wie nicht mehr. Heute bedarf es einer inneren Haltung, einer inneren Motivation, am Sonntag in die Kirche zu gehen. Wer nicht geht, der wurde früher kritisch betrachtet – heute nicht mehr. Das führt zu größerer Eigenverantwortlichkeit; viele Entscheidungen werden einem nicht mehr abgenommen. Wir müssen die Menschen auch dazu befähigen, Entscheidungen zu treffen und deswegen viel stärker auf den Einzelnen setzen, als das früher der Fall war.

Ist unsere Toleranz nicht auch teilweise Ausdruck einer großen Gleichgültigkeit? Wenn ich selbst keine religiöse Überzeugung habe, ist es mir völlig gleichgültig, ob einer dreimal am Tag in die Kirche geht oder ob er irgendwelche Räucherstäbchen anzündet.

Das geht mich ja auch nichts an. Diese Form von Toleranz, dass man das dem Einzelnen überlässt, die ist nicht zu beanstanden. Das ist Freiheit. Aber Toleranz in einer Gesellschaft darf nicht mit Beliebigkeit verwechselt werden, sondern es bedarf dann umso mehr fester Standpunkte und derer, die ihre Überzeugungen auch zeigen und leben. Ich brauche gerade jetzt in der Säkularisierung die Vertreter der Kirchen, die ihre Kirchen öffnen und die Forderungen der Kirche vorbringen, die sich einmischen und einbringen in die Entscheidungsprozesse. In unserer Gesellschaft hat der Einzelne einen größeren individuellen Handlungsspielraum als früher. Aber deshalb ist jeder von uns auch stärker gefordert, zu seinen Überzeugungen zu stehen.

Bei all unserer Toleranz: Sind wir nicht zu tolerant gegenüber Intoleranten?

Wir liegen falsch, wenn wir Toleranz mit Beliebigkeit verwechseln. Toleranz gegenüber denen, die alle Nichtmuslime als Ungläubige anklagen, bedeutete das Ende einer pluralen Gesellschaft. Unsere Gesellschaft setzt ein Normen- und Werteverständnis voraus, das niemand schaffen kann, sondern das sich gebildet hat. Dazu gehört das klare Bekenntnis zur Meinungsfreiheit, zur Vielfalt, zum Minderheitenschutz. Wenn sich eine Religionsgemeinschaft kollektiv gegen diese Pluralität stellt oder wenn einzelne Muslime das tun, ist das ein Angriff auf unsere freiheitliche Grundordnung. Das wird nicht gutgehen. Man muss in dieser Gesellschaft auch aktiv dafür kämpfen, dass der Konsens darüber, wie wir leben wollen, für alle gilt. Wer die freiheitliche Ordnung nicht will, der kann in Deutschland nicht leben, der muss sich ein Land suchen, in dem der Islam den Gottesstaat proklamiert und der Religionsführer den Takt angibt. Das kann nicht Deutschland sein.

Was heißt das denn konkret: »So jemand kann in Deutschland nicht leben«?

Das heißt, dass wir bei der Vergabe der Staatsbürgerschaft genau hinschauen müssen. Das heißt, dass der Kalif von Köln hier im Gefängnis sitzt, weil er meint, er könne Morde befehlen gegen vermeintlich Ungläubige, und dass er anschließend ausgewiesen wird. Aber das bedeutet auch, dass wir die hier lebenden Menschen aus anderen Kulturkreisen warnen müssen vor dem Versuch, hier unseren Staat, unsere freiheitlich-demokratische Rechtsordnung zu verändern. Weil sie sonst mit Recht und Gesetz in Kollision geraten.

Sie sprechen von unserem Normen- und Werteverständnis. Das ist doch das, was man auch Leitkultur nennen kann.

Das ist die Leitkultur, wie sie durch Grundgesetzartikel 79 Absatz 3 vor Veränderung geschützt ist.

Wieso hat die Union nicht den Mut gehabt, die Leitkultur-Debatte vor ein paar Jahren durchzustehen?

Der Fehler war, dass wir nicht von Anfang an die Beziehung zur freiheitlichen Grundordnung hergestellt haben. Das gab unseren vielen Freunden in den Medien die Möglichkeit, Leitkultur so zu definieren, dass dazu die bayerische Lederhose gehören könnte und der Umgang mit deutschen Speisen und Getränken. Damit war die Diskussion gekippt. Inzwischen ist unbestreitbar, dass von jedem Einheimischen und Zugewanderten verlangt werden kann, dass er die freiheitliche, demokratische Ordnung anerkennt. Dabei gibt es natürlich erhebliche Probleme, wenn ich an die Gleichstellung der Frau denke, die in vielen Kulturen und Religionen der Welt keineswegs Allgemeingut ist. Der Islam war übrigens vor Jahrhunderten offener und flexibler als heute in seiner engen Auslegung des Korans.

Der Begriff europäische Leitkultur stammt von Bassam Tibi. Er versteht darunter Demokratie, Trennung von Kirche und Staat, Aufklärung, Menschenrechte, Zivilgesellschaft. Die Formel europäische Leitkultur plus deutsche Sprachkenntnisse gleich deutsche Leitkultur ging vielen zu weit, wurde ins Chauvinistische gezogen.

Bassam Tibi ist ein Wissenschaftler, dessen Aussagen häufig von der

Wirklichkeit bestätigt worden sind. Ich pflichte ihm bei. Er wurde zu Unrecht in die Nähe von Huntington und dessen These vom »Clash of Civilizations«, vom Kampf der Kulturen, gerückt. Seine Bücher sind zum Teil prophetisch. Zum 11. September schrieb er, so etwas wird wieder kommen. Viele seiner Einschätzungen sind inzwischen traurige und grausame Gewissheit geworden.

Es gibt eine zunehmende Tendenz von deutschen Gerichten und Verwaltungen, auf andere Sitten und Gepflogenheiten Rücksicht zu nehmen, bis hin zu der Frankfurter Richterin, die sagte, wer einen Marokkaner heiratet, muss damit rechnen, in der Ehe geschlagen und vergewaltigt zu werden.

Bei allem Respekt vor der Rechtsprechung und der Unabhängigkeit der Justiz: Manchmal ist es schon erschütternd und ruft Kopfschütteln hervor, was wir für Urteile bekommen. Dass die Richterin keinen disziplinarischen Verweis bekam, überrascht und irritiert mich. Keiner kann hier sein heimatliches Recht auf Mehrehen und Harem anführen, um daraus höhere Sozialleistungen zu bekommen oder eine strafrechtliche Sanktion zu vermeiden.

Wie sieht es in Niedersachsen aus beim Sportunterricht für Mädchen und bei Klassenfahrten?

Wir ermutigen muslimische Kinder, zu ihrer Rolle zu finden, führen entsprechende Gespräche mit ihnen, weil das wichtig ist für die Integration.

Aber es gibt doch Vorschriften, dass zum Beispiel die Klassenfahrt ausfallen muss, wenn ein gewisser Teil der Kinder nicht mitfährt.

Wir müssen zu klaren Signalen der Integrationsbereitschaft kommen. Wir wollen einen Staatsvertrag. Wir haben 1955 den ersten Staatsvertrag zwischen der evangelischen Kirche und dem Land Niedersachsen hinbekommen, zehn Jahre später den Vertrag mit der katholischen Kirche. Wir brauchen einen Staatskirchenvertrag zwischen den Vertretern der Muslime und unserem Land, um die Beziehungen zu ordnen. Dabei müssen dann Fragen wie Sportunterricht für Mädchen und Klassenfahrten geklärt werden.

Wollen Sie im Staatsvertrag auch den muslimischen Religionsunterricht an deutschen Schulen regeln?

Den müssen wir zusichern. Dazu bilden wir jetzt vom Wintersemester 2007/2008 an an der Universität Osnabrück bundesweit die ersten islamischen Religionslehrer aus. Voraussetzung ist, dass der Unterricht auf Deutsch stattfindet, dass die Inhalte mit uns abgestimmt und die Lehrer in Deutschland ausgebildet sind.

Müssen die Lehrer auch in Deutschland leben oder können die eingeflogen werden?

Die Lehrer müssen ein Vollstudium haben als Lehrer in Deutschland, also Pädagogik und andere Fächer, und können zusätzlich muslimischen Religionsunterricht geben.

Wie wäre es eigentlich mit der Formel, für jede christliche Kirche, die in einem muslimischen Land gebaut werden darf, genehmigen wir hier eine Moschee?

Dieser theoretische Denkansatz ist notwendig. Die Diskrepanz zwischen den Forderungen der Muslime hier bei uns und der Behandlung der Christen zum Beispiel in der Türkei ist unerträglich. Spätestens nach dem Mord an mehreren Christen, die in der Türkei Bibeln vertrieben haben, ist ein Engagement der türkischen Staatsführung und der muslimischen Gemeinden für die gleichberechtigte Teilhabe der Christen am öffentlichen Leben in der Türkei zwingend notwendig. Man verhindert dort die Ausbildung des theologischen Nachwuchses der christlichen Kirchen und jede Aktivität der Christen in der Öffentlichkeit. Das entspricht nicht der christlich-jüdischen Tradition des Abendlands, eines aufgeklärten Miteinanders von Staat und Kirche.

Aber das Europa, das in seinem Verfassungsvertrag auf den Gottesbezug verzichtet, scheint sich daran nicht zu stören?

Ich bin klar positioniert für die Verankerung einer Verantwortung vor Gott und den Menschen und ein Bekenntnis zum christlich-abendländischen Gedankengut im europäischen Verfassungsvertrag. Allerdings würde ich mir von katholischen Ländern wie Spanien und Italien und auch Polen sehr viel mehr Rückendeckung wünschen.

Sind wir eigentlich ein Einwanderungsland oder ein Land mit hohem Ausländeranteil, der nicht integriert ist?

Die Bezeichnung Einwanderungsland ist nach wie vor nicht zutreffend, weil für mich die klassischen Einwanderungsländer Kanada, Amerika, Neuseeland und Australien als Gemeinsamkeit sehr strenge Bedingungen haben, die jeder Einwanderer erfüllen muss. Wir sind in Deutschland von einer solchen Diskussion, wen lassen wir herein, wer nützt uns, wie können wir das mit einem Punktesystem regeln, immer noch weit entfernt.

Warum eigentlich?

Weil wir es immer noch nicht geschafft haben, unsere eigenen nationalen Interessen hinreichend genau zu formulieren.

Als der bayerische Innenminister Günther Beckstein sagte, wir müssten unterscheiden zwischen Ausländern, die uns nützen, und Ausländern, die uns ausnützen, gab es einen Sturm der Entrüstung.

»Ausnützen« ist geeignet, Ressentiments gegen Ausländer pauschal zu schüren. Richtig ist, wie fast alles bei Beckstein, dass wir eine viel zu starke Zuwanderung in die sozialen Sicherungssysteme erlebt haben. Diese Zuwanderer haben dann hier Ansprüche, die bei weitem das übersteigen, was man als Berufstätiger in den Herkunftsländern, zum Beispiel in Afrika, erreichen kann. Wir sind dagegen zu wenig attraktiv für diejenigen, die uns wirklich einen Beitrag zum wirtschaftlichen Wachstum liefern können, also für Facharbeiter oder Wissenschaftler.

Die Zuwanderung in die Sozialsysteme ist ja längst kein so drängendes Problem mehr wie noch in den neunziger Jahren. Viel wichtiger ist meines Erachtens die Eindämmung der Parallelgesellschaften. Ist der Kampf gegen sie noch zu gewinnen?

Das wird von den Bemühungen der Muslime abhängen. Wenn sich die fundamentalistischen Kräfte durchsetzen, die die Öffnung zu den Deutschen problematisieren, sehe ich eine unheilvolle Zukunft. Für mich ist das die Frage des 21. Jahrhunderts, das Zusammenleben so zu organisieren, dass wir nicht unter Druck geraten und am Ende unsere Formen des Zusammenlebens in Frage gestellt wird. Nur wenn sich die aufklärerischen Kräfte hin zu einem demokratischen Islam verstärken, wird es zu einem gedeihlichen Zusammenleben kommen. Wer sich innerhalb des Islam durchsetzen wird, ist heute nicht absehbar. Wir dürfen nicht warten, bis so viele integrationsunwillige Muslime im Land sind, dass sie mit einer eigenen Partei die Fünf-Prozent-Hürde überspringen.

Es gibt bis in die CDU hinein Gutmenschen, die meinen, wenn man Ausländern das Wahlrecht zugesteht, würden die sich automatisch integrieren.

Weder Wahlrecht noch Staatsbürgerschaft bringen die wesentlichen Fortschritte bei der Integration. Sie stehen am Ende einer gelungenen Integration. Engagement, Bildungsabschlüsse, Sprachkenntnisse sind meines Erachtens die entscheidenden Kriterien.

Ein weiteres Zukunftsthema ist der Umweltschutz, die Bewahrung der Schöpfung. Bei diesem Thema denken nur wenige Menschen an die CDU. Zu Recht?

Lange Zeit waren die Grünen eine Ein-Themen-Partei und hängten sich das Etikett Umweltschutz um. Inzwischen sind sie auf allen Politikfeldern aktiv, und die CDU kann hier verlorengegangenes Terrain zurückerobern. Immerhin stellte die CDU mit Walter Wallmann den ersten Bundesumweltminister und betrieb schon in den achtziger Jahren, vor allem in den Ländern, eine erfolgreiche Umweltpolitik. Die CDU hatte mit Herbert Gruhl vor mehr als 30 Jahren schon einen Bundestagsabgeordneten, der mit seinem Bestseller »Ein Planet wird geplündert« das Thema Ökologie auf die politische Tagesordnung gesetzt hat.

Aber Gruhl verließ die CDU und gehörte zu den Gründungsmitgliedern der Grünen.

Dennoch ist die CDU für mich die prädestinierte Umweltpartei.

Das müssen Sie bitte begründen.

Erstens: Die CDU steht für eine erfolgreiche Wirtschaftspolitik. Und nur erfolgreiche, hochentwickelte Volkswirtschaften bringen die wirtschaftliche Leistungskraft hervor, um in den Umweltschutz investieren zu können. Ärmere Länder treiben zwangsläufig Raubbau an Umwelt und Natur. Zweitens steht die CDU für die Förderung technischer Innovationen wie Windenergie, Photovoltaik, Biomasse. Aber damit können wir die herkömmlichen Energiequellen nicht sofort und nicht vollständig ersetzen. Deshalb brauchen wir auf absehbare Zeit einen Energiemix, einschließlich der Kernenergie. Ökologie ist für mich kein Modethema. Ich habe schon in den neunziger Jahren als Fraktionsvorsitzender im Stadtrat von Osnabrück das Ziel verfochten, meine Heimatstadt zur Umwelthauptstadt Deutschlands zu machen. Denn für die Zukunft unserer Städte und unserer Welt ist die Qualität von Wasser, Luft und Boden von entscheidender Bedeutung. Deshalb müssen wir lernen, nachhaltig zu wirtschaften nach dem Motto »global denken, lokal handeln«. Auf dem Bundesparteitag 1994 in Hamburg war ich bei der Verabschiedung unseres Grundsatzprogramms einer der Vorkämpfer bei der Forderung nach einer »ökologischen und sozialen Marktwirtschaft«.

Zur Wirklichkeit gehört aber auch, dass die Umweltpartei CDU mit Herbert Gruhl nicht zurechtkam und das Dosenpfand aus der Zeit stammt, als die CDU den Bundesumweltminister stellte.

Die Umsetzung des Dosenpfands fiel in die Zeit des grünen Umweltministers Trittin.

Für den Öko-Linken Trittin war es sicher ein besonderes Vergnügen, einem Gesetz aus der Kohl-Ära zu seinem Recht zu verhelfen.

Wir haben manches zu bürokratisch geregelt. Quotierungen sind oft nicht so wirksam wie ökonomische Anreize zu umweltfreundlichem Verhalten. Wir müssen zu einem wirtschaftlichen Betrachten von Umweltschutz kommen. Wir in Niedersachsen profitieren davon, überall vorne dabei zu sein. Den Widerspruch zwischen Ökonomie und Ökologie gibt es dann nicht, wenn man es intelligent macht.

Aber die CDU verweist doch immer wieder auf den Widerspruch zwischen Wachstum und Umweltschutz.

Es gibt Wachstumsbremsen durch Umweltbürokratie. Es gibt unverständliche Detailregelungen, die von Brüssel verfügt werden ohne genaue Ortskenntnis. Das Programm der Zukunft muss lauten: Wachstum durch Umwelttechnologie. Die Erfinder des nachhaltigen Wirtschaftens waren übrigens die Forstwirte der Herzöge von Braunschweig und Lüneburg, die vor mehr als 250 Jahren erkannt haben, dass man nur so viele Bäume fällen darf, wie man neue pflanzt. Der Gesichtspunkt der Nachhaltigkeit, also die Welt so zu hinterlassen, wie wir sie vorgefunden haben, ist urchristlich, urökonomisch und nicht eine Erfindung von Umweltaposteln in Kyoto und Rio de Janeiro.

Beim Zustandekommen des Kyoto-Abkommens kam der damaligen Umweltministerin Angela Merkel eine Schlüsselrolle zu.

Insofern ist auch das Zusammenwirken von Angela Merkel und Ursula von der Leyen eine Riesenchance für die CDU, um sich dauerhaft bei über 40 Prozent zu positionieren. Denn Ursula von der Leyen nimmt der SPD das Thema Familienpolitik weg und besetzt es kompetent. Und Angela Merkel nimmt das Thema Klimaschutz und Umweltpolitik der SPD und den Grünen weg. Das ist für die anderen eine Provokation, aus unserer Sicht aber eine richtige, ja sogar eine grandiose Positionierung.

Aus meiner Sicht ist es eine Provokation, dass die CDU die Ökosteuer, die sie immer bekämpft hat, inzwischen für unverzichtbar hält.

Ich bin generell für marktwirtschaftliche Lösungen. Also zum Beispiel dafür, dass Unternehmen die Rechte in Form von Zertifikaten kaufen müssen, um die Umwelt mit ihren Emissionen belasten zu dürfen. Diese Verschmutzungsrechte können wir so verteuern, dass dadurch Anreize entstehen, in Umwelttechnologie zu investieren. Das ist ökologische und soziale Marktwirtschaft.

Das war nicht meine Frage. Die CDU behauptete in der Opposition, die Ökosteuer sei Teufelswerk. Kaum stellte die CDU die Kanzlerin, mutierte die Ökosteuer zu einem unverzichtbaren Bestandteil des Steuersystems.

Wir haben bewusst vor der Bundestagswahl nicht angekündigt, die Ökosteuer zu senken, sondern nur, sie nicht weiter zu erhöhen.

Und warum nicht?

Weil die Reduzierung der Energiebesteuerung momentan für den Finanzminister finanziell nicht zu verkraften ist.

Also bleibt die grüne Errungenschaft Ökosteuer auf ewig?

Wir müssen zu Flexibilisierungen kommen, weil sonst energieintensive Branchen abwandern. Das kann niemand wollen.

Ist nicht Energiesparen generell die beste Form der Energiepolitik?

Natürlich, weil ersparte Energie nicht erzeugt werden muss. An zweite Stelle setzt gute Energiepolitik die Steigerung der Effizienz, an dritte Stelle den Energiemix. Wir haben in Niedersachsen mit Jühnde das erste Dorf weltweit, das ganz ohne fremde Energie auskommt, und zwar durch eigene Biomasse.

Was kann man noch machen?

Das Modell der Zukunft ist die Kraft-Wärme-Koppelung. Lange Zeit zu wenig beachtet wurde auch die Gebäudesanierung durch Wärmedämmung, die eine Menge Energieverlust vermeidet. Der Energiepass für Gebäude ist ein wichtiger Schritt.

Der von Ihnen vertretene Energiemix unterstellt, dass auf Kernenergie auf absehbare Zeit nicht verzichtet werden kann. Aber das Problem der Endlagerung ist und bleibt ungelöst.

Für die bisherigen und künftig zu erwartenden Mengen an Restmüll und atomaren Abfällen ist ein begrenzter Raum notwendig. Wir haben in Niedersachsen das Lager Schacht Konrad für schwach radioaktive Stoffe. Das kann in den nächsten Jahren ausgebaut und in Betrieb genommen werden. Wir sind dazu bereit, dass die Erkundung von Gorleben zu Ende geführt wird, die Salzstöcke bei Eignung auch als Endlager genutzt werden. Falls Gorleben ungeeignet sein sollte, müsste nach anderen Standorten gesucht werden. Es gibt weltweit Anerkennung für die Salzformation in Gorleben und bisher keine Bedenken gegen die Eignung dieser Lagerstätte. Die Vorzüge von Gorleben wurden selbst von Schröder und Trittin bei den Konsensgesprächen der rot-grünen Bundesregierung mit der Energiewirtschaft anerkannt.

Und falls Gorleben für die Endlagerung doch nicht geeignet sein sollte?

In Niedersachsen wird es keine weiteren Bohrungen und keine weiteren Erkundungen von Gesteinsformationen mit meiner Zustimmung geben. Wir haben mit Schacht Konrad und Gorleben gezeigt, dass wir zu nationaler Verantwortung bereit sind. Aber in dem von Ihnen geschilderten Fall wären dann auch mal andere Bundesländer an der Reihe.

SPD und Grüne rühmen sich, sie hätten den Weg zum Solarzeitalter eingeschlagen. Widersprechen Sie da vehement oder nur formal?

Mein Vorgänger Ernst Albrecht hat das Institut für Windenergietechnik in Wilhelmshaven und das Institut für Solartechnik in Hameln gegründet – in den siebziger Jahren. Und er hat auf nachwachsende Rohstoffe gesetzt. Diese drei Entscheidungen erweisen sich im Rückblick als zukunftsweisend. Photovoltaik hat den Reiz, dass die Sonne keine Rechnung schickt und dass diese Energie unbegrenzt zur Verfügung steht. Kirchendächer, öffentliche Gebäude, große Flächen könnten dafür genutzt werden. Den politisch entscheidenden Durchbruch hat das Gesetz zur Förderung erneuerbarer Energien gebracht. Das hat die CDU/CSU-Bundestagsfraktion bereits Ende der achtziger Jahre auf den Weg gebracht.

Es gibt den spöttischen Satz von Angela Merkel, es sei der Traum der Grünen, eines Tages in jeden Vorgarten ein Windrad zu stellen.

Wir haben es mit zwei Tendenzen zu tun. Einerseits an vorhandenen Standorten neue Anlagen mit sehr viel höherer Leistung zu errichten, zum anderen die Offshore-Windkraft im Meer in Angriff zu nehmen. Wir schaffen jetzt die Voraussetzungen, den dort produzierten Strom an Land zu bringen. Der Vorteil der Windkraft auf offener See ist, dass man damit nicht nur Spitzenlaststrom, sondern auch Mittellaststrom produzieren kann, weil der Wind sehr viel regelmäßiger weht. Und wenn dann noch Speichertechnologien entwickelt werden, hätten wir einen weiteren Technologiesprung. Eine Windkraftanlage in Deutschland erregt die Gemüter, aber wenn sie nach dreißig, vierzig Jahren abgebaut wird, ist die Umwelt überhaupt nicht geschädigt, keine Ressource verschwendet. Allenfalls war das Landschaftsbild vorübergehend beeinträchtigt. Wenn wir bei der Windkraft nicht mehr tun, wird man uns in 150 Jahren vorwerfen, wir hätten nicht alles getan, was wir tun konnten.

Wenn wir Energie speichern könnten, hätten wir viele Probleme gelöst.

Wir können es heute nur mit Hilfe von extrem schweren Batterien. Schon mit leichteren Batterien wären wir sehr viel weiter.

Unser Energiebedarf hat auch viel mit unserer Mobilität zu tun. Warum wird eigentlich Fliegen nach wie vor steuerlich bevorzugt?

Weil wir im Flugverkehr nur europaweit zu einheitlichen Regeln kommen können. Die Flughäfen um Deutschland herum sind in freudiger Erwartung, dass wir bei der Besteuerung von Kerosin nationale Alleingänge unternehmen.

Der politische Slogan »Vorrang für die Bahn« wird in der Praxis eigentlich nicht umgesetzt.

Der Bund hat gewaltig in die Infrastruktur der Bahn investiert, in Schienenwege und Wagenbestand. Ich wüsste nicht, dass der Staat die Anschaffung von Flugzeugen subventioniert hätte. Meine Erfahrung ist aber auch, dass auf der Schiene mehr Wettbewerb guttäte. Wir haben in Niedersachsen mehrere Anbieter im Eisenbahn-Regionalverkehr und machen mit den Privaten sehr gute Erfahrungen. Da gibt es eine große Benutzerfreundlichkeit, wird auf Fahrplanwünsche von Gemeinden eingegangen. Wir haben es ja beim öffentlich-rechtlichen Rundfunk gesehen, dass private Konkurrenten auch den öffentlichen Bereich zu größeren Anstrengungen zwingen. Das wäre bei der Bahn nicht anders.

Heißt das, dass bei der geplanten Teil-Privatisierung der Deutschen Bahn AG im Jahr 2008 Betrieb und Netz getrennt werden müssen?

Die Bahn kann einen wesentlichen Zugriff auf das Netz haben, weil sie der hauptsächliche Nutzer ist. Aber formal müssen Netz und Betrieb getrennt sein, damit es nicht zu Wettbewerbsverzerrungen gegenüber den Privaten kommt. Im Übrigen habe ich Zweifel, dass die Bahn bereits 2008 an die Börse geht.

Was immer wir beim Umweltschutz und beim Energiesparen tun – ist die damit zu erreichende Verringerung der Umweltbelastung nicht nur ein Tropfen auf den heißen Stein, wenn man sieht, wie stark die Emissionen durch das rasante Wirtschaftswachstum in China und Indien zunehmen?

Das war nie ein Argument für mich. Ich setze vielmehr auf folgende Logik: Wenn wir vorbildlich vorangehen, folgen die anderen. Wir haben mit der Industrialisierung in Europa begonnen, deshalb müssen wir jetzt mit dem Einstieg in eine ökologische Wirtschaft beginnen. Durch unsere Entscheidungen haben wir bereits in China Eindruck gemacht. Bei meiner China-Reise im Frühjahr 2007 habe ich an der Tongji-Universität in Shanghai klar angesprochen, was sich dort abspielt. Wenn die Schneeschmelze am Himalaja fortschreitet, werden die größten Flüsse der Welt in den bevölkerungsreichsten Regionen der Welt betroffen. Dann wird sich die Trinkwassersituation für drei Milliarden Menschen zum Beispiel in Indien und China dramatisch negativ verändern. Deshalb ist der Druck, Kohlendioxidemissionen zu verhindern, gewaltig. Es hilft uns nicht weiter, die einen gegen die anderen auszuspielen. Wir können nur Erfolg haben, wenn wir weltweit auf dasselbe Ziel hinarbeiten. Deshalb war der Erfolg von Angela Merkel beim Weltwirtschaftsgipfel im Juni 2007 in Heiligendamm so wichtig.

Wir sprechen ja über Ihre Z-Worte: Z wie Zukunft, wie Zukunft der Demokratie. Immer weniger Menschen gehen zur Wahl, immer weniger Menschen engagieren sich für Parteien. Das sieht demnach nicht gut aus.

Es gibt Politikerverdrossenheit, Parteienverdrossenheit, eine zunehmende Ferne zur Demokratie. Bisher wurde gesagt, die Deutschen sind überzeugte Demokraten, sie kritisieren nur einzelne Politiker. Das gilt so pauschal nicht mehr. Vielmehr besagen jüngste Umfragen, dass in Westdeutschland noch 68 und in Ostdeutschland nur 57 Prozent die Demokratie als die beste politische Staatsform bezeichnen. In manchen Dörfern der neuen Bundesländer erinnern die Aggressivität der Radikalen und die fehlende Gegenwehr mancher Demokraten an Zustände in der Weimarer Republik. Ich erlebe, dass Kritik an einzelnen Politikern, einzelnen Zuständen in unserem Land in allgemeine Politikverachtung umschlägt. Das führt dazu, dass immer weniger Bürger bereit sind, in die Politik zu gehen. Eine Demokratie ist aber darauf angewiesen, dass sie viele Demokraten, viele fähige Bürgerinnen und Bürger hat, die bereit sind, einen Teil ihres Lebens zu opfern, um sich für ihr Land zu engagieren. Da braucht es eine patriotische Gesinnung. Viele bleiben lieber in ihrer Nische des Unternehmens, des Verbandes, der Institution.

Verglichen mit den sechziger und siebziger Jahren lässt – quer durch alle Parteien – die Qualität des politischen Personals deutlich nach.

Die Arbeitsbelastung in den kommunalen Parlamenten hat ungeheuer zugenommen. Das macht es für Mittelständler, für Freiberufler und für Handwerker immer schwerer, ein Mandat auszuüben. Das gilt auch für die Landtage. Wenn wir das nicht ändern, kann sich nur noch jemand aus dem öffentlichen Dienst ein Mandat leisten. Er hat nämlich im Anschluss an die Politik immer eine Rückfallposition, während ein Mittelständler oder Handwerker anschließend seinen Betrieb nicht mehr im selben Zustand vorfindet wie zu Beginn der politischen Arbeit.

Der hohe Anteil von Funktionären und Beamten in den Parlamenten ist offensichtlich.

Ich habe immer darauf geachtet, dass in der CDU-Landtagsfraktion in Hannover Facharbeiter, Hausfrauen, Landwirte, Rechtsanwälte, Freiberufler und Handwerker die Mehrheit bilden. Das ist bis heute gelungen. Die SPD-Fraktion setzt sich dagegen fast ausschließlich aus Angehörigen des öffentlichen Dienstes und Vertretern von Institutionen zusammen. Das ist nicht gut für ein Land, wenn die repräsentative Demokratie keinen repräsentativen Querschnitt der Frauen und Männer, der Jungen und Alten, der Berufsgruppen und Erfahrungshorizonte liefert.

Verhält sich der Bürger, der im Fernsehen eine politisch hochkarätig besetzte Talkshow verfolgt, nicht rationaler als jemand, der in einen Ortsverein geht, um einem Hinterbänkler zuzuhören?

Mitgliedern einen Mehrwert für ihre Parteimitgliedschaft zu geben, dass sie mehr entscheiden können, näher dran sind, das ist die Bringschuld der Parteien. Aber die Bürger müssen sich auch engagieren wollen. Das ist ein Appell an etwas Grundlegendes – dass wir eine Gemeinschaft, ein Land, ein Volk sind, das Verantwortung für seine Zukunft hat. Nach dem Untergang des Sozialismus hat man den historischen Wettstreit der Systeme als endgültig geklärt betrachtet. Jetzt werden wir erkennen müssen, dass es immer wieder kommunistische und kollektivistische Ansätze geben wird, nach der schönen Melodie, Ungleichheit ist ungerecht, viel schöner ist es, wenn alle gleich viel – und im Endeffekt gleich wenig – haben. Das wird immer wieder Menschen faszinieren. Aber es bleibt falsch.

Zwei Prozent der Wahlberechtigten sind Parteimitglieder, Tendenz sinkend. Theoretisch haben die zwei Prozent einen großen Einfluss, oder?

Klar. Weil wir weniger Parteimitglieder haben, ist der Einzelne bedeutsamer geworden. Das Argument, man könne doch nichts ausrichten, ist eine Antwort der Bequemen. Wenn ich mehr Menschen erleben würde, die den Versuch gemacht haben, sich politisch zu engagieren und dabei gescheitert sind, wäre das Nicht-Engagement für mich glaubhafter. Die meisten sagen: »Politik verdirbt den Charakter«, und meinen, sie hätten deswegen schon einen guten Charakter, weil sie keiner Partei angehören. Das ist Unsinn. Wer Charakter hat, kann ihn auch in der Politik behalten. Das ist meine Erfahrung.

Bei Kommunalwahlen, auch bei Direktwahlen, geht die Wahlbeteiligung immer mehr zurück, selbst da, wo die Leute unmittelbar betroffen sind.

Es gibt eine wachsende Zahl von Menschen, die lesen keine Zeitung, schauen keine Nachrichten, nehmen von ihren Nachbarn keine Notiz mehr, richten sich eine eigene Welt ein.

Wäre es nicht gut, auf dem Stimmzettel eine Rubrik zu haben: Keiner von denen?

Man kann ja den Stimmzettel ungültig machen. Das tun rund ein Prozent der Wähler. Aber hinzugehen, den Stimmzettel ungültig zu machen und wieder wegzugehen, ist destruktiv.

Ist es nicht doch politischer, als wenn der Wähler zu Hause bleibt?

Es hilft unserem Land in beiden Fällen nicht. Wer mit allen vorhandenen Parteien unzufrieden ist, der hilft allenfalls, wenn er eine Partei gründet und selber antritt und dagegenhält.

Im Wahlsystem für die russische Duma kann man »Keinen von denen« ankreuzen. Und falls das mehr als 50 Prozent tun, muss die Wahl wiederholt werden. Der Clou: Von denen, die zur Wahl standen, darf dann keiner mehr kandidieren.

Mit dem Gedanken kann ich mich nicht anfreunden. Es stärkt nicht wirklich die Demokratie, weil es nicht konstruktiv ist.

Wir leben heute in der vielzitierten Mediendemokratie. Haben die Medien zu viel Einfluss?

Ich bin froh über den Einfluss. Weil die Medien dafür sorgen, dass alles rauskommt, dass nichts verharmlost oder vertuscht werden kann. Mich bedrückt eher, dass manche Medienvertreter ihre Verantwortung nicht spüren als Mittler zwischen Politik und Bürger. Dass sie sich nicht verantwortlich fühlen für das ganze Bild, nicht nur für den Ausschnitt, der Quote und Auflage verspricht. Im scharfen Wettbewerb der Medien untereinander besteht die Gefahr der Skandalisierung von Politik und Politikern. Weil die schlechte Nachricht größere Resonanz findet als die gute.

Auch die Leser sind so. Die sehen und lesen lieber etwas über Skandale und Affären als über den normalen grauen politischen Alltag.

Natürlich muss berichtet werden, wenn ein Politiker korrupt ist. Aber es darf nie aus dem Blick geraten, dass wir in einem freien Land leben mit einem hohen Maß an Sicherheit und Wohlstand.

Ist es nicht in höchstem Maße zynisch, wenn Vizekanzler Müntefering sagt: »Es ist unfair, wenn ihr Wähler uns daran messt, was wir vor der Wahl gesagt haben«? Und die Kanzlerin stimmte ihm noch ausdrücklich zu!

In der allgemeinen Empörung wurde der nächste Satz von Müntefering weggelassen: Dass man nur dann voll an seinen Versprechen gemessen werden kann, wenn man zu einer absoluten Mehrheit gelangt, in Koalitionen aber Abstriche machen muss. Für die Notwendigkeit von Kompromissen muss man eben auch werben.

Die SPD hat im Wahlkampf 2005 keine Versprechungen gemacht für den Fall ihrer absoluten Mehrheit. Jeder wusste, dass die SPD allenfalls in einer Koalition weiterregieren kann.

Insofern verstehe ich die Empörung über Müntefering. Er hat ohnehin das Problem, dass er mehrfach die deutsche Öffentlichkeit willentlich und wissentlich belogen und sich dazu bekannt hat. Die Mitglieder der Bundespressekonferenz können davon ein Lied singen.

Bleiben wir beim Verhältnis von Politik und Medien. Ist es nicht so, dass sich Journalisten gern überschätzen, was ihren Einfluss angeht? Und dass sich Politiker gern hilfloser darstellen, als sie sind?

Meine Wahrnehmung ist: Die Bereitschaft, sich kritisieren zu lassen, ist bei Politikern größer als bei Journalisten. Der Wille, sich gegen Journalisten zu wehren, ist wegen der Aussichtslosigkeit bei Politikern nicht sehr entwickelt. Solange der Politiker nicht eine Rubrik eingeräumt bekommt, in der er die Journalisten mit Noten versehen kann, macht die Auseinandersetzung nur auf Fachtagungen Sinn. Da gehört sie letztlich auch hin.

Politiker sind doch sehr aktiv, wenn es darum geht, Journalisten mit bestimmten Informationen zu füttern, ihnen andere Sachen auszureden, eine wohlwollende Berichterstattung durch Exklusivität zu belohnen und eine kritische zum Beispiel durch die Verweigerung von Interviews zu bestrafen.

Gut informierte Journalisten können besser berichten. Deshalb praktizieren wir in Niedersachsen Offenheit. Trotzdem gibt es Diskretion. So ist aus meinen 180 Kabinettssitzungen nie Vertrauliches nach außen gedrungen. Wir unterscheiden uns hier in Hannover deutlich von Berlin. Alle möglichen Leute verbreiten dort schon aus der Sitzung heraus per SMS ihre Sicht der Dinge. Das macht es fast unmöglich, in Berlin offene Diskussionen zu führen. Das ist übrigens auch eine Erklärung dafür, dass ich nicht nach Berlin will.

Das Privatleben spielt eine immer größere Rolle in der politischen Berichterstattung. Das wäre so nicht möglich, wenn viele Politiker nicht bereitwillig ihre Haustüren öffneten.

Eine Tür, die man geöffnet hat, kriegt man schwer wieder zu. Deswegen muss man von Anfang an klarmachen, was öffentlich gemacht wird und was der Öffentlichkeit unzugänglich bleiben soll. Natürlich sehe auch ich eine starke Event-Orientierung. Mein Geschmackstest von Tomatensoßen für die ZDF-Sendung »Wiso«, meine Känguru-Taufe zusammen mit der Niedersächsin Sarah Connor oder mein Auftritt beim großen Schultest mit Jörg Pilawa schaffen Bilder und finden mehr Aufmerksamkeit als die meisten Reden oder Interviews, zum Beispiel zum 20. Juli 1944 oder bei der Ehrung von Ehrenamtlichen, die ich in der gleichen Woche gehalten habe. Aber mit solchen Fernsehauftritten sorge ich letztlich auch für öffentliche Aufmerksamkeit für Themen wie gesunde Ernährung oder die Bedeutung von Bildung.

Werden die Personen wichtiger als die Programme?

Der Streit zwischen zwei Personen lässt sich viel stärker zuspitzen und bebildern als die Auseinandersetzung zwischen zwei inhaltlichen Positionen. Das ist ein Problem in der Mediengesellschaft.

Keine Partei, kein Politiker kann gezwungen werden, den Zirkus mitzumachen.

Es gilt der Satz von Enzensberger, dass Politiker ständig unter Beobachtung stehen.

Nun geht ja bei uns nicht nur das parteipolitische Engagement zurück. Das betrifft ja auch Verbände und Vereine. Entwickeln wir uns zu einer Gesellschaft der Trittbrettfahrer, also zu einer Gesellschaft, in der die meisten nur passiv dabei sind?

Ich mache mir Sorgen um die Zukunft der Demokratie in Deutschland. Denn vieles wird als selbstverständlich betrachtet, und es wird nicht erkannt, dass man es jeweils wieder neu erkämpfen muss. Sonst bereitet man das Feld für die Feinde der Demokratie, die Stimmung machen gegen Politiker, die angeblich nur an sich selber denken, angeblich immer nur die Unwahrheit sagen. Die Politik muss selbstbewusster auftreten. Als im Sommer 2007 bei einer Veranstaltung zum 20. Juli 1944 ein Preis für Zivilcourage gefordert wurde, habe ich gesagt, der erste Preisträger müsse Bundesverteidigungsminister Franz Josef Jung sein. Mit der Begründung, er sorge mit seinen Soldaten in Afghanistan unter anderem dafür, dass Mädchen wieder zur Schule gehen können, dass zivile Strukturen in den Städten wiedererrichtet werden. Die Soldaten, die sich dort einsetzen, sind die wirklichen Helden dieser Zeit. In Deutschland werden diese Männer und Frauen zum Teil kritisiert. In Wirklichkeit sorgen sie dafür, dass in Afghanistan weniger Ausbildungslager für Terroristen betrieben werden, dass dort nicht mehr trainiert werden kann, möglichst viele andere Menschen in den Tod zu reißen.

Was hindert Sie daran, einen solchen Preis für Zivilcourage zu vergeben?

Sie haben recht: Politische Zivilcourage wird bei uns viel zu wenig gewürdigt und anerkannt. Deshalb hat zum Beispiel Helmut Kohl den Friedensnobelpreis verdient, weil er sich zeitlebens für die wehrhafte Demokratie eingesetzt hat. Es kann nicht sein, dass die Politik für alle Fehlentwicklungen haftbar gemacht wird, und für alles, was gut läuft, der Zufall herangezogen wird. Wir leben in Deutschland seit sechs Jahrzehnten in Frieden, in Freiheit, in einer Demokratie. Wir genießen Wohlstand und eine hohe Lebensqualität. Daran hat die Politik großen Anteil. Dennoch trifft die Politik auf viel Hohn, Verachtung und Pauschalkritik. Das müssen wir gemeinsam, auch mit Hilfe der Medien, dringend ändern – im Interesse unserer Demokratie.

7
Niedersachsen

»Wir wollen in eine Liga mit Bayern, Baden-Württemberg und Hessen«

Im Wahlkampf vor fünf Jahren sind Sie angetreten, um in Niedersachsen vieles besser zu machen. War das Land wirklich in so einem schlechten Zustand, wie Sie das damals im Wahlkampf beschrieben haben?

Eindeutig ja. Wir hatten eine miserable Stimmung in der Wirtschaft, sehr schlechte Ergebnisse beim Vergleichstest im Bildungsbereich und eine horrende Neuverschuldung von jährlich drei Milliarden Euro. Das wäre nicht mehr lange gutgegangen. Wir wären in eine Lage wie Berlin, das Saarland oder Bremen geraten.

Gab es gar nichts, wo Sie nach dem Regierungswechsel sich selbst eingestehen mussten, da haben wir übertrieben, da war es doch nicht so schlimm?

Unter der Oberfläche hatte sich in Niedersachsen eine ganze Reihe von kleinen Technologie-Unternehmen entwickelt, gab es sehr aktive Forscher und Erfinder. Darauf konnten wir durchaus aufbauen. Es gab auch Ansätze, die von uns mit Begeisterung fortgeführt werden konnten. Ich denke zum Beispiel an das Projekt X-Lab in Göttingen, das für Schülerinnen und Schüler landesweit Fortbildung in Biologie, Chemie, Physik, Informatik anbietet. Das war eine Idee der Universität, aber auch des damaligen SPD-Wissenschaftsministers Oppermann. Aber er war eher ein Einzelkämpfer, ohne wirkliche Resonanz in seiner SPD, während wir neue Technologien mit Enthusiasmus fördern und dem Ganzen einen anderen Schwung geben. Wir nehmen für uns in Anspruch, die Stimmung in der Wirtschaft entscheidend gewendet zu haben.

Sie verweisen darauf, was alles erfolgreich verlaufen ist. Verraten Sie doch mal: Ist seit 2003 auch etwas nicht gut gelaufen?

Schiffbruch erlitten habe ich beim Rauchverbot in Gaststätten. Auf Bundesebene ist seit Jahrzehnten nichts passiert, dann waren ab Herbst 2006 die Länder zuständig. Ich wollte – wir haben das bereits erörtert – weitreichende Rauchverbote. Die haben wir auch beschlossen für Behörden, für Krankenhäuser, für Kindergärten, für Kinderspielplätze, für öffentliche Verkehrsmittel. Für den Bereich der Gastronomie wollte ich auch ein generelles Rauchverbot. Aber mit der Ausnahme, dass ein Gastronom sein Lokal zur Rauchergaststätte erklären kann und jeder potenzielle Gast schon vor Betreten der Gaststätte das weiß. Aber mein Versuch, das auf der Basis der Freiwilligkeit und Eigenverantwortlichkeit zu regeln, ist nach hinten losgegangen.

Wieso eigentlich?

Die meisten Stellungnahmen aus der Hotel- und Gaststättenbranche fielen so aus, dass mit Raucher-Türschild alles beim Alten bleiben sollte. Manche waren überrascht, dass ich sie selbst entscheiden lassen wollte. Andere wiederum befürchteten, sie könnten Gäste an die Raucherkneipen verlieren, wenn sie Nichtraucherlokal werden. Die Konsequenz dieser öffentlich geführten Debatte hat mir gezeigt, wie weit der Wunsch nach klaren Geboten und Verboten verbreitet ist. Vor diesem Hintergrund sind wir dann zum Vorreiter beim Nichtraucherschutz aller Länder geworden. Nur noch in Nebenräumen lassen wir Rauchen zu. Bei diesem Thema hatte ich die Stimmung im Lande falsch eingeschätzt und das Bedürfnis nach freiheitlichen Regelungen überschätzt.

Das hat Ihnen den Vorwurf eingebracht, ein von der Zigarettenindustrie bezahlter Lobbyist zu sein.

Das war eine traurige Erfahrung. Denn wir haben nie einen Hehl daraus gemacht, dass bestimmte Veranstaltungen der Landesregierung von der niedersächsischen Wirtschaft gesponsert werden. Denn ich bin der Meinung, dass Feste der Landesregierung wie zum Beispiel das Sommerfest unserer Berliner Vertretung nicht zu Lasten des Steuerzahlers gehen dürfen. Da in Niedersachsen auch Zigarrenfabriken sind, haben die sich auch mit 2000 oder 2500 Euro an der Finanzierung unserer Sommerfeste in Berlin und Brüssel beteiligt. Daraus zu folgern, meine Meinung sei beeinflusst worden, ist absurd. Übrigens: Ich kenne kaum ein Fest, das nicht auch von der Tabakindustrie unterstützt wurde – auch die Feste der »Bild«-Zeitung und der »Bild am Sonntag« sowie der Zeitungen und die Parteitage der SPD. Deswegen sind die doch nicht korrupt.

Es gab doch sogar eine Strafanzeige gegen Sie.

In den Medien war zu lesen, eine Aktion »Pro Rauchfrei« habe Strafanzeige gegen mich erstattet. Die Staatsanwaltschaft hat es trotz Beschwerde aber abgelehnt, gegen mich zu ermitteln, weil es keinerlei Anhaltspunkte gab, um überhaupt Ermittlungen aufzunehmen. Dies ist leider kaum berichtet worden.

Zurück zu Ihrer Politik. Ebenfalls nicht gelungen ist Ihr Versuch, das System Volkswagen aufzubrechen, jene unheilige Allianz aus IG Metall, Betriebsrat, SPD und Vorstand.

Bei Volkswagen waren wir sehr erfolgreich, und das wird sich in den nächsten Jahren erweisen. Dort wird jetzt in den Gremien ganz anders, viel offener diskutiert. Es geht wieder um die Zukunft des Unternehmens. Die Versuche von einigen Funktionären der SPD, die rechtswidrig an Volkswagen verdienen wollten, ohne das öffentlich zu machen, und es immer erst zugegeben haben, wenn leugnen nicht mehr lohnte – diese Missstände sind abgestellt. Dafür bin ich auf Betriebsversammlungen beschimpft worden, ohne auch nur ahnen zu können, dass der Betriebsratsvorsitzende Volkert selber tief in dieses System verstrickt war.

Aber nicht gelungen ist Ihnen, Herrn Piëch als Aufsichtsratsvorsitzenden zu verhindern. Der steht ja weiter für den VW-Filz: Chefkontrolleur bei VW, Aufsichtsrat bei Porsche, Großaktionär bei Porsche und bei Europas größtem VW-Importeur in Salzburg. Der größte Arbeitgeber in Niedersachsen am Gängelband von Herrn Piëch?

Porsche und Niedersachsen waren 2006 mit jeweils etwa 20 Prozent gleichrangige Volkswagen-Aktionäre. Damals wollten wir uns für 2007 auf einen Aufsichtsratsvorsitzenden verständigen, der weder der Seite von Niedersachsen noch der von Porsche zuzuordnen ist. Als dann zur Hauptversammlung 2007 Porsche die Verhältnisse verändert hat und mit 30 Prozent der mit Abstand größte Aktionär war, stellte sich die Situation anders dar. Man muss dann akzeptieren, dass der größte Aktionär das Recht in Anspruch nimmt, den Aufsichtsratsvorsitzenden zu stellen. Porsche hat viel Geld in die Hand genommen und damit mehr Einfluss erlangt. Das muss man als zweitgrößter Aktionär hinnehmen.

Aber da blieben doch Wunden zurück?

Wir haben die Streitaxt begraben und zu sachlicher Zusammenarbeit gefunden. Unterm Strich bringt der Einstieg von Porsche eine Vielzahl von Vorteilen mit sich: automobile Kompetenz, Synergieeffekte und die Stabilität der Aktionärsstruktur. Wir sind jetzt gegen eine feindliche Übernahme gewappnet, weil Niedersachsen und Porsche zusammen über 50 Prozent haben. Das ist in Zeiten großer Überraschungen mit vagabundierendem Kapital nicht zu unterschätzen.

Keiner verliert ja gern. Schmerzt Sie das im Fall Piëch persönlich oder weil es schlecht ist fürs Land? Oder ist es doch nicht schlecht fürs Land? Dann stellt sich die Frage, warum gab es überhaupt den Kampf?

Es gab keinen Kampf. Ich habe allerdings Wert darauf gelegt, dass Volkswagen für alle derzeitigen und potenziellen Aktionäre interessant bleibt. Außerdem war ich der Meinung, es wäre gut, einen neutralen Aufsichtsratsvorsitzenden zu bekommen. Porsche wiederum als größter Aktionär war der Meinung, Piëch solle es bleiben. Ich denke, dass man im Sinne von Cicero handeln darf: Dass man nicht B sagen muss, wenn man herausgefunden hat, dass A falsch ist. Eine längere streitige Auseinandersetzung hätte dem Unternehmen nicht gedient.

Sie heben auf Porsches Anteil von 30 Prozent ab. Aber das VW-Gesetz beschränkt die Stimmrechte doch auf 20 Prozent.

Wir wollen nicht auf die Hauptversammlungsmehrheiten nach dem VW-Gesetz abstellen, sondern auf die tatsächlich übernommenen Risiken. Porsche ist erhebliche Risiken eingegangen, hat erhebliches Kapital der Familien bei Volkswagen gebunden. Das muss anerkannt werden.

Das VW-Gesetz gibt dem Land Niedersachsen wegen der Stimmrechtsbeschränkung noch viel Einfluss. Dieses Gesetz wird aber doch wohl von Brüssel kassiert werden. Oder sind Sie hoffnungsvoll?

Ich halte das VW-Gesetz von 1961 für in jedem Punkt vereinbar mit europäischem Recht. Es privilegiert keinen Aktionär, weder einen inländischen noch einen ausländischen, es begünstigt auch nicht die öffentliche Hand. Keiner soll mehr als 20 Prozent Einfluss haben; das ist ein Wunsch aus der Entstehungsgeschichte von Volkswagen. Es sollte eine wirkliche Volksaktie sein. Die VW-Arbeiter hatten nach dem Zweiten Weltkrieg den Betrieb wieder aufgebaut, und es war lange Zeit strittig, wem VW eigentlich gehört. Die Frage hat man dann einhellig geklärt: 20 Prozent für den Bund, 20 Prozent für das Land, den Rest breit gestreut. Der Bund hat sich später zurückgezogen. So eine vom deutschen Bundestag beschlossene Konstruktion muss auch im europäischen Binnenmarkt akzeptiert werden. Dass das eine abschreckende Wirkung auf den Kapitalmarkt hätte, ist spätestens seit dem Einstieg von Porsche widerlegt worden. Porsche hat in Kenntnis des VW-Gesetzes die Aktien erworben.

Man kann auch vermuten, Porsche hat jetzt nachgekauft, weil man dort davon ausgeht, dass die Stimmrechtsbeschränkung in naher Zukunft wegfällt.

Wir gehen davon aus, dass sie nicht wegfällt. Auf jeden Fall wird die Bedeutung der Beschränkung ohnehin überschätzt. Unsere 20 Prozent reichen auf Hauptversammlungen wegen der geringen Aktionärspräsenz immer für die Sperrminorität von 25,1 Prozent.

Ihre Landesregierung hat vieles privatisiert. Warum verkauft sie nicht die VW-Aktien? Das entspräche doch der reinen CDU-Lehre.

Wir verhalten uns wie ein privater Aktionär. Aber wir achten darauf, dass neben der Rendite die Arbeitsplätze in Niedersachsen ein gleichrangiges Ziel sind. VW ist mit mehr als 100 000 Beschäftigten, 60 000 Zulieferer-Arbeitsplätzen und einem großen Exportanteil für das Land von außergewöhnlicher Bedeutung. Wir haben zugleich immer gesagt, was betriebswirtschaftlich notwendig ist, begleiten wir. So haben wir den Arbeitsplatzabbau in den zurückliegenden Jahren mitverantwortet, um das Unternehmen zukunftsfest und erfolgreich zu machen.

Verstehe ich Sie richtig: Wenn sozusagen die richtige Regierung dran ist, schadet eine Staatsbeteiligung nicht?

Es ist schon ein Unterschied, ob Sozialdemokraten die niedersächsischen Anteile im Aufsichtsrat vertreten oder wir. Der erste Sozialminister unter Ministerpräsident Schröder, Walter Hiller, ist unmittelbar vom Betriebsratsvorsitz bei Volkswagen auf den Sitz des Sozialministers gewechselt und hat als Minister dann die Landesregierung im Aufsichtsrat vertreten. Das heißt, es gab im Aufsichtsrat keine Paritäten mehr, sondern es standen zehn Vertreter auf der Arbeitnehmerseite plus Sozialminister gegen acht Kapitalvertreter plus Gerhard Schröder. In dieser Zeit sind die Verfilzungen entstanden, die Strukturen, die beseitigt wurden. Seit 2003 haben wir dem Vorstand viel Rückendeckung gegeben für eine neue Modellpolitik, für eine

Stärkung der Standorte, für notwendige Strukturanpassungen. Der Aktienkurs ist seitdem um mehr als 100 Euro nach oben geschnellt. Das Unternehmen ist viel wettbewerbsfähiger als vor vier Jahren.

Wenn ich Sie so reden höre, dann begehen Ihre Kollegen Stoiber und Koch große Fehler. Stoiber müsste sagen: »Ich brauche auch 20 Prozent bei BMW.« Und Koch müsste das Ziel haben, sich über General Motors an Opel zu beteiligen.

Wenn Opel-Standorte in Hessen oder Ford-Standorte in Nordrhein-Westfalen von Schließung bedroht wären, wären die jeweiligen Ministerpräsidenten froh, wenn sie als Aktionäre mehr Einfluss hätten. Als VW zum Beispiel das Werk in Belgien schließen wollte, war der belgische Ministerpräsident sehr daran interessiert, Anteilseigner bei VW zu werden.

Also Bayern wäre besser dran, wenn sich das Land an BMW beteiligte?

Die Beteiligung Niedersachsens an VW hat historische Ursachen, ist ein Fall »sui generis«, also einzigartig. Aber möglicherweise hätte eine bayerische Beteiligung an BMW dafür gesorgt, dass das neue BMW-Werk in Bayern und nicht in Sachsen gebaut worden wäre. Der Einfluss Niedersachsens ist an vielen Stellen sinnvoll. Wir nehmen Einfluss auf die Lkw-Fusion und kämpfen bei Scania/MAN auch für den MAN-Standort Salzgitter. Wenn gesagt wird, verkauft eure Aktien und steckt das Geld in die Bildung, kann ich nur entgegenhalten: In Niedersachsen sind bereit seit Jahren Milliarden aus der VW-Dividende über die VW-Stiftung in die Forschung geflossen und stehen weiterhin für Wissenschaft und Forschung zur Verfügung.

Wir sprechen ja gerade über Fehlschläge in Ihrer Regierungszeit. Wie war das eigentlich mit dem Polizeigesetz, mit dem Sie vor dem Bundesverfassungsgericht gescheitert sind?

Wir mussten die verfassungsrechtlichen Grenzen austesten. Verbrecher nutzen heute immer mehr technische Möglichkeiten. Die Möglichkeiten des Staates, Kenntnisse zu erlangen und zu verwerten, sind unzureichend und hinken der Entwicklung hinterher. Deswegen haben wir ein sehr scharfes Polizeigesetz gemacht. Damit sind wir in Teilen beim Bundesverfassungsgericht gescheitert.

Und das bedeutet was?

Selbstverständlich halten wir die vom Verfassungsgericht gesetzten Grenzen ein. Nicht alle Grenzen, die da gesetzt wurden, überzeugen uns. Wir glauben, dass der Senat dies in kommenden Jahren wird überprüfen müssen, wenn man den internationalen Terrorismus erfolgreich bekämpfen will.

Wir haben über Fehlschläge in Ihrer ersten Amtszeit gesprochen. Jetzt frage ich mal: Was ist seit 2003 unerledigt geblieben in Ihrem Bundesland?

Die Bürgerinnen und Bürger noch stärker mitzunehmen auf dem Weg der Veränderung, das ist sicher unerledigt geblieben.

Beim Unerledigten fallen mir die Krippenplätze ein. Da ist Niedersachsen das Schlusslicht, trotz seiner ehemaligen Familienministerin von der Leyen.

Das ist ein Thema, an dem man erkennen kann: Die einen reden, die SPD zum Beispiel bei Ausländerpolitik und Bildung, und die anderen handeln. Die beste Ausländerpolitik macht Bayern, die beste Finanzpolitik Baden-Württemberg – beides Unionsländer.

Das Thema war: Krippenplätze.

2003 habe ich in Niedersachsen Folgendes vorgefunden: die schlechteste Versorgung der Kinder zwischen einem und drei Jahren und nur 150 Ganztagsschulen. Seitdem haben wir die Zahl der Ganztagsschulen mehr als verdreifacht, haben den für Eltern beitragsfreien Schulkindergarten eingerichtet, haben ein Institut für frühkindliche Bildung eingerichtet, haben 2500 zusätzliche Lehrer eingestellt. Aber es bleibt noch viel zu tun. Bei den Schulabbrechern haben wir uns von zehn Prozent bei Amtsantritt auf die Quote von 8,2 Prozent verbessert, wollen aber unter die Fünf-Prozent-Marke kommen.

Sie haben jetzt immer noch nicht erklärt, warum Niedersachsen bei Krippenplätzen so schlecht dasteht?

Wir waren bei Regierungsübernahme 2003 Letzte und haben dann – zuständig sind übrigens die Kommunen – ein Projekt aufgelegt: 100 Millionen Euro für Zwei- und Dreijährige, für Tagesmütter, für Krippenplätze, für Ganztagsbetreuung. Jetzt setzen wir das Krippen-Programm von Ursula von der Leyen um, um mit Hilfe des Bundes bis 2013 für 35 Prozent der Kleinkinder bis zu drei Jahren Betreuungsplätze anzubieten.

Jetzt stelle ich zur Abwechslung eine ganz freundliche Frage: Was hat sich alles zum Besseren verändert unter dem Ministerpräsidenten Wulff?

Der sichtbarste Erfolg ist die Reduzierung der Neuverschuldung von fast drei Milliarden im Jahr 2002 auf 600 Millionen im Jahr 2008. Damit werden wir spätestens 2010 erstmals in der Geschichte des Landes Schulden zurückzahlen können. Der zweite große Erfolg ist die veränderte Stimmung der Wirtschaft und der Rückgang der Arbeitslosigkeit. Große Erfolge sehe ich auch in den schnellen Genehmigungsverfahren, der verbesserten Dienstleistungsqualität der Verwaltung und beim Bürokratieabbau.

In der Länder-Rangliste von »Wirtschaftswoche« und »Initiative Neue Soziale Marktwirtschaft« rangiert Niedersachsen bei der Gründung neuer Unternehmen ganz oben.

Wir haben alle Förderprogramme der EU, des Bundes und des Landes zusammengeführt in einer einzigen neu gegründeten Niedersachsen-Bank, der N-Bank, sodass Existenzgründer Beratung aus einer

Hand bekommen. Zu wenig Kapital und Bürokratie, das sind doch die beiden großen Probleme der Mittelständler, wenn man sie befragt. Bei uns werden Mittelständler auf der Sänfte getragen.

Sie sind in dem erwähnten Ländervergleich aber Schlusslicht bei den kommunalen Investitionen, liegen bei der Aufklärungsquote von Kriminalität und bei der Schüler/Lehrer-Relation nur im Mittelfeld der sechzehn Bundesländer.

Wir sind das einzige Land, das in diesem Umfang zusätzliche Lehrer eingestellt hat – mehr als 3000. Damit haben wir gegenwärtig mit 82 000 Lehrern die höchste Zahl an Lehrern in der Geschichte Niedersachsens. Dabei muss man Folgendes wissen: Wir sind von ganz unten gekommen, was das Verhältnis von Schülern pro Lehrer betrifft. Zudem sind wir in den zurückliegenden Jahren auf rund acht Millionen Einwohner gewachsen. Wenn die Bevölkerung zunimmt, kann man nur hinter den neuen Ländern liegen, wo die Schüler mit ihren Eltern abwandern und die Lehrer bleiben. Bei der Kriminalität haben wir die höchste Aufklärungsquote in der Geschichte unseres Landes erreicht und die höchste Zahl an Polizeibeamten. Aber auch hier waren wir im Vergleich zu anderen Ländern schlecht. Wir steuern um, aber gut Ding will Weile haben. Wir müssen mit Unterstützung der Bevölkerung weitermachen.

Sie sagen gern, die Wahrheit sei den Menschen zumutbar. Wie weh hat Ihre Reformpolitik den Niedersachsen getan?

Zu den erfreulichsten Erfahrungen, die wir beim Regierungswechsel gemacht haben, zählt das Antreffen so vieler qualifizierter Mitarbeiter im öffentlichen Dienst – ob in der allgemeinen Verwaltung, bei der Polizei, den Finanzbeamten oder den Lehrern. Es sind verantwortungsbewusste, engagierte Menschen, die eine höhere Dotierung verdient hätten. Wenn wir mehr Geld hätten, würde ich deren Gehälter sofort anheben. Stattdessen mussten wir ihnen Opfer zumuten. Ich musste ihnen sagen, dass es längerfristig in ihrem eigenen Interesse ist, wenn wir die Staatsfinanzen sanieren, dass wir zum Beispiel nur so ihre Pensionen sichern konnten. Hätten wir einfach weitergemacht mit der Verschuldungspolitik à la SPD, hätte Niedersachsen heute 4,5 Milliarden Euro höhere Schulden und müsste jährlich 350 Millionen Euro mehr an Zinsen zahlen. Diese 350 Millionen stehen jetzt zum Beispiel zur Verfügung für ein beitragsfreies Schulkindergarten-Jahr, auch für eine Einmalzahlung von 860 Euro für jeden Beamten im Herbst 2007, auch für eine dreiprozentige Lohnerhöhung im nächsten Jahr. Inzwischen können wir also den öffentlichen Dienst wieder am wirtschaftlichen Wachstum und an den Konsolidierungserfolgen beteiligen.

Trotzdem werden Ihnen viele Beamte diese Sparmaßnahmen nach wie vor verübeln.

Ja, ich bekomme immer noch Briefe von Beamten, die aus Verärgerung bei der nächsten Wahl nicht mehr wählen wollen oder für die SPD stimmen wollen. Ich kann da nur antworten, ich habe das nicht gemacht, um jemanden zu ärgern, sondern aus Verantwortung für das Land. Auf Dauer wird es sich auszahlen. Deshalb sage ich: Besser die Wahrheit!

Bei aller Notwendigkeit solcher Sparmaßnahmen: Besteht da nicht auch die Gefahr, dass der öffentliche Dienst seine Attraktivität für Berufsanfänger verliert und damit auch seine Qualität sinkt?

Selbst in Zeiten hoher Arbeitslosigkeit war im öffentlichen Dienst immer gewährleistet, dass niemandem gekündigt wird. Insofern hatte der öffentliche Dienst immer Zulauf. Sicherheit ist in unruhigen Zeiten ein Wert an sich – auch wenn Beamte das nicht gerne hören. Aber wenn sie ganz ehrlich sind, dann müssen die Beamten zugeben, dass ihre berufliche Zukunft sicherer ist als die vieler anderer Arbeitnehmer. Dieses Argument habe ich in vielen Diskussionen mit Beamten verwandt, und ich halte das nicht für unfair.

Sie haben die Bezirksregierungen abgeschafft, das gab erheblichen Wirbel. War das in erster Linie eine Kostenfrage? Oder ging es eher um die Effizienz der Verwaltung?

Es ging um beides: Wir wollten Kosten sparen, bis 2010 mehrere Hundert Millionen Euro, aber auch Zeit gewinnen. Schnellere Verfahren, weniger Bürokratie. Beispielsweise haben wir die Widerspruchsverfahren in weiten Teilen abgeschafft. Es ist viel besser, die Ausgangsbehörde überprüft ihre Bescheide noch einmal. Das ist kostengünstiger und wirtschaftsfreundlicher. Was die Unternehmen bedrückt, kommt tatsächlich zu 99 Prozent aus Berlin und Brüssel. Aber Unternehmer, die erleben, dass eine Landesregierung eine ganze Verwaltungsebene einspart, reagieren positiv. Niedersachsen steht auf Platz eins beim Bürokratieabbau. Dass wir endlich die in den Blick nehmen, die das wirtschaftliche Risiko tragen und ihr Geld in die Hand nehmen, das wird begrüßt.

Eine der spektakulären Taten nach der Regierungsübernahme 2003 war die Streichung des Blindengeldes in Ihrem ersten Haushalt. Sie haben das trotz aller Proteste durchgesetzt, es aber anschließend wieder korrigiert. Das ist ja wohl das Gegenteil eines stringenten Handelns.

Alle mussten einen Sparbeitrag bringen – auch die Blinden. Über das »Wie« gab es unterschiedliche Auffassungen. Unsere ursprüngliche war: Die Blinden in der Ausbildung bekommen mehr als bisher, und auch diejenigen, die auf das Blindengeld angewiesen sind, bekommen mehr als bisher. Aber die Gutverdienenden, die möglicherweise eine normale Erwerbsbiographie haben und erst später im Alter erblindet sind, bekommen weniger oder kein zusätzliches Blindengeld. Das erschien uns sinnvoller als eine einheitliche Zahlung für alle. Denn bei einer pauschalen Lösung müssen die Kleinverdiener das erwirtschaften, was derjenige, der es nicht benötigt, bekommt. Für Härtefälle haben wir einen Hilfsfonds eingerichtet. Doch die Zeit hat gezeigt, dass die unbürokratische Zahlung an alle bevorzugt wird, selbst wenn sie heute erheblich niedriger ist. Als wir das merkten, haben wir uns mit dem Landesblindenverband auf eine Pauschale verständigt, allerdings geringer als vorher, sodass der beabsichtigte Einsparbetrag nahezu vollständig erreicht wurde. Ich habe von Anfang an gesagt, dass wir die Folgen dieser Änderungen beobachten wollen, und wenn wir den Eindruck haben, es gibt eine bessere Lösung, dann machen wir es anders. So ist es geschehen. Ich gehe nicht mit dem Kopf durch die Wand, wenn sich eine offene Tür anbietet (lacht).

Man könnte auch sagen, man prüft zuerst, bevor man etwas verändert.

Die Wirkung einer Regelung nach Bedürftigkeit kann man erst beurteilen, wenn man weiß, wie viele einen Antrag stellen, wie viele Vermögen haben, wie viele Unterhaltspflichten für Angehörige haben. Dazu mussten wir Erfahrungen sammeln. Mir wird das hin und wieder als Schwäche ausgelegt. Einen Standpunkt zu korrigieren, ist aber Bestandteil eines kommunikativen Prozesses. Ich sehe das als Zeichen der Stärke an. Es ist doch für die Bevölkerung eine sehr beruhigende Aussicht, dass Politik nicht rechthaberisch ist, dass sie nicht einfach stur weitergeht. Die Bürger wissen, dass sie einen Ministerpräsidenten haben, der kommt, wenn sie ihn einladen, der zuhören kann und auch seine Position verändern kann. Ich habe mir einen solchen Ministerpräsidenten immer gewünscht (lacht).

Was können andere Länder von Niedersachsen lernen?

Man kann von uns lernen, dass man sich auf eine Regierungsübernahme gut vorbereiten muss. Die großen grundlegenden Entscheidungen, zum Beispiel die Abschaffung der Bezirksregierungen und der Orientierungsstufe, haben wir bereits in der Zeit der Opposition erarbeitet und vorbereitet. Wir haben am Tag der Regierungsübernahme die Regierungspräsidenten entlassen, die Vizepräsidenten zu kommissarischen Präsidenten gemacht und ihnen den Auftrag erteilt, ihre Behörden abzuwickeln. Wichtig ist bei einschneidenden Maßnahmen, möglichst alles auf einmal zu machen. Denn dann bekommen die Kritiker viel weniger Platz in den Zeitungen. Hart in der Sache, verbindlich im Stil, sensibel in der Kommunikation. Wie erkläre ich es? Wie schenke ich den Medien und den Bürgern reinen Wein ein? Wir sind unterstützt worden, weil die Chefredakteure großer Medien wussten, es geht so mit der Verschuldungspolitik nicht weiter. Das war sehr hilfreich. Und dann kann man von Niedersachsen auch durchaus lernen, dass der Grundsatz gilt, die Treppe wird von oben gefegt. Dass der Etat der Staatskanzlei am stärksten gekürzt wurde, dass der Landtag verkleinert wurde, dass die Zahl der Minister reduziert wurde, dass die Gehälter der Minister gekürzt wurden, dass keine pompösen Bauvorhaben der Regierung in Angriff genommen wurden, dass es auf Kosten der Steuerzahler keine Hochglanzbroschüren und keine großen Feste mehr gibt – das alles hat zu unserer Glaubwürdigkeit beigetragen und ist positiv aufgenommen worden.

Was haben Sie denn selbst gelernt?

Ich hatte aus den Jahren der Opposition ein sehr kritisches Bild von der Landesverwaltung. Traf dann aber auf eine sehr qualifizierte Mannschaft und fand dort enorme Unterstützung und viel Loyalität.

Wenn noch einmal 2003 wäre, würden Sie etwas anders machen?

Nein.

Das muss ja ein befriedigendes Gefühl sein.

Ich habe gelernt, dass man im Land viel mehr erreichen kann, als man denkt. Auch bin ich noch stärker der Meinung, dass man unterschiedliche Menschen und unterschiedliche Meinungen einbinden muss, statt zu versuchen, alle auf eine Linie zu bringen.

Dann reden wir mal darüber, wie andere Sie sehen. Die SPD sagt, Wulff rühmt sich, die Neuverschuldung zu senken, hat aber die Kreditaufnahme erst einmal erhöht.

Das stimmt. Wir haben sie im Haushalt 2003 von 2,85 auf 2,95 Milliarden Euro erhöht, weil die SPD uns eine knappe Milliarde Unterfinanzierung hinterlassen hatte. Sie hatten Grundsteinlegungen für Gebäude noch vor der Wahl gemacht, deren Finanzierungen nicht in den Haushalt eingestellt waren. Sie hatten noch schnell im Oktober

2002 Lehrer eingestellt auf einige Monate, aber deren Finanzierung nicht im Haushalt 2003 sichergestellt. Und Ähnliches. Ich kann Ihnen da Geschichten erzählen …

Sie haben wichtige Landesbeteiligungen verkauft, also angeblich »Tafelsilber verscherbelt«.

Die SPD hatte zum Beispiel schon von den Harz-Wasserwerken bis zur Lotto-Toto-Gesellschaft vieles verkauft. Auch wir bauen Beteiligungen ab, ziehen uns als Unternehmer zurück. Das Land muss keine Spielbanken betreiben, das können Private besser, und wir beschränken uns auf die Kontrolle. Wir müssen keine Landeskrankenhäuser betreiben, kein Forsteigentümer sein. Insofern haben wir sehr verantwortlich Landesvermögen veräußert. Denn der Staat muss bezahlbar bleiben.

Ich muss noch einmal nachhaken. Sie sagen, wenn es sich für einen Privaten lohnt, bei VW einzusteigen, kann es für den Staat nicht schlecht sein, beteiligt zu bleiben. Wieso gilt das bei VW, aber nicht bei Spielbanken?

Spielbanken muss der Staat kontrollieren, weil wir die Spielsucht bekämpfen wollen. Wenn wir die Spielbanken selber betreiben, gibt es immer ein Augenzwinkern zwischen Aufsichtsbehörde und Betrieb. Die Spielbanken in Österreich haben unsere Spielbank gekauft und bringen eine Professionalität ein, die wir nicht hatten. Bei VW bringt Porsche besondere Kenntnisse ein. Wir als Land bringen die Kenntnis des Automobilnutzers ein. Es ist doch nicht schlecht, dass wir im Aufsichtsrat sagen, die Reallöhne sinken, also könnt ihr die Golfs nicht immer teurer machen. Oder: Kümmert euch um Wasserstoffantrieb, Hybridfahrzeuge.

Aber mit Verlaub: Wenn VW mit seiner ganzen Marktforschung Politiker braucht, um auf sinkende Reallöhne hingewiesen zu werden, dann gehört der dafür zuständige Vorstand gefeuert.

In der Zeit Gerhard Schröders hat VW Lamborghini, Bugatti und Bentley gekauft. Solche Entscheidungen hat es in meiner Zeit nicht gegeben.

Ihnen wird unsoziales Verhalten bei der Abschaffung der Lernmittelfreiheit und der Hausaufgabenhilfe vorgeworfen.

Leistungen, die Niedersachsen sich nicht leisten kann, haben wir abgeschafft, beispielsweise die kostenlosen Schulbücher für alle ersetzt durch ein Leihsystem. Da müssen die Eltern die Leihgebühr zahlen. Das funktioniert sehr gut; der Buchbestand ist neuer. Was angeblich unsoziale Politik betrifft: Am stärksten gestiegen ist in meiner Regierungszeit der Etat des Bildungsministers.

Aber die Hausaufgabenhilfe haben Sie gestrichen?

Nein, die Mittel wurden im Haushalt nur anders verbucht. Zusätzlich geben wir noch für die Sprachförderung im Jahr allein 62 Millionen Euro aus. Weil da die Grundlagen gelegt werden. Wenn ein Kind Deutsch kann, dann tut es sich nicht nur beim Schreiben und Lesen leichter. Dann klappt das auch mit der Mathematik besser.

Und wie sieht es beim Sozialetat aus?

2008 gibt das Land 3,1 Milliarden Euro für Soziales aus – so viel wie noch nie in der Geschichte Niedersachsens. Gegenüber 2002 ergibt sich eine Steigerung von 900 Millionen Euro bzw. rund 36 Prozent.

Zurück zur Bildung: Im Bundesdurchschnitt unterrichtet ein Lehrer 15,7 Schüler, hier in Niedersachsen 17,3 Schüler.

Der Durchschnitt ist verfälschend, weil Sie in Ostdeutschland bald pro Schüler einen Lehrer haben (lacht). Es ist der klassische Fall: Wenn Sie den Kopf im Kühlschrank haben und die Füße im Herd, haben Sie eine angenehme Durchschnittstemperatur.

Ein anderer Vorwurf der Opposition: Der Unterrichtsausfall sei deutlich gestiegen.

Das ist absurd. Wir haben die beste Versorgung in der Geschichte des Landes, aber in einigen Landstrichen und bei einigen Fächern gibt es Engpässe. Zu Zeiten Schröders sind zwei Jahre lang faktisch keine Lehrer eingestellt worden. Da haben sich viele Lehrer für Chemie, Physik, Musik, Religion in andere Länder orientiert. Da haben wir Engpässe. Und durch unsere vielen Neueinstellungen haben wir jetzt besonders viele schwangere Lehrerinnen, also einen hohen Anteil von Lehrerinnen im Mutterschaftsurlaub. Darüber freuen wir uns, aber es müssen Vertretungen organisiert werden. Es ist eine Tatsache, dass in Niedersachen noch nie so viel Unterricht erteilt worden ist wie derzeit. Denn wir haben auch die Unterrichtsstunden je Schüler erhöht.

Besonders schwer wiegt der Vorwurf, die Einführung von Studiengebühren verschlechtere die Möglichkeiten für Kinder aus Arbeiterfamilien noch mehr.

Das ist echter sozialdemokratischer Unsinn. Wir haben in Deutschland das Problem, dass die Elternhäuser sich oft in den Bildungslaufbahnen der Kinder widerspiegeln. Dass also Kinder aus Akademikerhaushalten häufig auch wieder studieren …

… 83 Prozent der Kinder von Akademikern gehen an die Uni, aber nur 23 Prozent der Kinder aus Arbeiterfamilien …

… und das in einer Zeit von Studienbeitragsfreiheit. Das heißt, das Studium kostet bei uns nichts, und trotzdem studieren in Amerika mehr Arbeiterkinder als bei uns. Das zeigt die Absurdität des Arguments. Sozial verträgliche Studiengebühren in Niedersachsen halten niemanden vom Studium ab. Die Höchstbelastung aus Studienbeiträgen und Bafög-Rückzahlung ist in Niedersachsen auf insgesamt 15 000 Euro begrenzt, und die Rückzahlung beginnt erst drei Jahre nach Aufnahme eines Berufs und entsprechendem Einkommen. Studierende können unbürokratisch ein Darlehen aufnehmen. Wenn jemand aufgrund eines Studiums später mehr verdient, dann ist es nur gerecht, wenn er einen Teil der Kosten dem Staat zurückgibt. Aber niemand muss Angst haben, hier über Gebühr belastet zu werden. Die Studieneinnahmen werden zudem komplett für die bessere Qualität der Ausbildung eingesetzt.

Es sind ja nicht die Studiengebühren allein, auch die Kosten für die Lebenshaltung während des Studiums. Die Bafög-Beträge sind ja jahrelang nicht erhöht worden, und die Zahl der Bafög-Empfänger ist zurückgegangen. Das kann ebenfalls dazu beigetragen haben, dass heute weniger Kinder aus einkommensschwachen Familien studieren als früher.

Die Bafög-Erhöhung, zu lange aufgeschoben, kommt hoffentlich jetzt. Es gab ja auch die Sorge, dass ein akademisches Studium nicht mehr dieselben Berufschancen vermittelt wie früher. Jetzt hellt sich der Arbeitsmarkt für Akademiker auf, das wird wieder mehr junge Leute motivieren zu studieren.

Einen Vorwurf der Opposition werden Sie als Kompliment betrachten: dass Sie das gegliederte Schulsystem wieder eingeführt haben.

Die SPD möchte die Einheitsschule, die zu einem massenhaften Schulsterben führen würde – bei vielen kleinen Hauptschulen, Realschulen, Gymnasien. Wir haben dagegen die Zahl der Schulstandorte erhöht und kleine Schulen erhalten, zum Teil jahrgangsübergreifend. Wir sind Befürworter des differenzierten, begabungsgerechten Bildungswesens. Die Realschulen leisten eine exzellente Vorbereitung auf die Berufswelt, sind besonders erfolgreich gerade auch in der Integration unterschiedlicher Begabungen. Die Gymnasien sollen aufs Hochschulstudium vorbereiten, und das jetzt nach acht statt erst nach neun Jahren. Und mit der Orientierungsstufe Klasse fünf und sechs hätte man nicht ernstlich das Abitur nach Klasse zwölf erreichen können, sondern es hätte bei Klasse dreizehn bleiben müssen. Da hätten Niedersachsens Schüler einen Nachteil gegenüber anderen Ländern gehabt.

Also die Ausbildungszeiten müssen verkürzt werden.

Ja, unbedingt. Dafür war die Abschaffung der Orientierungsstufe eine Voraussetzung. Wir haben nicht mehr den Schulwechsel nach Klasse vier und sechs, der gerade in der Vorpubertät viele Jungen stark gefordert oder überfordert hat, sondern haben homogene Lerngruppen ab Klasse fünf und eine große Durchlässigkeit zwischen den Schulformen. Wer sich gut entwickelt, der kann ebenso die Schulform wechseln wie derjenige, der sich schwertut. Ob das mit dem Wechseln klappt, das liegt auch am pädagogischen Geschick der Klassenkonferenz.

Wie stehen Sie denn zu den Gesamtschulen?

Wir haben sehr engagierte Lehrer- und Elternschaften an unseren Gesamtschulen. Wir betrachten diese Schulform als ein Angebot, als Stachel im Fleisch des differenzierten Bildungswesens. Wir wollten das gegliederte System als Regelschulsystem verbessern, wollten ein klares bildungspolitisches Profil.

Also, Sie schließen keine Gesamtschulen, aber Sie eröffnen auch keine neuen.

So ist es.

Kommen wir zur Energiepolitik. Die SPD steht auf dem Standpunkt, Sie setzten bei den regenerativen Energien nur fort, was Sozialdemokraten lange vor Ihnen eingeleitet hätten. Sie bauten sozusagen auf den Erfolgen früherer SPD-Regierungen auf.

Die Grundlegung erfolgte in der Amtszeit von Ernst Albrecht. Er hat in den achtziger Jahren mit einem Institut für Windenergie in Wilhelmshaven, einem Institut für Solarenergie in Hameln und der besonderen Förderung nachwachsender Rohstoffe – Bioethanol, Biogas, Biokraftstoffe – drei Schwerpunkte geschaffen. Wind, Sonne und Biomasse, das sind ganz klar Kinder der Albrecht-Regierung. Die wurden von der Regierung Schröder vernachlässigt. Beim Jubiläum des Solarinstituts kam beispielsweise kein Vertreter der SPD-Regierung. Wir haben dagegen wieder an diese Tradition angeknüpft. Heute liefert Niedersachsen 40 Prozent aller elektrischen Energie aus Biomasse in Deutschland, wir sind klar Nummer eins bei Windkraft, zum Beispiel mit der Firma Enercon in Ostfriesland. Auch der Deutschlandsitz der GE General Electric Wind ist in Niedersachsen, nämlich in Salzbergen. Ich bin oft angefeindet worden als Förderer der Windenergie. Heute wird sie als notwendige Ergänzung der Energieerzeugung angesehen, weil die neuen Anlagen auch mittellastfähig und nicht nur spitzenlastfähig sind. Wir werden demnächst Windenergie auch speichern können, ein riesiger Evolutionsschritt. Wir werden ein Gezeitenkraftwerk an der Küste bekommen. Das heißt: Energiepolitisch ist diese Regierung fortschrittlich. Aber wir glauben, dass die Kernenergie noch eine gewisse Zeit ihren Anteil behalten muss und nicht einfach aus ideologischen Gründen abgeschaltet werden darf.

Baden-Württemberg und Hessen wetteifern mit Bayern um den Titel »Erfolgreichstes Bundesland«. Was ist Ihre Vision für Niedersachsen?

Wir wollen mittelfristig unter die ersten vier der 16 Bundesländer kommen, also in eine Liga zusammen mit Bayern, Baden-Württemberg und Hessen. Langfristig ist nicht ausgeschlossen, dass wir Bayern überholen.

Wie bitte?

Ja. Unser Standortnachteil war jahrzehntelang die Küste. Aber in Zeiten der Globalisierung hat sich unsere Lage zu einem Standortvorteil gewandelt. Heute ist unser Hinterland die ganze Welt – durch zweistellige Wachstumsraten der Häfen, wachsende Containerverkehre, wirtschaftlichen Austausch. Mobilität und Logistik, das sind die Felder, wo wir in Niedersachsen gute Chancen haben. Dazu sind wir durch den wachsenden Binnentourismus, den Bereich Wellness und die Rehabilitation, das Gesundheitswesen und die Ernährungswirtschaft wettbewerbsfähig. Die Stärke Niedersachsens besteht in seinem guten wirtschaftlichen Mix: Wir sind Energieland, wir sind Ernährungsland, wir sind Gesundheitsland, und wir sind Mobilitätsland mit Flugzeugen von Airbus, mit Pkw von Volkswagen, mit Lkw und Bussen von MAN, mit Schiffen und U-Booten von ThyssenKrupp und der Meyer-Werft. Zudem sind wir auch eine Forschungslandschaft: Braunschweig ist die forschungsintensivste Region Europas, oder denken Sie an die international renommierten Universitäten Göttingen und Hannover. Und wir intensivieren unsere Zusammenarbeit mit Bremen und Hamburg. Also, wir fühlen uns durch die Osterweiterung Europas in einer sehr guten Position.

Sie haben gesagt, Sie wollen unter die ersten vier Länder von 16 Ländern. Heißt das, die Länderneugliederung ist für Sie kein Thema?

Niedersachsen ist ein Land, das aus Länderneugliederung hervorging.

Wie die meisten Bundesländer.

Baden-Württemberg, Nordrhein-Westfalen und Niedersachsen sind die drei typischen. Wir sind das zweitgrößte Land nach Fläche und das viertgrößte nach der Bevölkerungszahl. Wenn jemand zu uns kommen will, sind wir offen, aber wir bedrängen niemanden, seine Selbständigkeit aufzugeben. Ich könnte mir natürlich eine Neugliederung und Reduzierung auf acht Länder bis elf Bundesländer vorstellen. Aber das müsste von den kleinen Ländern ausgehen. Solange es dort keine Bereitschaft dazu gibt, kann man darüber reden, aber nicht viel mehr.

Könnte man den Zusammenschluss von Ländern nicht erleichtern?

Ja sicher. Die gescheiterte Fusion von Berlin und Brandenburg gibt einen Hinweis, dass man den Weg zur Fusion erleichtern kann. Man könnte Länderfusionen mit einfachen Mehrheiten der Länderparlamente zulassen. Aber man muss sehr genau die Auswirkungen auf den Finanzausgleich errechnen. Nach den geltenden Regelungen rechnet sich eine Länderfusion für kein Land.

Wenn Sie mit Bremen zusammengingen ...

... würden Bremen und Niedersachsen aus dem Länderfinanzausgleich zusammen weniger Geld bekommen, als sie heute getrennt bekommen. Wenn wir heute durch eine Volksabstimmung betreiben würden, dass aus Niedersachsen wieder vier Bundesländer werden – Oldenburg, Braunschweig, Hannover und Schaumburg-Lippe –, dann würden wir, ohne dass wir sonst einen Finger rührten, mehr Geld bekommen aus dem Finanzausgleich als heute. Das kann nicht richtig sein. Das ist Subventionierung von Kleinstaaterei.

Kommen wir zum Ende: Wenn Sie die Landtagswahl 2008 verlieren sollten, werden Sie dann Oppositionsführer oder ist dann Schluss mit der Politik?

Ich bin überzeugt, dass wir die Wahl gewinnen. Denn wir haben in den vergangenen fünf Jahren Beachtliches erreicht und für die Zukunft noch viel vor.

Und was sollen die Menschen in Niedersachsen eines Tages über den Ministerpräsidenten Christian Wulff sagen?

Der hat unserem Land Niedersachsen gedient und es vorangebracht.

8
Lebenslauf

Christian Wulff

19. Juni 1959
Geboren in Osnabrück als zweites Kind der Eheleute Rudolf und Dagmar Wulff, geborene Evers

1961
Trennung der Eltern

1966
Scheidung der Eltern

1967
Heirat der Mutter mit Wolfgang Ueckmann

1975
Erkrankung der Mutter an multipler Sklerose

1977
Trennung der Mutter und des Stiefvaters

1978 bis 1980
Bundesvorsitzender der Schüler-Union; Mitglied des Bundesvorstandes der CDU

1979
Erste Rede auf einem CDU-Bundesparteitag (Kiel)

1979 bis 1983
Mitglied des Bundesvorstandes der Jungen Union Deutschlands (JU)

1980 bis 1986
Studium der Rechtswissenschaften mit wirtschaftswissenschaftlichem Schwerpunkt an der Universität Osnabrück

1983 bis 1985
JU-Landesvorsitzender Niedersachsen

1984
Kritische Rede auf dem Stuttgarter CDU-Parteitag gegen den Versuch der Parteiführung, rechtswidrige Spendenpraktiken durch eine »Amnestie« zu »heilen«

1984
Erstmalige Wahl in den Landesvorstand der CDU in Niedersachsen

1986 bis 2001
Mitglied im Rat der Stadt Osnabrück

1987
Referendarexamen in Hannover; Referendariat am Oberlandesgericht Oldenburg

1988
Hochzeit mit Christiane Vogt

1989 bis 1994
Vorsitzender der CDU-Ratsfraktion in Osnabrück

1990
Eintritt in die Anwaltskanzlei Dr. Schmitz, Dr. Funk, Prof. Dr. Tenfelde und Partner in Osnabrück

1990 bis 1994
Bezirksvorsitzender der CDU Osnabrück-Emsland

1991 bis 1994
Mitglied der Grundsatzprogrammkommission der CDU Deutschlands

30. Januar 1993
Nominierung zum Spitzenkandidaten der CDU und Herausforderer von Ministerpräsident Gerhard Schröder bei der Landtagswahl im März 1994

8. November 1993
Geburt der Tochter Annalena

13. März 1994
Niederlage der CDU bei der niedersächsischen Landtagswahl mit einem Verlust von 5,6 Prozentpunkten (36,4 nach 42 Prozent). Die SPD erreicht mit 44,3 Prozent die absolute Mehrheit der Sitze.

15. März 1994
Wulff setzt sich in einer Kampfabstimmung um den Vorsitz der CDU-Fraktion im Landtag gegen den neuerlich kandidierenden Amtsinhaber Gansäuer mit 39 zu 27 Stimmen durch.

Juni 1994
Erstmalige Wahl zum Landesvorsitzenden der CDU in Niedersachsen

1995
Das World Economic Forum in Davos reiht Christian Wulff unter die »100 Global Leaders for Tomorrow« ein.

1996/97
Als einer der »Jungen Wilden« in der CDU meldet sich Christian Wulff (zusammen mit Roland Koch, Peter Müller und Ole von

Beust) mit zum Teil heftiger Kritik am Führungsstil von Bundeskanzler Helmut Kohl zu Wort und wendet sich gegen »Verkrustungen« in der Partei.
Zum Ärger der Bonner CDU/FDP-Koalition und ostdeutscher Parteifreunde plädiert Wulff für die Rückgabe von Staatsbesitz aus Zwangsenteignungen zwischen 1945 und 1949 an die Eigentümer.
Innerparteilicher Streit um Wulffs Attacken auf die verfehlte Familienpolitik von Finanzminister Theo Waigel.
Wulff fordert eine Kabinettsumbildung sowie eine grundlegende Steuerreform, was als Rücktrittsforderung gegen Finanzminister Theo Waigel interpretiert wird.

1. März 1998
Schröder gewinnt die niedersächsische Landtagswahl mit 47,9 Prozent unerwartet deutlich. Die CDU mit ihrem Spitzenkandidaten Wulff erreicht nur 35,9 Prozent und bleibt damit unter dem Ergebnis von 1994.

3. März 1998
Wulff wird mit deutlicher Mehrheit als CDU-Fraktionsvorsitzender im Landtag bestätigt (54 von 61 Stimmen)

7. November 1998
Nach der verlorenen Bundestagwahl und dem Rücktritt Helmut Kohls von allen Ämtern formiert die CDU sich neu. Wulff rückt als einer der stellvertretenden Bundesvorsitzenden ins Präsidium auf.

1999
Wulff übernimmt den Vorsitz der CDU-Kommission »Sozialstaat 21« und vertritt die CDU als Verhandlungsführer bei den Rentenkonsensgesprächen mit der rot-grünen Bundesregierung.

14. März 2000
Wulff wird im Amt des Fraktionsvorsitzenden bestätigt. Allerdings stimmen nur 45 der insgesamt 61 anwesenden Abgeordneten für ihn.

2000
In der CDU-Spendenaffäre unterstützt Wulff die CDU-Generalsekretärin Angela Merkel bei ihren Bemühungen um eine lückenlose Aufklärung.

2001
Schirmherr des Bundesverbandes der »Deutschen Multiple Sklerose Gesellschaft« als Nachfolger von Veronica Carstens, der Witwe des früheren Bundespräsidenten Karl Carstens

2. Februar 2003:
Bei der niedersächsischen Landtagswahl erreicht die CDU mit ihrem Spitzenkandidaten Wulff 48,3 Prozent. Die FDP schafft den Sprung über die 5-Prozent-Hürde. Das bedeutet das Ende der SPD-Regierung.

4. März 2003
Der Landtag wählt Christian Wulff mit 105 Stimmen zum Ministerpräsidenten. Damit fehlt ihm eine Stimme aus dem Regierungslager. Die CDU/FDP-Koalition nimmt ihre Arbeit auf.

21. März 2003
Wahl zum Vorstandsmitglied der Konrad-Adenauer-Stiftung

Juni 2003
»Hermespreis« des Einzelhandel-Verbandes Hannover-Hildesheim für seine »Rückeroberung der Glaubwürdigkeit in der Politik«

November 2003
»Deutscher Mittelstandspreis« des »markt intern«-Verlages Düsseldorf »für seinen herausragenden und überzeugenden Einsatz sowie seine klaren Positionen zum Wohle des Mittelstandes«

15. Dezember 2003
Der Vermittlungsausschuss einigt sich in einer Nachtsitzung über

die Gesetzesvorhaben im Zusammenhang mit Schröders »Agenda 2010«. Auf Seiten der CDU/CSU kooperiert Wulff eng mit Oppositionsführerin Angela Merkel.

August 2004
Der niedersächsische Ministerpräsident unterstützt die Initiative mehrerer Verlage, wieder zur alten Rechtschreibung zurückzukehren – allerdings ohne Erfolg.

September 2004
Der niedersächsische Ministerpräsident kündigt den Vertrag über die Kultusministerkonferenz und erreicht eine schlankere Struktur.

2006/2007
Vorsitzender der Ministerpräsidentenkonferenz der deutschen Bundesländer

Juni 2006
Wulff und seine Ehefrau geben ihre Trennung bekannt. Das Sorgerecht für Tochter Annalena üben Christian und Christiane Wulff gemeinsam aus. Zeitgleich stellt Wulff der Öffentlichkeit die Pressereferentin Bettina Körner als neue Partnerin vor.

Oktober 2006
»Deutscher Mittelstandspreis« des Bundes der Selbständigen und der Bundesvereinigung mittelständischer Unternehmer

Mai 2007
Christian Wulff wird mit mit der Ehrendoktorwürde der chinesischen Universität Tongji (Shanghai) geehrt.

14. Juli 2007
Die CDU in Niedersachsen nominiert Wulff einstimmig zum Spitzenkandidaten für die Landtagswahl am 27. Januar 2008.

Register

Bildquellen

Gabo: Schutzumschlag (Titel); Laurence Chaperon: Schutzumschlag (Rücktitel); Frank Ossenbrink: Seite 1, 7; Picture Alliance/dpa: Seite 5, 6 (oben), 8/9, 10, 11, 13 (oben), 18 (unten), 19 (oben), 20/21, 23 (unten); Christof Stache/Associated Press: Seite 6 (unten); Bea Marquardt: Seite 12, 13 (unten), 14/15, 16, 17, 18 (oben), 19 (unten), 22, 23 (oben), 24; Udo Weger: Seite 18 (unten)

Alle übrigen Bilder stammen aus dem Privatarchiv von Christian Wulff.

Literatur

Über Christian Wulff sind bisher drei Biographien erschienen. Sie alle habe ich gelesen und als Quelle genutzt. Ich halte es deshalb für eine Selbstverständlichkeit, auf diese Bücher hinzuweisen:

Karl Hugo Pruys: Christian Wulff – Ich mach' mein Ding! Ein politisches Portrait. Berlin: Edition q, 2002.

Karl Hugo Pruys: Christian Wulff – Deutschland kommt voran. Berlin-Brandenburg: be.bra Verlag, 2006

Armin Fuhrer: Christian Wulff – Der Marathonmann. München: Olzog-Verlag, 2006.